리틀 박정희 김문수

리틀 박정희 김문수

초판 1쇄 발행일 2025년 5월 23일

지은이　박관식
펴낸곳　도서출판 말벗
발행인　박동식

출판등록　2007년 11월 2일
등록번호　제 2011-16호
주소　서울특별시 노원구 덕릉로 127길 25 상가동 2층 204-384호
전화　02)774-5600
팩스　02)720-7500
전자우편　malbut1@naver.com
ISBN 979-11-88286-46-1 (03340)

· 잘못된 책은 바꿔 드립니다.
· 이 책에 나온 내용의 무단 전재와 복사를 금합니다.

경제·시장·민생·농민 대통령
리틀 박정희 김문수

박관식 지음

말벗

차례

프롤로그 · 12

1장
미래 세대를 위한 선택

비상계엄으로 MZ 세대 계몽당하다 · 28
이대로 가면 대한민국의 미래가 불투명하다 · 34
일하지 않는 청년층 왜 늘어날까 · 36
출산율 증가만이 미래의 살 길 · 38
국민연금, 미래 세대에 어떻게? · 48

2장
왜 김문수를 두려워하는가?

김문수 후보가 대통령이 되어야 하는 '8가지 장점' · 54
파주 농부의 김문수 애창곡 · 56

김문수, 2005년 북한인권법 최초로 발의하다 · 60
내부의 적이 더 나쁜 법이다 · 67
김문수를 무서워하는 세력들 · 69
"오늘부터 원팀…함께 싸워 승리하자" · 73
김문수, 당원이 당을 구했다 · 77
부정선거 의식하는 경향신문 기사 · 80

3장
국내 최초 택시운전 도지사

대통령도 이런 '쇼'는 해야 합니다 · 84
지사님, 힘든데 참으세요 · 86
떨리는 택시 기사 자격시험 · 88
택시면허, 아홉 번째 자격증 · 88
첫 택시운전, 수원역에서 시작하다 · 90
김 지사가 아니라 김 기사입니다 · 91
12시간 운전, 5천원 수입 · 95
서울보다 17배 넓은 경기도 · 99
기사님들, 칸막이를 없앱시다 · 100
운전 1년 만에 택시 안 즉석 민원 · 101
최전방 군사도시, 세계일류 LG시 파주에서 · 104
김포 장날, 택시기사로 뛰다 · 108

택시운전은 도정 종합체험의 장 · 111
택시운전이 좋은 이유 · 112
골프 대신 택시 · 113
김문수 스타일? · 114
택시정책, 직접 달려보고 바꿨다 · 117
택시도 버스환승할인제처럼 · 119
택시도 세계 1등 가능하다 · 119
수진리 고개의 고단한 삶 · 120
뻥 뚫린 수도권, GTX · 122
택시 운전으로 생긴 버릇 · 124
택시는 과학이다 · 125
택시는 고통이다 · 125
사납금 채우기도 힘들다 · 126
도시와 농촌의 간격 · 127
5일장에서 본 효심 · 128
돈 벌러 가세 · 129
화장실 참으며 12시간 운전 · 129
현장의 목소리, 실제도가 되다 · 132
택시기사 김문수 "첨엔 쇼라 했지요?" · 133
지역 택시기사 건강·사고 걱정도 · 136
택시의 혁명, 안전·친절 'GG 콜택시' · 137
택시체험, 민생탐방 대장정 완료 · 139

가족사랑에 눈물 흘린 '택시 도지사' · 141
김문수 민생택시 서울서 부릉부릉! · 142
택시 도지사, 기사 쉼터에 책 기증 · 144
경기도지사 마지막 택시운전 · 146

4장
김문수는 현장 행정의 달인

김문수표 현장 실국장회의, 경기도 한 바퀴 돌았다 · 150
2500만의 생명선, 식수원을 사수하다 · 157
경기도는 어려울수록 더 강해진다 · 162
자연재해, 미리 막으면 불가능이란 없다 · 166
엄마 품처럼 따스한 어린이집 만든다 · 170
국가정책 1순위, 아이 많이 낳고 잘 키우기 · 174
경기도 보육에는 국경이 없다 · 178
치안 걱정 없는 경기도 만들기 · 183
100조원 투자로 3만명 일자리 창출하다 · 189
GTX는 경기도와 서울의 아름다운 동행 · 194
경기도는 마음이 부자인 약자들의 천국이다 · 201
문화 소외지역에 행복을 전파하다 · 204
규제 풀린 은남산업단지, 새로운 도약 꿈꾸다 · 207

쓰레기더미 동네가 달라졌어요 · 212
농자천하지대본야(農者天下之大本也) · 216
북한 핵 도발을 꿈꾸지도 못하도록 하는 공군부대 · 221
DMZ 캠프 그리브스, 세계 최고 관광지로 탈바꿈 · 225
대한민국은 경기도 병사들에 감사하라! · 229

5장 신기독(愼其獨)으로 깨우친다

염소는 왜 낭떠러지 절벽을 좋아하는가? · 242
"청렴하면 영생, 부패하면 즉사" · 244
현실과 이상의 통합, 유연한 정치 · 247
전국 최초의 '한글 근로기준법' 만들다 · 250
지도자가 지녀야 할 덕목은 신기독(愼其獨) · 254
선출직 국민공천제 실천이 정치개혁 첫 단추 · 260
김문수를 강하게 만든 고문 · 263
2년 6개월, 그 곳은 지옥이었다 · 264
동주야, 미안해 · 268

6장
현장 스케치

김문수 지사, 이외수 작가와 함께 젊은이들에게 희망을 쏘다 · 274
민경욱 9시 뉴스 앵커, 27일 도청서 '기자의 역할' 특강 · 286
견공들의 아름다운 축제의 장에 가다 · 294
'역사의 증인'은 사라져 가고 진실은 거짓이 되어 간다 · 300
양동 한센촌 찾은 김 지사, 마을 주민에게 감사 편지 받아 · 304

프롤로그

나는 이 사진만 보면 가슴이 먹먹해진다.
벌써 10여년 전의 일인데도 엊그제처럼 기억이 생생하다.
이 사진의 주인공은 누구일까?
여기서 정답을 밝히지 않으면 그 누구도 알아맞히기 힘들 것이다.

바로 2013년 8월 대성동마을에 취재차 갔다가 찍은 당시 김문수 경기도지사의 뒷모습이다.

행사가 끝난 후, 혼자 자신의 핸드폰으로 휴전선을 찍는 광경을 우연히 포착한 사진이다.

비록 말은 하지 않았지만 남북한 평화통일과 북한 동포의 인권을 잠시 생각한 것이 아닐까?

국회의원이던 2005년 당시 북한인권법을 국내 최초로 국회에 법안 제출했던 장본인이기에….

경기도 공무원 여러분!

요즘 세월호 참사로 희생된 단원고 학생들과 수많은 희생자들 때문에 얼마나 많은 눈물을 흘리고 계십니까?

오늘 조회가 저의 8년 도지사 임기 마지막 조회입니다.

여러분과 함께한 지난 8년간 저는 행복했습니다.

많은 것을 배웠습니다.

여러분 감사합니다.

그러나 여러분은 힘드셨지요?

경기도 바로알기 시험 때문에 스트레스 많이 받으셨죠?

청렴영생 부패즉사! 듣기만 해도 밥맛 떨어졌죠?

119전화로 관등성명을 요구한 저를 보고 당황하셨습니까?

365일 24시간 언제나 민원실, 지겨우셨지요?

찾아가는 민원버스! 노점행상 같아 서글픈 생각도 드셨지요?

무한 돌봄, 끝없는 사랑과 헌신을 요구한 제가 원망스럽기도 하셨죠?

'더 낮은 곳으로! 더 뜨겁게!'를 외치는 제가 무슨 전도사처럼 느껴지기도 하셨지요?

그러나 경기도 공무원 여러분은 이 별난 김문수의 요구를 묵묵히 들어주셨습니다.

감사합니다.

여러분은 이제 대한민국 최고의 청백리로 알려지고 있습니다.

겸손하게 가장 어려운 이들을 섬기는 봉사자로 인식되고 있습니다.

늘 따뜻한 마음으로 무한 돌봄을 실천하시는 여러분은 대한민국 복지의 상징이 되셨습니다.

한센인촌에서 함께 손잡고 울던 우리들은 새로운 공직자로 거듭 태어지킴 이로 든든하게 자라고 있습니다.

넓고도 위대한 경기도를 더욱 따뜻하고 행복하게 가꾸어 나가시는 여러 분을 사랑합니다.

이제 우리 조국의 허리를 가로지른 철조망을 걷어내고 통일의 대업을 이룩할 때까지 우리 함께 나아갑시다.

저는 위대한 경기도와 깨끗한 여러분을 결코 잊지 않겠습니다.

감사합니다.

———

이상은 김문수가 경기도지사로 2014년 6월 2일 마지막 월례조회를 하면서 전한 인사말이다. 짧은 내용이지만 8년간 경기도지사로 재직하면서 그가 추진해 왔던 모든 일들이 함축돼 있다.

이미 10년이 지난 이임사이지만 지금 다시 읽어 봐도 여전히 잔잔한 감동을 전해 준다.

김문수는 그동안 경기도지사를 두 번 했다. 경기도지사 시절에 대한 세간의 평가는 우호적이다. 도 공무원 조직이 청렴해졌고, 경기도에 기업도 많이 유치했다.

그는 경기도지사를 2006년에서 2014년까지 8년간 역임했다. 조선조의 경기 관찰사로부터 따진다면 689대째다. 대개 평균임기 1년을 넘기지 못한 데 비해 8년은 조선조 이래 최장수 경기관찰사인 셈이다.

필자가 2016년 4월 『김문수의 현장 드라마는 감동이 있다』란 김문수의 책을 낸 동기는 그의 진정성을 알리는 데 있었다. 보다 더 솔직히 말한다면, 사실 나는 그때 김문수에게서 미래 대통령의 촉(觸)을 느꼈다.

물론 그 근저에는 경기도청 G뉴스 편집장과 기자로 3년간 김문수 지사의 현장을 따라다니며 취재한 경험이 깔려 있다.

경기도 DMZ, 한센인 마을, 수해지역, 남한강변, 팔당호 상수원, 통일촌 마을, 장갑차 부대, 수원 공군비행장, 노숙인 숙소, 자전거 투어, 단축 마라톤 등 수없이 많은 현장에 다니며 김문수의 숨소리까지 들을 만큼 가까운 곳에서 그를 관찰했다. 결론적으로 내가 내린 답은 '김문수는 일중독 일꾼'이었다.

김문수 지사의 트레이드마크인 '찾아가는 현장 실국장회의'는 경기도 31개 시·군을 한 바퀴 돌 만큼 열정적이었다. 민선 5기 취임 직후인 2010

년 8월 과천시에서 시작된 회의가 2013년 7월 9일 부천시에서 50번째 현장 실국장회의를 마치면서 도 전역 개최 기록을 세웠다.

현장 실국장회의는 '현장에 답이 있다'는 김 지사의 도정 철학에서 시작됐다. 현장에서 회의가 진행되다 보니 사무실에서는 알 수 없는 다양한 현장의 목소리를 듣고, 이러한 요구들은 곧장 도정에 반영됐다.

경기도 구석구석을 찾아 도민들의 생생한 목소리를 직접 듣고 정책을 수립하는 이 과정에서 김문수 지사는 오감을 유감없이 발휘했다. 남다른 눈으로 바라보고, 진지하게 경청하며, 그동안 닿지 않았던 곳까지 두 발로 찾아가 뜨겁게 손을 잡아주어 도민들은 감동했고 경기도는 달라졌다.

김문수의 '눈'은 동서남북 31개 시·군을 두루 훑고 10년, 100년 뒤의 경기도 미래를 바라봤다. 남다른 시각으로 더 멀리, 더 넓게 바라봄으로써 경기도가 대한민국을 넘어 세계로 뻗어가게 만들었다.

김문수는 '더 낮은 곳으로, 더 뜨겁게'를 모토로 복지의 시각지대를 없애기 위해 노력했다. 그의 '귀'는 1200만 도민들의 이야기를 놓치지 않기 위해 365일 항상 열려 있었다.

그의 한센인 사랑은 이미 널리 소문이 나 있다. 지난 5월 4일 국민의힘 김문수 대선 후보가 첫 공식 일정으로 경기도 포천시 신북면 장자마을을 찾은 것은 단순한 선거운동이 아닌 오랜 인연의 연장선이다.

이날 김문수는 15년 전 "나중에 대통령이 되면 오라"는 장자마을 주민들의 말을 떠올렸는지 이들과 만나는 도중 눈시울을 자주 붉혔다. 경기도지사 시절 '더 낮은 곳에서, 더 뜨겁게'의 철학이 대선 후보로까지 이어진 행보에 대한 감복의 눈물이었으리라.

김문수 지사는 재직 시절 도내 한센인 정착촌에 각별한 관심을 보여 왔다. 이들이 김 지사에게 깊은 신뢰와 애정을 표현한 이유는 다들 한센 환자라면 근처에 얼씬도 안 하는데 그는 달랐기 때문이다.

재선에 성공한 김 지사는 2010년 6월 24일 포천 장자마을에서 1박2일을 보내며 "여러분들이 원하고 부르면 도지사가 옵니다. 벽이 허물어진 것입니다. 도내 한센인 마을을 다 방문하겠습니다. 그동안 힘들었던 만큼 마음을 쏟겠습니다."라고 약속했다.

한센인들에 대한 김 지사의 관심은 단순한 방문에 그치지 않았다. 한센인촌 주변 신천과 영평천의 수질 오염 문제가 심각했던 당시 김문수는 공무원들의 만류에도 불구하고 직접 현장을 찾았다. 또한 한센인촌에 학습관을 설립해 글을 배울 수 없었던 주민에게 한글과 컴퓨터교육을 제공했다. 그 결과 할머니가 한글을 깨우쳐 이메일로 편지를 보내는 성과도 거두었다.

이날도 그 당시 한글을 깨우친 할머니가 감사의 편지를 읽어 눈물샘을 자극했다.

김문수는 어디에서든 도민의 손을 덥석 잡고 귀를 기울였다. 도움이 필요한 곳에서는 두 팔을 훌훌 걷어붙이고 뛰어들었다. 이런 수많은 경험이 그를 '현장 전문가'로 만들었다. 아무런 각본이나 메모지도 없이 즉석에서 문제의 핵심을 찍어내는 말은 그 어떤 누구도 함부로 흉내 낼 수 없는 그만의 특허였다.

현장에서 김문수를 따라다니는 것조차 힘들 만큼 그의 체력은 상상 이상이었다. 그래서 현장 실국장회의 때마다 그의 뒤를 좇는 실국장 관계자, 국회의원, 시의원, 카메라맨, 기자 등은 혀를 내두를 정도였다.

경기도 마라톤대회에도 참가할 만큼 체력적으로 자신 있던 필자도 김 지사를 따라가는 데 숨이 벅찰 지경이었다. 특히 강변이나 하천을 따라 걸어야 하는 길은 고역이었다. 왜냐하면 김 지사의 현장 스케치를 위해 일거수일투족을 놓치면 안 됐기 때문이다.

수많은 현장 취재를 다녔지만 지금도 또렷이 기억나는 행사가 경기도 성남시에서 열린 펫 페스티벌이다. 2014년 3월 26일 성남종합운동장에서 이재명 성남시장과 조우했는데 그렇게 싸늘한 표정의 지자체장은 처음이었다.

지금에서야 되돌아보니 역사는 되풀이된다는데, 11년이 지난 현시점에 두 사람이 대통령 후보로 맞붙었다는 사실을 직시하니 새삼 실감이 난다. 필자는 그때 생생한 현장을 전하기 위해 견공들의 비상 장면을 카메라로 직접 찍어 기사를 송출했다.

그는 축구, 족구, 철봉, 유도 등에서 발군의 실력을 발휘한다. 나는 그의 이런 남다른 운동신경 역시 젊은 시절의 고문 탓이 아닌가 상상해 봤다.

김문수는 경기도 공직자들에게 "쇼다, 이벤트다. 이런 비판적인 시각이 있지만 남의 시선을 의식하지 말고 도민들의 즐거움, 행복을 위해 노력하라. 더 낮은 곳으로 더 뜨겁게, 도민에 대한 무한 돌봄과 무한 섬김은 공직자의 길이고, 이뤄야 할 꿈이다"며 현장행정의 중요성을 강조해 왔다.

그의 가장 대표적인 현장행정은 '365·24 언제나 민원실' '찾아가는 도민 안방' '민원전철 365' '찾아가는 일자리 버스' 등 '도민 밀착 행정서비스 4종 세트'였다.

경기도의 찾아가는 현장행정에 대한 대외적 평가도 화려했다. '언제나 민원실'은 민원행정 개선우수 등 3년 동안 6개의 상을 받으며 국내는 물론 해외에서도 찾는 벤치마킹 대상이 됐다. '찾아가는 도민안방'과 '민원전철'도 2011년 제8회 대한민국 지방자치경영대전에서 대통령상을 수상했다.

특히 김문수는 '청렴영생 부패즉사' 정신으로 부정부패를 몰아낸 것으로 유명하다. 경기도청 공무원 1인당 주민 수는 1272명으로 전국 1위였다. 과중한 업무에 각종 개발사업도 많아 공무원의 청렴 문제는 경기도의 고민거리였다.

그는 경기도가 2009년 국민권익위원회의 전국 16개 시·도 청렴도 평가에서 10위로 나오자 '청렴영생(淸廉永生) 부패즉사(腐敗卽死)'를 외치며 고강도 청렴 대책에 들어갔다. 고위직 청렴도 평가, 청렴 해피콜, 청렴성 자가진단, 행동강령 평가, 청렴정책보고회 개최 등 다양한 청렴시책을 펼친 결과 2010년 6위, 2011년 1위의 쾌거를 이뤘다.

2009년 1월 27일 김문수 경기도지사가 수원에서 처음으로 택시 운전을 한다고 했을 때 "도지사가 웬 택시 체험이람? 쇼하지 말라"고 욕하는 사람도 많았다. 그러나 김문수는 난생 처음 택시운전을 하면서 '이런 쇼라면 충분히 해볼 만한 쇼'라고 확신했다.

그는 남들이 쇼라고 비난해도 무덤덤했다. 하지만 택시 운전은 아무나 할 수 있는 쇼가 아니었다. 모든 문제의 답은 바로 현장에 있기 때문이다.

김문수는 온종일 택시기사와 똑같은 조건으로 택시를 몰았다. 그는 진땀을 흘리면서 경기도의 도시를 돌면서 비로소 각 도시의 특징을 정확하게 파악했다.

그는 지금까지 이보다 더 깊이 도민들과 만나는 방법을 찾지 못했다고 술회했다. 짧은 시간에 경기도의 곳곳을 살펴볼 수 있는 방법으로 딱 제격이었다.

그는 단체장들에게 취임 초기 1년간 자신의 지역을 택시로 직접 누벼 보라고 권했다. 그래야 비로소 나머지 임기 3년간 정확한 지역정책을 만들 수 있다는 것이다.

필자는 그런 김문수의 도지사 임기 마지막 민생택시 운전을 직접 취재하는 소중한 시간을 가졌다. 그동안 경기도 지역을 찾아다니는 현장실국장회의 등 김문수 지사를 3년간 취재해 왔지만 그날은 마지막이라고 생각하니 만감이 교차했다.

김문수 지사는 2014년 6월 29일 수원시 권선구 창진상사㈜를 방문해 이도형 대표, 김재광 노조위원장 등과 환담한 후 근로계약을 체결하고 오전 9시 30분부터 '경기 30사 1862' 택시를 직접 운전했다.

그는 지난 2009년 1월부터 임기 마지막 전날까지 도내 전역에서 '08 경기 1630' 택시운전 자격증으로 40차례에 걸쳐 택시를 운행하며 민생 탐방을 마쳤다.

"북한인권 개선은 한반도 평화통일과 동북아시아의 평화를 여는 열쇠이자 북한 핵에 맞서는 가장 강력한 무기다. 드디어 북한인권법이 대한민국에서 만들어졌다는 것에 가장 큰 의의가 있다."

김문수는 2016년 3월 북한인권법이 11년 만에 국회 본회의를 통과한 데 대한 감회를 밝혔다.

북한인권법은 김문수가 2005년 8월 17대 국회에서 최초로 입법 발의했다. 2016년 9월부터 본격 시행된 북한인권법은 오랜 시간 국회를 떠돌다가 통과되기까지 많은 우여곡절을 겪었다.

그는 북한인권 관련 법안을 제정하기 위해 미국 의회와 인권단체를 찾아 북한인권 실태와 인권법 제정 경위를 파악했다. 또한 중국, 태국, 베트남, 캄보디아, 라오스 등 동남아시아의 탈북자 현장 을 수차례 방문하는 등 수많은 노력을 기울였다.

필자는 이미 10여년 전에 김문수의 관상과 실상을 보고 '제2의 박정희'를 떠올렸다. 그가 비록 고등학교 3학년 때 박정희 대통령의 3선 개헌에 반대해 무기정학을 받으면서 그 후 엉뚱한 운동권의 길을 걸었지만, 결국 그것은 '김문수 = 박정희'화(化)를 위한 운명적인 만남이 아니었을까.

필자는 훗날 김문수가 대통령이 될 것으로 예상했다. 실제로 9년 전에 펴낸 책 서문에는 다음과 같이 썼다. 그 내용은 이렇다.

최근 새누리당의 '공천 파동'이 빚어지면서 17대 총선 당시 한나라당 공천심사위원장을 맡았던 김문수의 '개혁공천'이 다시 주목받았다. 그때 김문수는 공천을 밀실에서 광장으로 끌어냈으며 돈·계파·쪽지 공천을 없앴다.

그는 모 후보가 거액의 돈을 몰래 내밀어 뿌리쳤던 것으로 유명하다. 당시 최병렬 당대표가 공천 배제된 것은 아직까지도 회자되고 있다.

노무현 전 대통령에 대한 탄핵 역풍이 몰아치던 17대 총선에서 한나라당이 참패를 면하고 당을 위기에서 구해냈던 것은 김문수의 개혁공천과 박근혜 한나라당 대표의 천막당사, 붕대 투혼의 합작품이었다.

김문수는 "나는 골수 친박, 새누리당 모두가 친박이어야 한다"며 다른 진박 후보와 차별되는 소신도 보여주었다. '김 후보의 친박'은 애국심과 보수적 가치 측면에서 박근혜 대통령과 김문수가 닮았다는 측면이 강한 반면 '진박의 친박'은 박 대통령과의 개인적 관계 측면을 부각시킨다는 것이다.

"한반도가 기운이 강하다. 한반도 분단은 어마어마한 에너지원이다. 이 걸 잘 해결하면 세계적인 리더십이 나올 수 있다. 영적(스프리츄얼)이고 위 민(慰民)하는 리더십이 그 요체다."

앞의 말은 김문수가 한 인터뷰에서 한 말로 의미가 깊다. 필자는 이처럼 김문수가 경기도지사, 국회의원보다 더 큰 꿈을 이루기를 고대한다.

비록 너무 청렴하고 깨끗해 주변에 그를 지원하는 정치꾼들이 없지만 오히려 그것이 국민들에게는 더 신선하게 다가온다. 돈 가지고 정치를 하는 시대는 이제 지나갔다.

김문수는 시야가 넓다. 좌와 우, 노와 사, 동과 서, 남과 북을 모두 볼 수 있다. 그만큼 절벽 위에 자주 올라갔다는 뜻이다. 이처럼 산양의 관상을 가 진 인물은 정치보다 학자로 사는 것이 더 맞다.

하지만 오히려 그렇기 때문에 보다 더 큰 정치적인 그림이 보일 수도 있다. 돈이 없는 자가 대통령이 되어야 제대로 된 나라 살림을 꾸려 나갈 수 있지 않을까?

나는 만약 김문수가 훗날 대통령의 꿈을 이룬다면 그에게 두 가지의 큰 기대감을 건다. 첫째는 국가예산을 한 해 동결해 나라 빚을 갚는 것이다. 꼭 필요한 국방비, 노인복지 등 예산만 집행하고 나머지는 허리띠를 졸라매는 심정으로 집행하지 않는다.

당장 필요하지 않은 다리나 도로 건설 등은 1년 정도 하지 않는다고 국민의 삶에 그리 불편하지 않다. 그런 시설이 없는데도 잘 살아오지 않았던 가?

참으로 황당한 얘기 같지만 국민 전체를 위한 특단이므로 결코 허무맹랑한 것은 아니다. 물론 돈을 쓰는 공무원들이야 반대가 심하겠지만 국민 대 다수가 원하면 꼭 하지 못한다는 법은 없다.

둘째는 서울수도권과 대도시의 풍족한 세금의 일부를 시민들의 원적지 고향에 지원해 주는 법을 제정하는 것이다. 일자리가 없어 고향을 떠난 국민들이 대도시에 살면서 내는 세금의 0.1%만 떼어 도와주면 열악한 지방 재정을 회생시키는 방법이 될 것이다. 서울수도권과 대도시는 지나치게 세금을 펑펑 써대는데 조금만 절약해도 큰 문제는 없다.

물론 이런 황당한 법안 정책이 정치꾼들에게는 먹힐 리가 없지만 김문수 라면 가능하지 않을까? 그러면 국민들은 대거 찬성할 것이다.

필자는 이 글에서 만약 김문수가 대통령이 된다면 해야 할 두 가지 아이템을 제시했다. 소위 탁상공론에 길들여진 식상한 인물들이 제시하는 상투적인 내용이 아니라 그야말로 획기적인 제안이었다.

첫째는 국가예산을 절약해 나라 빚을 다 갚는 일이고, 둘째는 서울 수도권과 대도시의 풍족한 세금 일부를 시민들의 고향 지자체에 지원해 주는 법 제정이다. 이는 좀 황당한 제안 같지만 꼭 불가능한 것만은 아니다. 그런데 둘째 아이디어는 이미 전국의 지자체들이 내 허락도 없이 '고향 사랑 기부제'란 이름으로 도용되고 있다.

다만 첫째를 실행하려면 '국민의 좀' 세력인 국회에서 통과돼야 하므로 산 너머 산이다. 이를 위해서는 여당 국회의원이 다수당이 돼야 하는 풀기 어려운 숙제가 관건이다.

세상은 정말 한 치 앞을 내다볼 수 없다. 그야말로 정치는 정지된 듯하지만 실상은 살아 있는 생물이다. 그래서 정치는 온갖 권모술수와 파괴 공작이 난무한다. 여야가 따로 없다.

하지만 이런 살벌한 난장판의 정치판에서 살아남으려면 오로지 정도(正道)를 걸어야 한다. 그 대표적인 표본 인물이 정정당당한 김문수이다.

필자가 경기도청 G뉴스 기자 시절 김문수 지사를 '제2의 박정희 대통령'으로 점찍은 이유는 바로 그 점 때문이다. 두 인물의 출생지가 가까운 것도 그렇지만 꼿꼿하고 청빈한 삶이 우선 똑같았다. 오로지 국민만 생각할 뿐 사심이 없는 것도 너무나 닮았다.

경기도가 매달 실시한 '찾아가는 현장 실국장회의'를 매번 따라다니며 취재했던 필자는 김문수가 청백리(淸白吏)의 표본임을 직접 목도했다. 그동안 일부 공무원들의 그릇된 행태로 불신받은 공직 기강을 바로잡은 슬로건은 '청렴영생 부패즉사'이다. 김문수는 '더 낮은 곳에서 더 뜨겁게' 늘 한결 같은 마음의 대민봉사가 자연스럽게 몸에 배어 있다.

1964년 12월 독일을 방문한 박정희 대통령이 차관을 확보하고 뒤스부르크 함보른 탄광회사에 모인 파독 광부·간호사 앞에서 한 눈물의 연설은 많은 이들을 울렸다. 김문수도 박정희처럼 눈물이 많다. 다만 그 눈물은 '연약한 액(液)이 아닌 강한 정(情)'이란 데 공통점이 있다.

그 옛날 박정희 대통령은 가난한 국민들의 어려운 삶을 목도하고 많은 눈물을 삭이며 살기 좋은 나라로 만드는 데 한 몸을 다 바쳤다. 박 대통령이 31년간 집권해 세계적인 경제강국으로 만든 싱가포르 리콴유 총리처럼 오랫동안 집권했더라면 우리나라는 지금 미국을 능가하는 초강국이 되지 않았을까?

비록 김문수가 경북고 3학년 때 순간 착각으로 박 대통령의 3선 개헌 반대 데모에 가담해 그와 연이 닿았지만, 주변에는 김문수를 '리틀 박정희'라고 부르는 사람들이 많다. 그리고 맞아죽을 각오로 황당한 얘기이지만(불가능한 일), 이재명 대표도 중임제 대통령제를 찬성했듯이 김문수가 재선 대통령까지 되길 고대한다.

그래서 우리 미래 세대들의 무거운 어깨를 가볍게 해주기 위해 나라 빚을 다 갚는 초유의 대통령이 되었으면 한다. 비록 그것이 미천한 필자의 꿈에 불과할지 몰라도 하나님이 도와주시면 꼭 불가능하리란 법은 없다.

오, 하늘이여!

이 불쌍한 백성들을 굽어 살피소서!!

2025년 5월 박관식

김문수가 대통령이 된다면 기존의 인물들처럼 각 정부 부처에서 터줏대감으로 군림해 온 공무원들의 틀에 짜인 보고를 그대로 수긍하지 않고 수정 보완을 요구할 것이다. 이는 젊은 시절부터 노동현장에서 배운 피와 땀의 의미를 제대로 알기 때문이다.

1장
미래 세대를 위한 선택

> 1장
> 미래 세대를 위한 선택

비상계엄으로 MZ 세대 계몽당하다

 윤석열 대통령은 2024년 12월 3일 오후 10시 23분 용산 대통령실에서 긴급 담화를 통해 비상계엄을 선포했다.
 물론 비상계엄 선포와 함께 민주당은 다음날 새벽 1시 국회에서 비상계엄 해제요구 결의안을 가결시켰다. 재석 190명이 전원 찬성했는데 이중 18명의 여당 의원이 배신해 정국을 소용돌이로 몰아갔다. 박근혜 탄핵 때도 그랬지만 이날도 한동훈 당대표가 이끈 국민의힘 의원의 찬성이 없었다면 부결됐을 것이다.
 도대체 한동훈은 윤석열이 눈에 넣어도 안 아픈 후배라고 했는데, 왜 계엄령을 반대하고 대통령 탄핵에 앞장섰을까?
 세상만사 모든 일에는 반드시 원인과 결과가 있는 법이다. 한동훈이 윤석열을 깔아뭉갠 데는 뭔가 숨겨진 비사가 있을 터이다. 어차피 한 길 속우물은 알아도 한 치 앞 인간의 마음은 알 수 없다. 그래서 아무리 가까운 사람이더라도 언제 배신하고 나쁜 일을 벌일지 가늠이 안 된다.

필자도 본적이 충청도인데 사람들은 흔히 우리네 고향을 두고 멍청도라고 부른다. 또한 행동거지가 느리다고 '돌 굴러가유'라며 느림을 빗대 조롱한다.

그래서일까. 원래 충청도가 고향인 윤석열 대통령도 어딘가 좀 느리고 느긋한 느낌을 풍겼다. 그래서 배신당하고 탄핵까지 받았을까. 그러나 역사는 알고 있다. 언젠가 그 흑막이 밝혀질 터이다.

그런데 많은 젊은이들이 이번 비상계엄을 '계몽령'이라고 추앙한다. 이들은 그동안 싸움질만 하는 국회의원들에게 식상한 나머지 정치에 관심이 없다가 이번 기회에 새로운 사실을 많이 알았다. 대학을 졸업해도 취직자리가 마땅찮아 미래에 대한 희망이 없던 이들이 현재 대한민국의 구조적인 문제점을 알아챈 것이다.

까마득한 군사정권 시절이 아닌데도 대통령이 굳이 비상계엄을 선포한 속뜻을 간파한 것이다. 사실 젊은 세대가 그동안 국회를 장악하고 있는 민주당의 횡포를 쉽게 가늠하지 못한 데는 신문방송의 편파 보도 탓도 컸다. 민주노총에 일찍이 장악당한 언론노조는 오로지 여당의 실수와 잘못만 파헤쳐 그것은 당연한 결과물이었다.

다행히 이들을 깨운 것은 유튜브 방송과 SNS를 통해 알려진 진실이었다. 민주당이 22건의 정부 관료 탄핵 소추를 발의하고, 마약 범죄 단속 등 민생 치안 예산을 전액 삭감한 데 흥분하지 않을 수 없다.

여기서 상상력이 풍부한 사람들이라면 최근 강릉과 부산에서 발각된 엄청난 분량의 마약 밀수가 이와 연관된 것이 아닌가 하는 소설적인 추리를 할 수 있다. 게다가 아이 돌봄 수당, 청년 일자리, 군 초급간부 봉급 수당 인상 등에 제동을 건 것은 너무 지나친 폭거였다.

결국 젊은이의 미래를 일찌감치 짓밟아 버리는 이런 행태를 가만 두고 볼 수 있을까.

아마 1970~80년대 같았다면 학생들이 벌써 들고 일어났을 것이다. 다만 옛날에는 데모대가 정부 여당을 공격했지만 오늘날 현실은 그 반대의 경우이니 참 아이러니하다. 오히려 야당이 정부의 기본적인 예산까지 삭감하고 삭제하는데, 이것이 바로 내란을 획책하는 명백한 반국가 행위라고 인식하는 것이다.

게다가 야당은 숨기는 데 급급했지만, 이번 비상계엄의 주목적은 중앙선거관리위원회의 부정선거를 파헤치기 위해 선거연수원을 급습했었다는 데 있다.

더욱이 윤석열 대통령의 지지도는 비상계엄 선포와 함께 탄핵 소추된 이후 급상승하는 기현상을 보였다. 심지어 전 국민 50% 이상의 지지도가 오르자 이에 당황한 여론조사기관과 언론사는 그 이후 발표하지 않았다.

여기서 이를 바탕으로 김문수의 지지도가 50%를 넘는다고 감히 추론해 낼 수 있다. 왜냐하면 윤석열 대통령은 김문수를 적극 지지하기 때문이다. 그럼에도 불구하고 국민의힘 일부에서 윤 대통령의 탈당을 외치는 것은 오히려 김문수 후보를 훼손시키는 세력일 수도 있다.

엊그제까지 뒤에서, 아니 대놓고 공개적으로 김문수 후보에게 욕했던 이들이 언제 그랬냐는 듯이 미소 짓는데 그 속을 어찌 알까.

정당하게 경선을 통과한 김문수 후보를 떨어뜨리기 위해 영화처럼 새벽에 입당시킨 한덕수를 떨어뜨리고 김문수를 지켜낸 당원들은 거의 100% 윤석열 지지자가 분명하다.

그럼에도 계속 윤석열 대통령을 흔드는 것은 김문수 후보의 표를 갉아먹는 기생충일 확률이 높다. 우리 몸속에 숨어 있는 기생충과 암세포도 쉽게 발견하지 못하는데 어찌 조직 속의 못된 놈들을 잡아낼까.

필자는 김문수 후보가 국민의힘 당직자들의 새벽 쿠데타를 이겨낸 다음 날 당사에서 임명장을 수여할 때 누가 진정성 있고 가식적인지 금방 알아챌 수 있었다. 그것은 그네들의 일거수일투족을 보면 쉽게 감지됐다. 하수들은 아무리 감추어도 드러나게 마련이다.

아, 어쩌다 국민의힘이 이렇게 변질되었을까. 그저 김문수의 드라마틱한 우여곡절을 떠올리면 헛웃음과 함께 눈물밖에 안 나온다.

다음은 비상계엄 선언문 전문이다. 이 글을 국어 공부하듯이 각 단어와 어절을 밑줄 치며 읽으면 윤 대통령이 무엇 때문에 피를 토하는 심정으로 비상계엄을 선포했는지 알 수 있다.

―――

존경하는 국민 여러분, 저는 대통령으로서 피를 토하는 심정으로 국민 여러분께 호소 드립니다.

지금까지 국회는 우리 정부 출범 이후 22건의 정부 관료 탄핵 소추를 발의했으며 지난 6월 22대 국회 출범 뒤 10명째 탄핵을 추진 중에 있습니다. 이것은 세계 어느 나라에도 유례가 없을 뿐 아니라 건국 이후에 전혀 유례가 없던 상황입니다.

판사를 겁박하고, 다수의 검사를 탄핵하는 등 사법 업무를 마비시키고 행안부 장관 탄핵, 방통위원장 탄핵, 감사원장 탄핵, 국방장관 탄핵 시도 등으로 행정부 마저 마비시키고 있습니다.

국가 예산 처리도 국가 본질 기능과 마약범죄 단속, 민생 치안 유지를 위한 모든 주요 예산을 전액 삭감하여 국가 본질 기능을 훼손하고, 대한민국을 마약 천국, 민생 치안 공황상태로 만들었습니다. 민주당은 내년도 예산에서 재해 대책 예비비 1조원, 아이 돌봄 지원 수당 384억, 청년 일자리, 심해 가스전 개발 사업 등 4조 1000억원 삭감, 심지어 군 초급 간부 봉급과 수당 인상, 당직 근무비 인상 등 군간부 처우 개선비조차 제동을 걸었습니다.

이러한 예산 폭거는 한마디로 대한민국 국가 재정을 농락하는 것입니다. 예산까지도 오로지 정쟁의 수단으로 이용하는 이러한 민주당의 입법 독재는 예산안 탄핵까지도 서슴지 않았습니다.

국정은 마비되고 국민들의 한숨은 늘어나고 있습니다. 이는 자유대한민국의 헌정 질서를 짓밟고, 헌법과 법에 의해 정당한 국가 기관을 교란시키는 것으로서 내란을 획책하는 명백한 반국가 행위입니다.

국민의 삶은 안중에도 없고, 오로지 탄핵과 특검, 야당 대표의 방탄으로 국정이 마비 상태에 있습니다. 지금 우리 국회는 범죄자 집단의 소굴이 되었고, 입법 독재를 통해서 국가의 사법 행정 시스템을 마비시키고 자유민주주의 체제 전복을 기도하고 있습니다.

자유민주주의 기반이 되어야 할 국회가 자유민주주의 체제를 붕괴시키는 괴물이 된 것입니다. 지금 대한민국은 당장 무너져도 이상하지 않을 정도의 풍전등화의 운명에 처해 있습니다.

친애하는 국민 여러분, 저는 북한 공산세력의 위협으로부터 자유 대한민국을 수호하고, 우리 국민의 자유와 행복을 약탈하고 있는 파렴치한 종북 반국가세력을 일거에 척결하고 자유 헌정 질서를 지키기 위해 비상계엄을 선포합니다.

저는 이 비상계엄을 통해 망국의 나락으로 떨어지고 있는 자유 대한민국을 재건하고 지켜낼 것입니다. 이를 위해 저는 지금까지 패악질을 일삼은 망국의 원흉 반국가세력을 반드시 척결하겠습니다. 이는 체제 전복을 노리는 반국가세력의 준동으로부터 국민의 자유와 안전, 그리고 국가 지속 가능성을 보장하며 미래 세대에게 제대로 된 나라를 물려주기 위한 불가피한 조치입니다.

저는 가능한 한 빠른 시간 내에 반국가 세력을 척결하고 국가를 정상화시키겠습니다. 계엄 선포로 인해 자유대한민국 헌법 가치를 믿고 따라주신 선량한 국민 여러분께 다수의 불편이 있겠지만 이러한 불편을 최소화하는 데 주력할 것입니다.

이러한 조치는 자유 대한민국 영속성을 위해 부득이한 것이며 국제사회에 책임과 기여를 다한다는 대외 정책 기조에 아무런 변함이 없습니다. 대통령으로서 국민 여러분께 간곡히 호소 드립니다. 저는 오로지 국민 여러분만 믿고 신명을 바쳐 자유대한민국을 지켜낼 것입니다.

저를 믿어주십시오. 감사합니다.

이대로 가면 대한민국의 미래가 불투명하다

최근 불황과 고금리 장기화, 부동산 침체 등으로 회생·파산 절차를 밟는 임대인이 늘고 있다. 미래가 불투명하다고 느낀 30~40대 직장인·전문직·자영업자들이 '갭 투자(전세 끼고 매수)'에 나섰다가 경기 악화와 금리 인상 직격탄을 맞아 회생법원을 찾는 경우가 부쩍 증가했다는 얘기다.

이에 따라 법원 청사에는 파산 절차를 밟으려는 중장년층이 부쩍 늘었다. 이들 상당수가 대출로 아파트·건물을 샀다가 이자 감당이 어려워진 사람들이었다. 실직·부도 등 생계형 파산이나 코로나 이후 빚더미에 앉은 자영업자가 대부분이었던 과거와 달리 요즘은 갭 투자를 실패한 사람이 늘고 있다.

올해 1분기 서울회생법원 개인파산·회생 접수 건수는 8811건으로 4년 전 동기(6338건)보다 39% 늘었다. 지난달 발표한 서울회생법원의 개인파산 사건 통계 자료에 따르면 사업 실패나 실직 등으로 인한 파산 비율은 지난 4년간 7~8% 감소한 반면, 부동산 등 투자 실패 등은 전체 파산 원인의 11%로 2021년(2%)의 5배 이상으로 증가했다. 30·40대가 '갭 투자 파산'의 중심이다. 금융연구원이 지난 3월 발표한 '영끌(영혼까지 담보로 잡히고 대출받아 부동산 구매) 현상의 특징과 시사점'에 따르면 영끌족의 67.5%는 3040이었다. 29세 이하가 14.2%, 50대가 12%, 60세 이상이 6.4%였다.

이처럼 생각지도 못했던 '갭 투자'는 부동산 가격이 끝없이 폭등했던 문재인 정부의 후유증이다. 이런 기현상은 1~2년 내 일어나는 것이 아닌 이상 이는 당연한 귀결이다. 물론 그 저변에는 보통사람들이 알 수 없는 비밀이 있게 마련이다. 그에 대한 알려진 여러 가지 추측성 비밀이 떠돌고 있다.

어쨌든 그런 부동산 폭등 허상을 따라 바보같이 속아 넘어간 30·40대 갭 투자자들만 불쌍한 벌레가 되었다. 하지만 어쩌랴. 그들만의 리그에 속아 넘어간 것이 잘못이다. 그런 뜬구름을 현실인양 착각한 자신을 탓할 수밖에….

하지만 늦었다고 느낀 순간이 가장 빠른 법이다. 하루빨리 훌훌 털고 새롭게 시작하는 것이 최선이다.

이뿐 아니다.

10대들도 젊은층의 미래에 대한 불안감 못잖게 흔들리고 있다.

"미래가 안 보여서 자퇴합니다."

교육부 자료에 따르면 학업 중단 청소년은 2020년 3만2027명에서 2021년 4만2755명으로 33.5% 증가했다.

반드시 자퇴하는 게 아니라도 이미 일선의 학생들은 자기 갈 길을 만들기 위해 분주하다. 오픈 채팅방이나 소셜미디어에는 오늘도 '자퇴'에 대한 콘텐츠와 커뮤니티 방이 적지 않게 검색된다.

오프라인의 세계에서는 쉽게 파악할 수 없더라도, 학교 바깥과 온라인을 통해 아이들이 자기 인생을 능동적으로 찾아가려는 움직임은 어렵지 않게 발견된다.

이처럼 심각한 미래 세대의 흔들리는 모습을 우리 기성세대는 애써 모른 척하고 있다.

일하지 않는 청년층 왜 늘어날까

4년 연속 줄던 15~29세 청년층 장기실업자가 지난해 증가세로 돌아섰다. 또한 작년 전체 장기 실업자 10명 중 3명은 청년층으로 가장 많았다.

한국경영자총협회(경총)가 최근 발표한 「최근 청년 고용시장의 3가지 특징과 시사점」 보고서에 따르면, 지난해 4개월 이상(한국은행 기준) 구직 활동에도 일자리가 없던 장기 실업자는 6만9천명으로 집계됐다.

이는 2023년보다 2천명 늘어난 수치다. 2020~23년 청년층 장기 실업자는 전년보다 감소했지만, 지난해 들어 5년 만에 증가했다.

지난해 전체 장기 실업자 22만7천명 중 청년층은 30.2%로 가장 많았다. 이어 30대가 5만1천명(22.3%)으로 뒤를 이었다. 장기 실업자의 절반 이상이 30대 이하이다.

경총은 "취업 확률이 낮고 구직 단념 확률이 높은 장기 실업자 증가는 고용 회복에 걸림돌로 작용할 수 있으며 낙인효과 등 구조적 문제로 진전될 우려가 크다"고 지적했다.

아울러 올해 2월 '쉬었음' 청년은 50만4천명으로 2003년 집계 이후 최대였다. '쉬었음'은 중대한 질병과 장애는 없지만 경제활동인구조사에서 "그냥 쉰다"고 답한 이들이다. 외형상 실업 상태지만 구직 의사가 없어 비경제활동인구로 분류된다.

경총에 따르면 지난 2월 '쉬었음 청년' 중 71.4%인 36만명은 취업 경험이 있었다. 특히 지난해 2월보다 올해 2월 늘어난 '쉬었음 청년' 6만1천명 중 88%는 과거 취업한 적이 있었다.

여기서 우리나라 청년 노동시장에 묘한 현상이 발견된다.

'청년 쉬었음'의 주된 요인은 원하는 일자리를 찾기 어려운 노동시장의 미스매치이다. 결국 이는 노동시장에 진입하지 않고 쉬는 것이 아니라 취업을 경험한 이후 더 이상 구직 활동하지 않고 이탈한 사례가 늘고 있다는 의미이다.

이에 대해 정부 부처와 관련 기관의 관계자들은 겨우 상투적인 대안만 내놓을 따름이다. 이들 청년들이 고민하는 원천적인 근본 이유는 찾지 않고 그저 탁상공론뿐이다.

이에 대한 해답을 간접적으로 표현한 19살 고등학생의 절규가 애절하다. 이 학생은 "현재 대한민국 상황을 보며 솔직히 계속 이 나라에서 정상적

'청년 쉬었음'의 주된 요인은 노동시장에 진입하지 않고 쉬는 것이 아니라 취업을 경험한 이후 더 이상 구직 활동하지 않고 이탈한 사례가 늘고 있다는 의미이다.

인 가정을 꾸리고 행복하게 살 수 있을지 고민이다"고 말했다.

지금 한국은 저출산, 고령화, 남녀·세대 갈등 등 학생인 자신이 봐도 미래가 어둡다는 것이다. 나중에 본인이 사회에 진출할 시기가 오면 솔직히 많이 두렵다고 고백한다. 그래서 그 학생은 취업도 확실하지 않고, 여러 사회적 문제 때문에 이민을 결심했다.

현재 이 나라는 젊은 미래 세대들에 전혀 신경 쓰지 않고 자기들 배만 불릴 생각만 하기 때문에 무조건 이민 가야겠다는 얘기다.

또한 "솔직히 전쟁 날까 봐(우리 전쟁, 대만, 중국, 북한) 두렵고, 평생 일하면서 노년층을 부양한다는 거에 대한 자심감이 없다."며 "부모님께서는 저의 선택을 존중하고 지원 의사도 있다. 그리고 나는 이민이 가능하다면 미국, 일본, 캐나다 순으로 생각중이다."고 밝혔다.

출산율 증가만이 미래의 살 길

혼인 건수 상승세? 최근 국내 출생아 수가 8개월 연속 증가하고, 혼인 건수도 11개월째 상승세를 보였다. 지난 2월 출생아 수는 2만35명으로 지난해 동기보다 3.2% 증가했다. 이는 2024년 7월 이후 계속된 증가세로 2월 기준으로 11년 만에 가장 높은 수치이다.

또한 혼인 건수는 1만9370건으로 14.3% 증가해 8년 만에 가장 많이 늘었다. 이러한 변화는 코로나19 이후 증가한 혼인율, 출산에 대한 긍정적인 인식 제고와 함께 정부의 출산 정책도 한몫했다.

출산율은 단순히 인구 문제에 그치지 않고 국가경제 전체에 직접적인 영향을 미치는 핵심 지표이다. 출산율이 낮아지면 생산가능 인구 감소, 노동력 부족, 소비시장 축소, 경제성장률 둔화 등으로 이어진다.

지난 2월 혼인 건수도 작년보다 9% 이상 늘었다. 결혼이 늘면 출산도 자연스럽게 이어진다. 한 달만의 데이터로 단정하기는 이르지만 조금씩 바뀌는 분위기를 느낄 수 있어 그나마 다행이다.

2025년 2월 기준 합계 출산율은 0.82명으로 두 달 연속 0.8명을 넘겼다. 지난해 합계 출산율은 0.75명으로 9년 만의 반등이다. 이런 추세가 계속되면 올해와 내년에도 출산율 상승이 기대된다. 따라서 올해 출생아는 지난해보다 1만여 명 증가한 25만 명대로 예상된다.

혼인 후 평균 2~2.5년 뒤 출산하는 경향으로 현재의 출산 증가 추세는 향후 몇 년간 지속될 전망이다. 하지만 이러한 증가세가 계속될지는 미지수이다. 1983년 이후 출생아 수는 꾸준히 감소해 오다 60만명대에서 70만명대로 반등했던 시기도 있었다. 그러나 1996년 이후 다시 감소했다.

출산율이 0.79명에 도달해도 여전히 부부가 아이 1명도 안 낳는다는 얘기다. 더욱이 경제 성장률과 잠재 성장률이 모두 하락 추세로 출산율 회복이 어려울 전망이다. 수도권 인구 집중, 치열한 입시 경쟁으로 인한 사교육 과열 등은 출산율 하락의 주요 원인이다.

그래서 출산율 하락에 대한 해결책이 시급하다. 정부와 사회가 함께 나서 출산율 회복을 위한 과감한 정책과 방안을 모색해야 한다. 특히 젊은 세대가 출산에 대한 긍정적인 인식을 갖도록 하는 것이 중요하다. 이를 위해 경제적 지원과 주거 안정, 일과 가정의 양립을 위한 환경 조성이 필요하다.

그런데도 민주당은 아이 돌봄 지원수당 384억원을 삭감함으로써 그나마 출산율 상승에 찬물을 끼얹었다. 이런 엄청난 사실을 한마디로 말하면 어불성설로 민생의 기본조차 모르는 형국이다.

그래서 미래를 위한 출산율 회복이 절실하다. 출생아 수와 혼인율이 증가하고 있지만, 미래의 출산율 전망은 여전히 불투명하다.

뚝심 있는 인물 필요 결론적으로 지속적인 증가세를 유지하려면 사회 전반의 변화가 절실하다. 물론 그러려면 출산 정책을 진심으로 이해하고 추진할 뚝심 있는 인물이 필요하다.

필자는 그런 추진력 있는 인물이 바로 김문수인 것을 천명한다. 김문수라면 수십년간 잘못된 출산정책으로 수조원의 국가예산만 낭비한 담당공무원들의 복지부동을 단 한 방에 바로잡을 것이다.

그에 대한 정답은 김문수의 외동딸 동주를 보면 알 수 있다. 물론 젊은 시절 노동운동으로 힘든 고통의 삶을 지탱하느라 육아에 대한 기회가 부족한 탓도 있다.

하지만 그는 외동딸을 좋은 대학 유망학과에 보내지 않고 사회복지학과에 다니게 했다. 스스로 민중의 지팡이 역할을 자임했던 셈이다. 게다가 그의 사위마저 사회복지사로 사회봉사 활동을 하고 있다.

소위 우리나라 고위 관료의 자녀들이 으레 통과의례로 여기는 사교육과 유학 등 상투적인 고급 교육과는 거리가 멀다. 이른바 주한 미군 철수 등 반미를 외치면서도 자식은 미국 유학을 보낸 좌파 정치인들과는 아예 비교조차 할 수 없다.

서민적인 교육 환경을 직접 목도하고, 경기도지사로 경험한 현장 행정은 그가 대한민국 행정에 접목하면 큰 변화를 몰고올 것이다.

물론 이런 근저에는 그의 부인인 설난영 여사의 풀뿌리 교육 탓도 있다. 그런 서민적인 교육 환경을 직접 목도하고, 경기도지사로 경험한 현장 행정은 그가 대한민국 행정에 접목하면 큰 변화를 몰고올 것이다.

만약 김문수가 대통령이 된다면 기존의 인물들처럼 각 정부 부처에서 터줏대감으로 군림해 온 공무원들의 틀에 짜인 보고를 그대로 수긍하지 않고 수정 보완을 요구할 것이다. 이는 젊은 시절부터 위장취업을 통해 노동 현장에서 배운 피와 땀의 의미를 제대로 알기 때문이다.

그래서 판검사 출신이 대통령 직책을 맡으면 이런 현장 행정이 실패할 확률이 높다. 과거 노무현·문재인·윤석열 대통령의 경우가 전형적인 탁상공론식 행정의 본보기다. 세상살이의 힘든 과정을 거친 적 없이 오로지 책상에 앉아 사법고시만 공부한 이들이라 부족할 수밖에 없다.

그래서 한동훈 역시 부적격 인물로 평한다. 윤석열 대통령의 실패 원인도 현장 행정 부족에서 비롯됐다고 해도 과언이 아니다.

비근한 예로 윤석열 정부를 처음부터 줄곧 흔든 것이 의과대학 정원 문제였다. 필자는 보건복지부 공무원들의 누군가 던져놓은 낚시에 문외한인 윤 대통령이 걸려들었다고 추리소설(?)적으로 유추한다.

왜냐하면 윤 대통령이 쉽게 해결할 수 없는 난제인 의과대학 정원 숫자를 건드린 이후 국민 여론이 급격히 나빠졌기 때문이다. 그래서 역대 정부가 가장 예민한 국민연금 문제를 괜히 건드려 독박 쓰지 않으려고 했던 것이다. 박근혜 정부도 괜히 그 분야를 건드리다 여론만 나빠진 경험이 있다.

이런 점에서 김문수야말로 가장 서민적인 대통령 후보이다. 박정희 대통령과 비슷한 환경과 철학을 가진 가장 근접한 인물이다. 비록 측근들이 지나친 월권 통치를 자행하고 부를 축적했을지 몰라도 당사자는 축재하지 않고 검소하게 살았기 때문이다. 김문수 역시 거짓말하지 않고 금전을 밝히지 않는 면에서 '제2의 박정희'라고 부를 만하다.

그런 점에서 좌파 운동권 출신의 정치인들이 김문수를 병적으로 두려워하는 이유이다. 부천 소사 지역에서 김문수와 맞붙었다가 떨어진 박지원 의원, 그리고 인사청문회에서 감정적으로 소리 지르며 오버했던 운동권 출신 국회의원들의 저질스런 발언과 고성이 오히려 국민들에게 반감을 불러일으킨 점이 그렇다.

저출산 문제 갈팡질팡   초저출산율에도 불구하고 국가의 대책은 미흡하

출산율의 저하는 세대 붕괴를 의미한다. 물론 부동산도 그 원인의 하나로 지목된다.

다. 이처럼 저출산 문제가 심각한데도 중앙정부와 지방자치단체는 저출산 문제 강구에 갈팡질팡한다. 국제사회에서 대한민국이 인구소멸로 사라질지도 모른다고 경고하지만, 국민과 국가권력은 이를 진지하게 받아들이지 않고 있다. 저출산 대책도 거의 임시방편으로 근본적인 원인 해소와는 요원하다.

우리나라가 저출산 국가가 된 것은 경제성장 과정에서 나타난 기현상이다. 이는 부동산투기로 주택 가격이 터무니없이 올라 신혼부부가 주택 구하기 어려워진 탓이다. 훌륭한 공교육이 있는데도 사교육비가 생활비를 능가함으로써 자녀 출산이 부부의 정상적인 삶을 옥죄고 있다.

이처럼 불확실한 미래를 위해 누가 결혼하고 자녀를 출산할지 그 해답

미래 세대 인구가 줄어들면 국가의 미래는 불확실할 수밖에 없다.

은 뻔할 수밖에 없다. 더욱이 여성의 사회진출이 급증하면서, 자녀출산으로 인한 여성경력 단절 때문에 정상적인 출생률을 저해하고 있다. 이런 데다 사회 일각에서 남녀 갈등까지 조장해 젊은 세대가 결혼을 기피하는 현실이다.

미래 세대 인구가 줄어들면 국가의 미래는 불확실할 수밖에 없다. 60세 이상의 고령층이 2030세대보다 많아지는 역삼각형 구조가 되면 국가 기반은 무너지게 마련이다. 이런 상황에도 불구하고 정부 당국은 집값의 연착륙이란 겉핥기식 정책만 내세울 뿐 미래를 감도 못 잡고 있다.

이런 데도 절대 다수의 의석을 차지하고 있는 민주당은 국민의 미래는 안중에도 없다. 그래서 우리들의 미래를 국민 스스로 책임져야 하는 형국이다. 언제부터 이런 파국의 길에 접어들었는지 앞날이 걱정스럽다.

출산율의 저하는 세대 붕괴를 의미한다. 물론 부동산도 그 원인의 하나로 지목된다. 하지만 출산, 나아가 결혼 자체를 기피하는 근본 원인은 젊은 세대의 미래가 불투명하기 때문이다.

고도 성장기의 끝자락에 놓여 있던 전 세대는 자신의 미래가 현재보다 어떤 식으로든 더 나을 것이라는 희망이 있었다. 그러나 중진국 산업구조의 한계와 함께 세계화의 물결이 몰아치면서 젊은 세대의 미래는 불투명해졌다.

정치인(政治人)들의 올바른 정치(正治) 부족   결혼하고 아이를 낳고 가정을 꾸려나간다는 것은 개인적으로 30년, 사회적으로는 한 세대에 걸쳐 일어나는 일이다. 적어도 이 기간 동안 안정적인 삶을 설계하는 여유가 있어야 세대 유지가 가능하다.

그 여유는 안정적인 직업과 더불어 탄탄한 사회 안전망에서야 비로소 우러나온다. 하나 안타깝게 우리에게는 둘 다 없다.

박정희 대통령이 일찍이 뿌려놓은 반도체, 철강, 조선, 방위산업 등 경제 발전 토대로 놀라운 성장을 거뒀지만 그 대가로 젊은 세대의 기회가 희생되었다.

유치원부터 대입까지 이어지는 끝없는 학업 경쟁으로 인한 사교육 확장, 대학부터 취업까지 계속되는 좁은 문의 취업 경쟁이 젊은 세대를 억누르고 있다.

여차하면 낙오되는 경쟁시대에서 자신의 미래를 생각할 여유도 없다. 모두가 경쟁을 위한 시험, 시험을 위한 공부와 스펙 쌓기에 내몰린다.

중진국의 함정에 우리 사회는 해결이 어려운 이 문제는 외면하고 당장의 상황 타개를 위해 노동 시장 유연화, 생산의 효율성 극대화 등에 매달리고 있다. 이들은 다시 부메랑처럼 젊은 세대의 무한 경쟁을 부추긴다.

이 상황에서 왜 결혼하지 않는가, 왜 아이를 낳지 않는가 묻는 것은 무지막지한 폭력에 가깝다.

월세 단칸방에서 사랑 하나로 신혼을 시작했다는 옛날 우리 부모세대의 훈계가 통할 상황이 아니다.

출산율 저하와 부동산 폭등은 무한경쟁, 각자도생, 승자독식을 기치로 내세우는 자유시장의 부작용이다. N수생, 장수 고시생, 젠더·남녀·세대 갈등, 공정성 첨예화 등의 문제들도 앞으로 더욱 심화될 것이다.

언론들이 경제지표의 수치를 보며 공염불하는 동안 젊은 세대의 경쟁은 더욱 치열해질 터이다. 그러그러 끝없이 생산한 재화, 폭등한 부동산을 받쳐 줄 소비 세대가 붕괴될 것이다.

그러면 그제야 자유시장의 보이지 않는 손이 작동할 것이다.

이런 시나리오는 한 세대가 붕괴되고 난 뒤에 일어날지 모른다. 지금 출구가 보이지 않는다. 이것은 특정 세대의 잘못이 아니라 우리의 삶을 둘러싼 상황이 급변한 탓이다.

사회적인 위험 신호가 나오기 시작한 지금부터 앞으로 십수년이 우리의 미래를 결정짓는 터닝 포인트가 될 전망이다.

하지만 우리는 여기서 냉정해질 필요가 있다. 우리 사회가 이처럼 어려워진 근본 원인은 무엇일까.

그러나 미안하지만 우리 모두의 적은 이렇게 되도록 방치한 기존 정치인들이다. 소위 정치인(政治人)들이 제대로 정치(正治)하지 않았기 때문이다.

그래서 이처럼 어려운 때일수록 정직한 정치가 제일 중요한 시기이다. 정치에서 발생되는 끝없는 결정이 모두를 만족시킬 수 없다.

수많은 영역에서 누구는 이익을 보고 누구는 손해를 보게 마련이다. 피해를 보는 사람들이 분노하는 것은 당연하다. 그 분노를 표출하는 것도 이해된다.

하지만 이 중요한 시기에 상황을 악화시킬 것이 뻔한 정치 세력의 선택으로 그 분노가 연결되지 않아야 한다. 자칫 잘못된 선택을 하면 우리나라는 영원히 헤어날 수 없는 파국으로 치달을 수 있다.

이처럼 어려운 때일수록 정직한 정치가 제일 중요한 시기이다.

그래서 눈앞의 이익만 바라보고 불나방처럼 불속으로 뛰어드는 철새 같은 정치인들이 부끄럽다. 물론 제대로 인물을 알아보지 않고 여론에 휩쓸려 정치인들을 잘못 뽑은 우리 국민들의 업보도 무시할 수 없다.

과연 이런 심각한 현실 앞에서 우리나라의 미래는 과연 어떤 모습으로 변모될까. 그야말로 한 치 앞이 걱정스럽다.

국민연금, 미래 세대에 어떻게?

최근 한 시민의 국민연금 납부와 수령 내역이 화제가 되면서 국민연금 제도의 현실적인 문제점이 새삼 조명받고 있다.

이 시민은 99개월간 약 657만원을 납부한 후 23년 동안 무려 1억원 이상 수령하고 있다는 사실이 밝혀졌다. 이 사례를 통해 나타나는 국민연금제도의 불공정성과 비판의 목소리가 커지고 있다.

국민연금의 구조적 문제, 개혁안의 내용, 그리고 이로 인한 미래 세대의 재정 부담은 과연 어떨까?

1988년 시작된 국민연금은 노후의 소득을 보장하기 위한 중요한 사회복지 제도이다. 그 배경에는 고령화 사회로의 진입과 함께 노인층의 생활보장을 위한 필요성이 크다는 점에 있었다.

그래서 매우 많은 사람들이 국민연금에 의존하지만 그 수혜가 과연 공정한지 질문을 던지게 한다. 특히 대다수가 자신의 납부액보다 훨씬 높은 금액을 수령하는 현상으로 제도의 비효율성이 지적된다.

그 결과 국민연금이 기성세대의 노후를 보장하기 위해 미래세대의 재정 부담을 과도하게 가져다 쓰는 것이 정의롭지 않다는 주장이 제기되었다.

2030세대와 40대 청년들은 현재의 국민연금 제도가 지속 가능하지 않을 것으로 우려하고 있다. 이들은 납부하는 보험료가 증가하고 있지만, 수령액에 대한 불확실성과 재정적 부담이 가중되는 상황에서 장기적인 재정 정책이 필요하다고 주장한다. 복지 부담을 세대 간의 불평등으로 심각한 갈등이 심화되고 있다는 지적이다.

국회에서 통과된 국민연금법 개정안은 보험료율을 현행 9%에서 13%로 인상하고, 소득대체율도 조정하는 내용을 담고 있다.

그러나 이러한 개정안이 실제로 국민연금을 어떻게 변화시킬지는 여전히 불투명하다. 자산이 있는 세대는 상대적으로 혜택받지만, 젊은 세대는 그들 세대에 맞는 재정 정책이 필요하다고 주장한다. 하지만 이에 대한 민주적인 대화의 장은 요원하다.

결국 국민연금 개혁의 방향은 지속 가능성과 세대 간의 형평성을 보장해야 한다. 재정 부담을 현재 세대와 미래 세대 간에 공평하게 나누는 정책이 절실히 요구된다.

국민연금 제도가 국민들에게 실질적인 노후 보장을 제공하려면 보다 투명하고 공정한 제도의 개선이 필수적이다.

국민연금의 재정 관리 방식에 대한 근본적인 변화도 필요하다.

특히, 투자 수익률 제고 방안과 함께 가입자들의 목소리를 반영한 정책 결정이 중요하다. 이는 국민연금의 신뢰성을 더욱 높이기 위한 필수적인 과정이다.

향후 국민연금 제도 개선이 이루어지지 않는다면 미래 세대의 노후는 더욱 불확실해질 것이다. 이는 사회 전반의 불만으로 이어질 우려가 있다.

따라서 모든 이해관계자가 함께하는 논의와 기술적인 부분까지 아우르는 개선이 절실하다. 이 과정에서 공정성과 지속 가능성을 염두에 둔 정책을 마련해야 한다.

이처럼 국민연금이 사회 전반적인 갈등을 불러일으킬 만큼 문제화된 이유는 무엇일까?

국민연금의 처음 시작은 참 좋았다. 문제는 그동안 정권이 바뀔 때마다 그 누구도 건드리지 못하는 국민연금공단이었어야 하는데 그렇지 못했다는 것이 안타깝다.

아직까지는 폭발 위험성이 없을 만큼 국민연금 종자돈이 있지만 언젠가는 터질지 모르는 시한폭탄 같은 존재이기 때문에 정치권은 심각한 해결책을 숙고할 필요가 있다.

그렇다면 과연 국민연금의 시한폭탄을 안전하게 관리할 수 있는 꿈의 정책을 펼칠 대통령은 나오지 않는 것일까?

여기서 나는 국내 최초의 국민연금에 관한 국민 제안을 천기누설한다. 다만 김문수가 대통령에 당선되었을 경우에 한정한다.

이미 국민연금을 받고 있는 국민들은 매달 3%의 금액을 국민연금공단에 적립하는 것을 제안하는 바이다. 단 이 금액은 쓸데없이 주식에 투자하지 말고 오로지 금만 매입하는 조건이다.

사실 국민연금공단이 국민연금제도를 처음 시작했던 1988년부터 금만 매입했더라면 지금쯤 그 수익이 엄청날 것이다. 그런데 등신 같은 국민연금 관리자들이 쓸데없는 주식투자로 날린 돈이 얼마인가? 그러면서 보이지 않게 뒤에서 증권사 애널리스트들과 얼마나 장난을 많이 쳤겠는가?

게다가 정권이 바뀌면서 그 얼마나 도둑질을 많이 했겠는가? 국민연금은 애초부터 그 누구도 함부로 건드리지 못하는 치외법권의 신성한 공단이었어야 했다.

아무튼 국민연금을 받고 있는 필자부터 매달 3%의 금액을 미래세대들에게 물려주고 싶다. 다만 죽을 때 돈을 관 속에 넣어 갈 작자들은 참여하지 않아도 무방하다.

김문수는 우리나라의 산업 잠재력이 위협받고 있는 현 상황을 타파하여
어느 나라도 따라 올 수 없는 획기적 발전을 이룰 수 있는 지도자이며,
정체절명의 국가적 난국을 타개할 수 있는 강단과 결기를 고루 갖춘 지도자이다.

2장
왜 김문수를 두려워하는가?

2장
왜 김문수를 두려워하는가?

김문수 후보가 대통령이 되어야 하는 '8가지 장점'

1. 경기도지사 선거 후 보여준 정직성!
   - 선거자금 남은 돈 20억원 전액 중앙당에 헌납하는 공금에 깨끗한 인물.
2. 경기지사 2번 연임에서 보여준 탁월한 행정 능력!
   - 삼성반도체 평택 유치, 판교 테크노밸리 조성, 광교신도시 개발, GTX 구상, 설계·착공…. 그러나 자기자랑을 하지 않는 겸손함
3. 서울대 출신이나 노동현장에서 직접 몸으로 투쟁해온 인물!
   - 좌익은 분배 강조. 그러나 그 분배는 우익의 성장으로부터 시작돼야 한다는 논리를 깨닫고 즉시 우익으로 전향한 과감한 결단력.
4. 좌익 시절에도 이승만 건국 통치와 박정희의 경제 업적은 인정하고 높이 평가!
   - 꼬부라진 인성이 아닌 건강하고 정상적인 인성. 이런 인물이 대통령이

되어야 함.
5. 이재명과 비교되는 깨끗한 가정사!
 - 부인은 도정에 일절 관여한 적 없고, 관용차 탄 적 없고, 외동딸은 관사에 드나든 적 없다.
6. 통일 한국에 가장 적합한 정치인!
 - 국회의원 시절에 아무도 관심 없는 북한인권법 제안해 그 후 통과시키고, 탈북민들을 진심으로 돕는 일을 함.
7. 투철한 국가관과 애국심!
 - 우익 관점은 분명하나 자유민주 보수 이념에 폭넓은 이해로 중국·러시아 등과도 유연한 관계를 이어갈 인물.
8. 경북 영천 시골 출신이나 경북고, 서울상대를 졸업한 인재!
 - 삼성반도체를 경기도에 유치하고, 디지털시대에 첨단과학 AI산업을 일으키겠다는 꿈을 지닌 정치인.

- 김진홍 목사

10여년 전 김문수 경기도지사 후보의 후원회장이었던 김진홍 목사의 글이 인터넷에 회자되며 인기를 끌고 있다.

김문수 대통령 후보가 대통령이 되어야 하는 '8가지 장점'을 간단명료하게 적은 글이다.

그 당시 김진홍 목사는 경기도지사 선거를 치른 후 비용을 환산해 보니 많은 돈이 남았다고 한다. 그래서 김 후보에게 그것을 고생하며 돈을 쓴 사람들에게 나눠주자고 말했단다.

그런데 다음날 나와 보니 김문수 당선자가 실무자를 불러 한나라당 중앙당에 당비로 20억원 모두 기부했다는 것이다. 김문수는 바로 이런 사람이다.

또한 김문수가 민중당과 신한국당이 통합하면서 험지인 부천시 소사구에서 국회의원에 당선되었을 때 이야기다. 영원한 독고다이 장기표 선생은 신한국당에 입당하지 않아 국회의원이 되지 않았다.

그런데 김문수가 국회의원이 된 후 자기가 받는 세비 500만원 중 1/5인 100만원을 매달 장기표 선생에게 주었다는 것이다.

특히 2000년대 들어 김대중 정부에서 민주화운동 전력자에 대한 보상금을 지불했는데 그 당시 김문수는 받지 않았다. 지금으로 따지면 상당한 금액이었는데 그는 김동길, 장기표 선생과 함께 수령받지 않았다.

파주 농부의 김문수 애창곡

김문수는 완전 인간에 가깝다.

그는 인격적으로나 능력적으로나 흠잡을 데 없는 완전 무결점의 인간이다.

정치적으로는 이승만 같은 정치력을 겸비하였으며, 보수의 무덤이던 부천 소사에서 내리 3선을 하고 후배에게 양보할 때까지 대단한 의정활동을 하였다.

국가경영에 있어서는 박정희 같은 추진력과 통찰력으로 대한민국을 G2의 반열에 올릴 수 있는 능력자임이 이미 경기도지사 시절에 검증된 사람이다.

이것만 보면 금수저 출신 같아 보이지만 그의 청춘시절은 인간 본성에 충실한 투쟁의 역사였다. 찢어지게 가난한 7남매 중에 여섯 번째로 태어나 잠을 설치면서 아르바이트를 하며 형제자매 중 유일하게 대학에 진학하나 유신 반대투쟁으로 제적 후 복학되었지만, 민청학련에 연류되어 또 제적되면서 학업은 포기하고 위장취업으로 노동계에 투신해 노동운동의 전설이 된다.

그는 요즘 같은 귀족노조가 아니라 정말로 노동약자의 권익보호를 위해 투쟁한 진정한 노동 운동가였다.

서노련 지도위원 자격으로 참여한 1986년 5월 3일 인천 직선제 개헌 투쟁을 주도한 혐의 등으로 구속돼 2년 이상 옥고를 치렀다.

그때 보안사에 잡혀가 엄청난 고문으로 거의 죽음 직전까지 갔음에도 심상정 등 후배 은거지 등을 불지 않았다는 얘기는 유명하다. 그의 인간성을 알 수 있는 대목이다.

노동운동을 할 때나 국회의원과 도지사 시절에도 그는 언제나 약자의 편이었다. 도지사로서는 포천의 한센인 마을을 찾은 유일한 사람이며, 1박을 하면서 진정으로 그들의 아픔과 함께하고 그들의 고충을 해결하려고 노력했다는 것은 성인의 반열에 설 수 있는 인성의 소유자임을 보여준 것이다.

1994년 복학해 비록 늦깎이로 서울대 경영학과를 졸업하였지만 경영학도답게 경기도지사 시절 8년 만에 이룬 성과는 엄청난 것이다.

삼성반도체 평택 유치, 여주 하이닉스 유치, 판교 테크노밸리 조성, GTS 철도설계 및 착공, 광교신도시 개발, 파주 LG 디스플레이, 광역교통연계망 설계 등 이루 말할 수 없는 업적을 이루었다.

가히 박정희 대통령에 필적할 만한 창의력과 추진력의 소유자임을 보여준 것이라 할 수 있다.

이런 점에서 만약 김문수가 대통령이 된다면 우리나라는 제2의 경제기적을 낼 것으로 확신한다.

노조와 사법 리스크로 우리나라 기업들이 외국으로 탈출하거나 외국기업 유치에 어려움이 있는 조건들을 해결할 수 있는 능력의 소유자이면서, 우리나라가 보유하고 있는 초일류 세계적 제조업에 기술혁신 R&D를 접목시켜 획기적인 초격차를 벌일 수 있는 구상과 능력을 겸비한 사람이기 때문이다.

그가 경기도를 탈바꿈시켰듯이 대한민국을 다시 한 번 탈바꿈시킬 지도자임이 분명하다. 그의 따뜻한 애민정신은 성장의 낙수효과가 서민층으로 스며들어 풍요로운 나라를 비로소 만들 유일한 지도자라 생각한다.

지금까지는 성장에 목매어 왔으나 이제는 성장과 분배의 안분이 중요하다는 것을 그 누구보다도 실천적으로 체험한 사람이 김문수이기 때문이다.

그러면서 겸손하여 과거의 행적과 실적을 자랑하거나 정치에 이용하지 않았으며, 민주화운동과 관련하여 어떤 보상도 거절한 순수한 정신의 소유자이다.

무엇보다도 청렴결백하다.

국회의원 12년, 도지사 8년을 한 사람이지만 일반 중산층보다 가난하게 산다.

지금 이 나라의 위기를 구할 수 있는 인물로서 이 이상 적합한 인물이 어디 있느냐?

더 이상 법률 전공자는 이제 그만했으면 좋겠다.
　법조계 출신들은 이 나라 사회의 유리한 위치에서 이 나라를 요리하여 그들의 기득권과 뱃속만 채우는 동안 우리나라는 절체절명의 위기로 몰리고 있다.
　또한 지금은 비상시국이므로 안정적 관리형보다는 능력과 돌파력을 갖춘 인사가 제격인 시기임을 간과해서는 안 될 것이다.
　윤석열 대통령을 부를 때는 정치가 나라를 망치고 있어 비정치인인 윤석열을 선호한 것이었으나, 정치의 한계를 극복하지 못해 후배에게 배신당하였으니 이제는 정치인이면서 비법조계인 경영학 전공자가 맡는 것이 자연스런 하늘의 뜻으로 보인다.
　김문수는 이와 같은 능력을 겸비하였음에도 언론의 지원이 없어 국민들이 제대로 알지 못하였으나 이번 비상계엄과 탄핵정국이 대권주자로 만들어 준 계기가 되었으니 이 어찌 하늘의 뜻이 아니라 할 수 있겠나.

자연재해 가뭄 현장에서 군인들과 함께

김문수는 가장 낮은 곳의 국민들을 보듬을 수 있는 삶의 궤적을 실천적으로 살아온 사람으로서 좌우통합 그 자체라 할 수 있다.

그는 현재 우리나라의 산업 잠재력이 위협받고 있는 현 상황을 타파하여 어느 나라도 따라 올 수 없는 획기적 발전을 이룰 수 있는 지도자이며, 정체절명의 국가적 난국을 타개할 수 있는 강단과 결기를 고루 갖춘 지도자라는 것을 천명하는 바이다.

특히 대선 경쟁 상대인 이재명의 지지기반인 음지에서 자수성가한 코스프레의 대척점에 있는 사람이 김문수이다. 김문수의 삶의 궤적이 알려지기만 하면 이재명은 게임이 될 수 없다.

워낙 겸손하여 본인의 장점을 알리지 않아 저평가된 부분들이 제대로 조명만 된다면 이재명은 적수가 될 수 없다.

여기에 사실상의 걸림돌은 국힘 내부에 있음이 안타까우며, 그를 더 적나라하게 소개하기에는 나의 어휘력 부족함이 한스러울 뿐이다.

김문수, 2005년 북한인권법 최초로 발의하다

북한의 인권문제는 우리나라보다 국제기구에서 먼저 논의됐다.

특정 국가가 법안으로 북한 인권문제를 제기한 것은 2004년 미국에서 출발한다. 미국은 당시 부시 대통령이 북한을 '악의 축'으로 정한 데 이어 대북한 인권 공세를 강화하고 탈북자의 미국 망명 허용을 재확인하는 내용의 북한 인권법을 발의한다.

2004년 3월 하원의원 9명이 상정한 이 법안은 7월 하원 통과, 9월 상원 통과, 10월 조시 W 부시 미국 대통령이 서명하면서 속도감 있게 제정됐다.

일본의 북한 인권법도 한국보다 빠른 2006년 6월 23일 공포됐다. 납치 일본인을 위한 법률에 초점을 맞춰진 이 법안은 탈북자에 대한 지원을 포함하고 있다.

우리나라에서 북한 인권에 대한 논의가 국회에서 본격적으로 논의된 것은 새누리당 소속의 김문수 전 경기도지사가 17대 국회 당시인 2005년 최초로 '북한인권법'을 발의하면서부터다.

김문수 전 지사가 발의한 북한인권법은 헌법상 우리 국민인 북한 주민들의 인권 신장을 위해 국가가 애써야 한다는 당연한 명제를 담고 있다. 북한 주민들의 인권 개선과 대북 지원에 대한 국가적 책무와 제도적 장치를 법으로 명시한 것이 이 법안의 골자다. 북한 김씨 왕조 하에서 억압·탄압 받는 주민들의 인권에 대해 대한민국이 침묵하지 않고 노력한다는 선언적 의미가 담겨 있다.

그가 발의한 당시 북한인권법 제정 이유에 대해 "북한에서 벌어지는 광범위한 인권침해 행위에 대하여 국제사회의 우려가 날로 커지고 있음에도 불구하고 우리는 북한의 인권문제에 침묵하고 있다"고 꼬집었다.

법안의 주요 내용은 ▲북한 내에서 인권 침해 사례와 그 증거를 체계적으로 수집·기록하기 위한 북한 인권기록보존소 설치 ▲통일부 장관으로 하여금 북한 인권 개선과 대북 지원을 위한 기본 계획 수립 ▲통일부에 북한 인권개선위원회 설치 ▲외교통상부에 북한 인권대사 임명 ▲북한 인권 개선 등의 사업에 참여하는 민간단체에 대하여 경비보조 지원 등이다.

상승전망대에서 군인들과 함께.

하지만 이 법안은 당시 한나라당이 야당이었던 17대는커녕 18·19대에도 통과되지 못했고, 결국 20대 국회 막바지에 통과됐다. 이는 야당의 거센 반대에 직면했기 때문이다.

야당엔 뼈아픈 지적 담긴 법안 … 번번이 통과 안 돼 여야가 북한인권법을 두고 첨예한 대립을 지속한 것은 북한인권법이 야권의 모순을 정확하게 짚은 법안이기 때문이다. 야권은 그간 정부 정책에 반대하면서 여러 차례 정부가 인권문제를 외면하고 있다는 취지의 주장을 여러 차례 되풀이해 왔다.

그간 여권이 성장주도 경제정책을 외칠 때 야권은 꾸준히 '복지 향상' 등 분배주도 경제정책을 내세우며 반발해 왔다. 야권은 여권이 시장경제체제, 자본주의의 논리에 갇혀 장애인 등 사회적 소수의 목소리, 인권 문제에 눈을 감고 있다며 공세를 폈다.

또한 야권은 귀족 노조의 목소리도 노동자 계층에서 나온 목소리로 보고 강하게 대변했다. '민중 총궐기' 행사에 당시 새정치민주연합 지도부가 나온 것이 대표적인 예다.

그러나 이들은 유독 세계 최악으로 평가받는 김씨 왕조 세습체제 하의 처참한 북한의 인권 실태에 대해서는 침묵으로 일관해 왔다. 인권의 잣대로 바라본다면 김씨 왕조 정권은 대한민국과는 비교가 안 된다. 북한은 정치범 수용소를 두고 자신과 정치적 견해가 다른 사람을 '교화'라는 목적으로 잡아 가두는 등 주민들에게 억압과 탄압으로 일관하고 있기 때문이다.

사정이 이런 데도 야권이 침묵하는 이유는 북한 정권을 대화의 상대로 보는 시각이 깔려 있다. '햇볕정책'의 기조 아래 북한 정권과 대화를 계속 열어 나아가야 한다는 야권의 원칙에 북한인권법은 맞지 않는다는 설명이다. 북한의 인권 문제를 지적하면 곧 김씨 왕조 세습 정권에 대한 비판과 함께 책임을 물어야 한다는 점에서 북한을 대화의 대상으로 보는 야권으로서는 받아들이기 어려운 법안이었다.

그래서 노무현 정부 당시인 2006년 12월 국가인권위원회는 "북한 인권 문제는 우려할 만한 수준이며, '인권의 보편성' 원칙에 따라 접근해야 한다. 하지만 북한에서 발생한 인권 침해 행위는 인권위의 조사대상이 될 수 없다"는 입장을 내놓았다. 북한 인권문제에 직접 개입하는 것이 북한의 주권을 침해하는 '내정간섭'이 될 수 있다는 얘기다.

반면, 통일연구원의 김수암 연구위원은 2007년 11월 29일 UN총회에서 채택된 북한 인권 관련 결의안만으로도 긍정적 효과가 나타나고 있다는 분석을 내놓으면서, 우회적으로 북한인권법 제정의 필요성을 지적하기도 했다.

그는 북한이 형식적으로나마 ▲2004년 형법 개정을 통한 죄형법정주의를 명문화하고 절차법인 형사소송법을 만든 것 ▲국제인권협약 의무조항에 따른 국가보고서 자료 제출 ▲강제송환 탈북자 처벌 수위 완화 ▲2004년 유엔 여성특별보고관 아동권리위원 방북 초청 등을 한 것을 긍정적인 효과로 꼽았다.

18~19대까지 계속된 북한인권법 결국 17대에서 북한인권법은 폐기됐지만, 18대 국회 이후에도 이 법안은 꾸준히 재발의돼 국회에 남았다. 18대 국회에서는 황우여·윤상현 의원이, 19대 국회에서는 조명철 의원 등과 김영우 의원이 대표 발의했다. 새누리당은 북한인권법을 일회성 논의로 그만두지 않았다. 야권의 아킬레스건을 물고 늘어진 셈이다.

북한인권법이 국회에 계류되는 시간이 길어지면서 최초 법안을 발의했던 17대와는 다른 환경이 펼쳐지기도 했다. 우선 가장 큰 변화는 2008년 이명박 대통령이 당선되면서 보수정권이 들어선 것이다. 이는 국가 인권위원회 등의 전향적 태도 변화를 통해 북한인권법이 수월하게 통과될 수 있으리라는 기대감을 높였다.

이에 부응하듯 국가인권위원회는 2006년과는 달리 2010년 2월 11일 "북한의 인권침해에 대해 이제 국가의 책임을 묻기보다는 개인의 형사 책

전방에서 탱크 훈련 시찰.

임을 물어야 한다는 논의가 점차 늘어나고 있다"며 외교통상통일위원회를 통과한 북한인권법이 빨리 통과되기를 촉구했다.

김문수 전 경기도지사의 북한인권법이 우리가 그간 침묵해온 북한의 인권문제와 통일에 대한 올바른 접근을 강조했다면, 18대 국회에서 발의된 윤상현 의원의 북한인권법은 북한 주민의 인권증진을 위한 국제적 협력체계 구축과 식량·의약품의 제공 등 북한에 대한 인도적 지원을 활성화하는 데 초점이 맞춰졌다.

특히 윤상현 의원은 발의 이유에서 "북한체제 하에서 북한 주민은 가혹한 인권유린으로 고통받고 있다"고 명기했다. 북한 주민들이 고통받는 이유로 북한 김정은 정권의 책임을 분명히 한 것이다.

여러 개의 북한인권법 중 함께 발의한 사람이 가장 많았던 북한인권 법안은 19대 국회에서 조명철 의원이 대표 발의한 북한인권법이다. 조명철 의원이 발의한 북한인권법은 내용이 한층 강해져, 북한 당국이 자행한 인권침해에 대한 처벌도 반드시 이뤄져야 함을 명확하게 밝히고 있다.

조 의원이 발의한 북한인권법은 제안 이유에 대해 "북한당국이 자행하는 인권 침해는 공소시효가 적용되지 않는 국제적 반인도 범죄다"며 "보편적인 국제 인권 규범을 어긴 자들에 대한 법적 책임을 묻고 그 가해자들을 국제형사재판소에 제소할 수 있는 길을 열어두는 것은 남북한 주민과 후대에게 인권의 보편적 가치를 주지시켜, 올바른 역사관과 인권관을 수립하여 우리 민족의 자긍심을 고취시키는 효과를 거두게 될 것이다"고 밝혔다.

이처럼 여러 차례의 발의에도 불구하고 북한인권법은 19대 국회 내내

교착상태에 빠졌다가 막판에 극적인 합의로 통과된다. 이는 새누리당 의원들의 총공세가 이어진 탓도 크다. 19대 국회 막판에는 당시 새누리당 김무성 전 대표, 국회 외통위원장이었던 나경원 의원, 심윤조 의원 등이 북한인권법 처리를 촉구하고 나섰다.

그러나 궁극적으로는 4·13총선을 앞두고 다소 보수적인 색채를 지닌 김종인 전 대표가 영입된 데다 야권이 20대 국회에서 의석수를 더 잃을지 모른다는 불안감이 팽배한 탓으로 풀이된다.

이처럼 북한인권법은 2016년 3월 3일 국회를 통과했지만 여전히 한계는 남았다. 여야가 여전히 북한인권법을 두고 대립하는 상황이 이어지고 있기 때문이다.

결론적으로 다시 말해 민주당은 이 북한인권법을 최초로 발의한 김문수가 눈엣가시일 수밖에 없다.

이제야, 왜 그들이 김문수를 그렇게 병적으로 무서워하는지 알 것 같은가?

내부의 적이 더 나쁜 법이다

국민의힘 김문수 대선후보는 5월 8일 한덕수 예비후보와 만난 이후 기자회견에서 다음과 같이 밝혔다.

저는 그동안 한시도 마음 편한 시간이 없었습니다. 승리의 기쁨도 잠시. 제가 직면한 것은 대통령 후보로 당선된 저 김문수를 끌어내리려는 당 지도부 작업이었고,

그 결정적 사실은 어젯밤 늦게 확인이 되었습니다. 저는 민주주의를 위해 열심히 살아왔습니다. 정당 민주주의는 우리 헌법에서 가장 중요한 민주주의 아닙니까?

그런데 우리 앞에서 진행되고 있는 이 안타까운 사태는 민주주의가 아니지 않습니까? 국민의힘 지도부에 묻고 싶습니다. 본선 후보 등록도 하지 않겠다는 무소속 후보를 위해 저 김문수를 끌어내리려는 이유가 무엇일까?

단도직입적으로 묻고 싶습니다. 이런 시나리오를 사전에 알고 계셨습니까? 그래서 우리 당의 치열한 경선이 열리고 있을 때 대행직을 사임하고 무소속 후보로 등록한 것입니까?

국민의힘 지도부는 사전에 계획한 듯 후보 등록도 하지 않겠다는 무소속 후보를 위한 선거 대책 위원회를 꾸리고 있었습니다. 경선 후보들은 모두 들러리이었습니까?

한덕수 후보는 당이 하라는 대로 하겠다고 합니다. 이런 식의 강압적 단일화는 아무런 감동도 서사도 없습니다. 단일화라는 시너지가 있어야 합니다.

시너지와 검증을 위해 일주일간 각 후보들은 선거 운동을 합시다. 다음 주 수요일에 방송 토론 목요일과 금요일에 여론조사를 해서 단일화합시다. 지금 이대로 가다가는 공멸의 길입니다. 단일화를 해봤자 국민들의 지지를 얻지도 못합니다. 저 김문수는 당 지도부에 요구합니다.

이 시간 이후 강제 후보 단일화라는 미명 하에 정당한 대통령 후보인 저 김문수를 끌어내리려는 작업에서 손 빼십시오. 저는 어떤 소리에서 굴복하지 않습니다. 지금 진행되는 강제 단일화는 강제적 후보 교체이자 저 김문수를 끌어내리려는 작업이기 때문에 법적 검증으로 갈 수 있습니다. 즉시 중단하십시오. 국민의힘 대통령 후보 자격으로 남은 제 74조 당무 우선권을 발동합니다.

현시점부터 당 지도부의 강압적 단일화 요구를 중단하십시오. 그리고 이제는 민주당과 싸움의 전선으로 나갑시다. 저는 후보의 동의를 받지 않고 당이 일방적으로 정한 토론회는 불참하겠습니다. 이것은 불법이기 때문이에요. 그리고 응분의 조치를 취하겠습니다. 그러나 저 김문수는 이 시간 이후에도 한덕수 후보와 나라를 구하기 위한 합의를 도출하기 위한 진지한 노력을 계속할 것입니다.

당원 동지 여러분 그리고 국민 여러분 지켜봐 주십시오. 저는 정말 부끄럽습니다. 이 나라를 살아갈 미래 시대를 위해서라도 대통령 선거에서 반드시 승리하겠습니다. 할 수 있는 모든 방법을 강구하여 이 반민주적이고 강압적인 폭거를 막아내겠습니다. 저 김문수 정정당당한 대통령 후보입니다. 싸울 줄 아는 후보입니다.

반드시 승리하겠습니다.

김문수를 무서워하는 세력들

김문수 후보가 2018년 4월 11일 서울특별시장 선거에 출마 의사를 밝히면서 1976년 취득한 환경관리사 2급 자격증을 강조하며 미세먼지 관련 대책에 대한 공약을 발표했다.

그런데 실제로는 비교적 자세하게 설명한 편이었는데 언론에서 "도로에 그냥 물 뿌리면 된다"는 식으로 왜곡 압축한 내용을 헤드라인으로 내세워 빈축을 샀다.

12일 SBS 주영진의 뉴스브리핑에서 중국과의 협상, 디젤 자동차 배기가스 해결, 먼지 측정기의 높은 고도를 사람 눈높이로 낮추기, 지하철 내부 집진시설 설치 등의 공약이 제시됐다.

김문수 가족들.   김치를 담그고 있는 설난영 여사.

    사실 미세먼지는 한국에서 생성되든 중국에서 날아오든 굉장한 고고도에 머물러 있다가 하강기류가 발생하는 날 사람 눈높이까지 내려오므로 측정 장치를 고고도에 설치해봐야 실생활에 별 도움이 되지 못한다.

    놈들은 이처럼 일단 무시하고 후사는 나중 일이라며 안하무인으로 공격하고 본다. 이런 언론노조의 행태는 오늘날까지 여전히 자행되는데도 이들을 물리칠 공권력은 이미 사라진 지 오래다.

    이런 식으로 국내 언론은 김문수에게 거의 호의적이지 않다. 한마디로 적이기 때문이다. 국내 신문방송 언론사는 일찌감치 보이지 않은 누군가의 지시에 의해 김문수를 배척했던 것이다. 필자는 이런 '김문수 왕따'가 야당뿐 아니라 여당 내에서도 자행되고 있었음을 추론한다.

    요컨대 적이란 반드시 외부에만 있는 것이 아니라 내부에도 얼마든지 있기 때문이다. 사실은 언제부턴가 여론조사에 심심찮게 줄곧 올라오던 김문수의 이름이 어느 날 갑자기 슬며시 사라져 버렸다.

내부의 적도 마찬가지다. 김문수에 대한 의도적인 질투(?)는 이미 10여 년 전부터 시작됐다. 재선 겸기도지사로 퇴임한 이후 2016년 출마하고 싶지 않았던 대구 수성을 국회의원 후보로 나선 것이 모종의 함정이 아니었나 싶다. 물론 필자만의 촉일지 몰라도 그것은 김문수를 무서워하는 적들이 얼마든지 꾸며낼 수 있는 간교이기 때문이다.

그 한 예로 이번 국민의힘 대통령 후보 경선에서 벌어진 일들이 이를 증명한다. 권영세·권성동 의원의 근원 모를 반란이 그렇다. 김문수 후보와 최종 경합을 벌인 한동훈 전 대표가 윤석열 대통령을 탄핵하는 데 앞장선 인물이라는 것은 삼척동자도 안다.

그런데 어느 날 갑자기 가만히 있다가 갑자기 경선에 참가하더니 가장 자신 있던 홍준표까지 꺾고 결선에 진출했다. 이에 따라 홍준표는 김문수가 별칭 김덕수를 쓰면서 한덕수 전 총리의 덕을 봐 자신의 표를 쓸어갔다고 소설을 썼다. 결국 홍준표는 이를 빌미로 돌아서 그의 측근들이 이재명으로 옮겨 가는 희한한 일까지 벌어졌다.

그런 짜고 치는 5차방정식을 그들이 알 턱이 있을까. 아무튼 이번 대선은 희한한 장면들이 속속 연출되고 있었다.

조롱하는 386 운동권 이른바 노동운동권의 대부로 알고 존경해 왔던 김문수의 배신은 386 운동권 후배들에게는 질투의 화신이 될 수밖에 없었다.

김문수가 2018년 서울특별시장 선거에 출마할 때의 일화이다. 이때 그가 정치적 기반을 대구에서 서울로 옮기자 우상호 민주당 의원이 "뼈는 대구에 묻고 살만 올라왔냐"며 농담까지 했다. 이 때문에 한동안 순살 치킨 드립이 돌기도 했다.

이처럼 그들은 어떻게 하면 김문수를 깎아내릴까 고심하고 면전에서는 조롱까지 하며 비아냥거렸다. 그러니 뒤에 숨어서는 얼마나 욕하고 온갖 흉계를 꾸밀 수 있을까.

사실 그런 징후는 얼마든지 목격할 수 있었다. 여야 할 것 없이 김문수를 헐뜯는 것이 필자의 눈에는 감지되었다. 오래 전 김문수의 현장취재를 다니다 보니 그에 대한 모든 언론 노출이 자연스럽게 눈에 띄었다.

아닌 게 아니라 거의 모든 언론들이 약속한 듯이 김문수를 헐뜯는 것이었다. 특히 어느 날 갑자기 김문수가 대구로 내려간다는 소식을 들었을 때 필자는 순간적으로 아차 싶었다.

'아! 저것은 아닌데…'

그때 직감적으로 김문수를 함정에 빠뜨리려는 세력들의 작품임을 간파했다. 왜냐하면 파주 LG 단지가 원래 구미 근처에 있던 공장을 유치한 것이어서 지역 민심이 불만으로 팽배해 있었던 탓이다. 그것을 미처 파악하지 못했던 김문수는 그저 순수한 고향 대구를 사랑하는 마음만 가지고 귀향했다가 쓴잔을 마셨다.

문재인 하야 촉구 삭발식도 김문수는 2019년 9월 17일 문재인 대통령 하야와 조국 법무부장관 사퇴를 촉구하며 삭발식을 거행했다. 그의 삭발은 전날 단행한 황교안 자유한국당 대표와 비교되었다. 황교안 대표는 서울 시내 이용업 종사자가 자원봉사로 삭발해 주었으나 김문수의 경우 박대출 의원이 오른손만 사용해 밀어 종종 아파하는 모습을 보였다.

김문수는 그 당시 소위 태극기 부대라 불리는 보수 애국 투사들과 어울려 매일 청와대 앞에서 데모했다. 김문수의 그런 뜻밖의 행보는 여야 국회의원들에게 눈엣가시로 보이는 것은 당연했다. 예전 동료 의원들 중 일부가 이미 박근혜 대통령을 탄핵하는 데 동조했기 때문에 그의 심기는 이만저만 불편한 것이 아니었다.

언론은 김문수가 아무리 광화문 광장과 청와대 앞에서 목소리를 높여도 모른 척했다. 그네들은 무관심이 최고의 무기임을 익히 아는 존재들이기에.

그들로서는 김문수의 삭발식도 마찬가지로 무시하는 것이 상책이었다. 괜히 노동운동의 대부였던 김문수를 띄워 보수층을 결집시킬 필요가 없었기 때문이다. 요컨대 김문수는 정치권과 언론사회 등에서 철저하게 외면당하고 짓밟혀졌던 것이다.

그러나 필자는 일찌감치 그런 흐름을 간파하고 김문수의 뚝심을 속으로 응원했다. 그리고 오늘의 일이 벌어질지 이미 예상하고 있었다. 이미 10여년 전에 김문수가 대통령에 출마할 것이라는 증거를 책에 남겨놓았다.

"오늘부터 원팀…함께 싸워 승리하자"

국민의힘 대선 후보로 복귀한 김문수 후보는 5월 11일 국회에서 열린 의원총회에 참석해 의원과 국민을 향해 "부족한 점 많지만 더 잘하겠다. 우리 대한민국을 위해 국민의 행복을 위해 일하겠다"며 큰절을 올렸다.

지난 10일 전 당원 ARS 투표 결과 김 후보의 대선 후보 자격이 즉시 회복됐다.

김 후보는 이날 의총에서 "말과 행동이 상처로 남기도 한다. 국힘 대선 후보로서 저 역시 더 넓게 품지 못했던 점에 대해서 이 자리에서 진심으로 사과드린다"며 "특히 국민 여러분 얼마나 애를 태우셨습니까. 진심으로 사과드린다"며 큰절을 올렸다.

참석 의원들은 기립 박수로 화답했다.

이어 김 후보는 "오늘부터 우리는 원팀이다. 함께 싸우고 승리하자"며 이재명 민주당 후보에 맞서 똘똘 뭉쳐야 한다"며 "이제는 과거의 상처를 보듬고 화합하고 미래를 향해 나아가야 할 때다"고 강조했다.

그는 "이재명 후보는 나라가 빚더미에 오르는 걸 알면서도 달콤한 거짓말로 국민들을 현혹하고 있다"며 "민주당은 의회 독재를 하면서 이재명 방탄을 위해 사법부를 흔들고 있다"고 밝혔다.

김 후보는 이번 선거가 단순한 정권 재창출이 아니라고 강조했다. 그는 "이번 대선은 단순한 정권 재창출이 아니라 대한민국의 운명을 가르는 역사적 선거이다"며 "대한민국의 미래를 파괴하려는 이재명과 그 세력을 반드시 심판해야 하지 않겠느냐"고 말했다.

"여러분과 함께 정권 재창출을 위해 제 모든 것을 바쳐 국민의힘을 대한민국을 지켜내는 큰 집으로 키우겠습니다. 반국가, 반체제 세력을 막아내기 위해 모든 세력을 하나로 모아내자. 그 시작은 우리 당이 하나로 뭉치는 것입니다."

이날 김 후보는 권성동 원내대표와 의총장에 함께 입장했다.

권 원내대표는 "지난 의총에 김 후보가 참석했지만 여러 가지 원만치 못한 상황이 있었다"며 "오늘 김 후보께서 대화의 시간을 갖고 싶다고 먼저 요청해 이 자리를 만들었다"고 말했다.

이어 "이제는 과거의 우여곡절은 모두 잊어버리고 김문수 후보님을 중심으로 우리가 똘똘 뭉쳐서 정권 창출을 위해 매진해야 된다"며 "의원님들의 적극적인 협조와 응원, 그리고 선거운동을 기대한다"고 덧붙였다.

김문수는 모든 과정을 잘 알고 있다. 하지만 그는 이보다 더 심한 고난과 역경을 이겨낸 역전의 명장이다. 이미 힘든 여정을 잘 알면서도 모른 척하고 화합하는 그의 살신성인 정신을 졸자들이 감히 할 수 있을까?

김문수 후보가 살아난 이유는 권영세·권성동·김무성 등의 난동에도 굴하지 않고 꿋꿋하게 맞서는 개인 단독자 김문수의 모습이 대중에게 승리자로 비쳐졌기 때문이다. 결국 이번에 벌어진 경선 쇼는 오히려 김문수를 키우는 데 한몫했다.

그래서 정치는 살아 있는 생물이라고 하는 것이다. 그를 증명하는 것이 과거 동료였던 사람들의 이재명 캠프 합류 사건이다. 이번 대통령 선거는 겉으로 평온한 듯하지만 물밑으로 보이지 않게 온갖 작전이 펼쳐지고 있는 총성 없는 전쟁이다.

일찌감치 언론노조에 장악된 신문방송은 연일 조작된 여론조사를 발표하고 있다.

김문수는 이에 대해 다음과 같은 심각한 경고성 메시지를 남겼다.

"조작된 여론조사와 가짜뉴스, 끝까지 추적하여 반드시 책임을 묻겠습니다."

지금 대한민국의 민주주의는 조작된 여론조사와 가짜 뉴스의 홍수 속에 위태롭게 흔들리고 있습니다.

특히 일부 여론조사기관들과 언론이 특정 후보, 특정 정당에게 유리하도록 의도적 수치를 조작하고, 왜곡된 프레임으로 민심을 호도하고 있다는 정황이 속속 드러나고 있습니다.

이것은 단순한 보도 실수가 아닙니다.

이는 헌정질서를 흔들고 선거 결과를 왜곡하려는 정권 탈취 공작이며 명백한 범죄행위입니다.

이에 김문수 후보는 다음과 같이 천명합니다.

1. 여론조사 및 언론보도 조작에 가담한 기관과 관계자는 끝까지 추적하여 민형사상 책임을 반드시 묻겠습니다.

    허위 수치 조작, 허위 사실 유포, 특정 후보에게 유리한 왜곡 프레이밍 등은 더 이상 언론 자유나 조사 독립이라는 명분으로 면책되지 않을 것입니다.

2. 선거에 영향을 미친 여론조작 및 가짜 뉴스 행위는 '선거범죄'로 간주하여, 당선 이후 즉시 특별감찰과 조사에 착수할 것입니다.

    관련자들은 패가망신할 정도의 무거운 법적 책임을 지게 될 것입니다.

3. 이번 대선은 정의와 진실을 선택하느냐, 조작과 거짓을 인용하느냐의 기로입니다.

    국민 여러분, 결코 속지 마십시오. 민심은 조작될 수 없으며, 정의는 반드시 승리할 것입니다.
4. 중앙선관위와 수사기관에도 엄중히 경고합니다.
여론조사 왜곡과 언론조작에 대해 철저히 조사하지 않으면 직무유기 및 직권남용죄로 고발할 것입니다.

김문수는 결코 물러서지 않겠습니다.
진실을 지키기 위해, 조작의 배후를 끝까지 추적하고 단죄하겠습니다.

김문수, 당원이 당을 구했다

2025년 5월 10일 밤은 역사적인 날이 될 것이다.
이날 국민의힘은 위기의 터널을 통과했다. 마치 꿈을 꾸는 듯한 날이었다.
전 당원을 대상으로 실시한 ARS 투표에서 '김문수 후보를 한덕수로 교체'하려는 비상대책위원회의 결정이 부결된 것이다. 이에 따라 김문수 후보의 대선 후보 자격이 전격 회복됐다.
권영세 비대위원장은 투표 결과를 존중하고 모든 책임을 지고 위원장직을 사퇴했다. 권 위원장은 "단일화를 못 이뤄 안타깝다"며 "모든 책임을 지고 물러나겠다"고 밝혔다.
이번 투표는 단순한 절차적 결정이 아니었다. 당의 주인인 당원들이 마지막 순간에 내린 결단이었다.
흔들리는 당의 방향을 붙잡은 것은 지도부가 아닌 바로 당원들의 양심과 지혜였다. 절차의 정당성과 공정성이 이번 결정을 더욱 빛나게 했다.

김문수 후보는 즉시 자격을 회복했고 공식 대선 후보로 등록됐다.

이는 단순한 후보 복귀가 아니었다. 당이 스스로를 재건하고, 중심을 바로 세우는 상징적 사건이었다.

국민의힘은 이번 사태를 통해 값비싼 소중한 교훈을 얻었다.

당헌 당규는 왜 있는지, 지도부는 누구를 위해 존재하는지에 대한 근본적 질문이 다시 제기됐다. 결국 당원이 당의 주인이라는 진리를 되찾았다.

그리고 당원은 현명하게 당을 구했고, 올바른 절차로 후보를 선택했다.

이로써 국민의힘은 전화위복의 기회를 맞았다. 일시적인 혼란과 분열이 오히려 강력한 결집력으로 전환되고 있다.

각계에서 쏟아지는 지지자들의 응원과 환호, 캠프 내부의 긴장감은 오히려 정비된 전투력을 만들어내고 있다.

이제 과제는 명확해졌다.

김문수 후보 중심의 선거전에서 '자유 민주'와 '헌법 질서' 수호를 기치로 이재명의 독재 시도에 맞서 국민의 뜻을 모아야 한다.

정정당당히 선택받은 김문수 후보는 무거운 책임과 함께, 당원의 신뢰를 등에 업고 본격적인 대선 레이스에 돌입했다.

그동안 이보다 더 강력한 정당 회복의 시나리오는 없었다. 그 어떤 유명 작가도 이런 시나리오를 쓸 수 없다. 이런 작품은 그동안 김문수를 가엾게 여긴 하나님이 아니면 그 누구도 엄두를 내지 못할 명작이다.

어찌 보면 마치 이순신 장군의 명량대첩 같다. 김문수는 1597년 10월 26일 13척의 배로 330척 일본 수군과 명량 울돌목에서 부딪쳐 승리한 이순신 장군의 기개를 꿈꾼다.

재래시장에서 상인들과 대화하고 있다.

부정선거 의식하는 경향신문 기사

대선 앞두고 '부정선거' 불 지피는 극우…대선 후보까지 "부정선거 검증하겠다"

6·3 조기 대선을 20여일 앞두고 극우세력이 다시 '부정선거론'을 주장하며 결집하고 있다. 국민의힘 경선 과정에서 "당선되면 부정선거를 검증하겠다"고 공언한 김문수 후보가 11일 후보등록을 마쳤고, 서울서부지법 난입·폭력 사태 변호인은 재판정에서 '조작된 선거 결과에 항의한 것'이라고 주장했다.

김문수 후보는 지난달 24일 열린 국민의힘 대선 경선 토론회에서 안철수 의원과 부정선거론을 두고 격론을 벌였다. 당시 김 후보는 "부정선거가 있다. 우리나라의 선거 관리가 부실하고 특히 사전투표제도는 많은 문제를 가지고 있다"며 "(사전투표제를)고쳐야 한다고 저는 강하게 주장하고 있지만 (더불어)민주당이 선거법을 고치는 것에 반대하고 있다"고 말했다. 김 후보는 사전투표제 폐지와 선거관리위원회 조사를 통한 부정선거론 검증을 공약으로 내놓기도 했다.

지난 7일 서울서부지법 형사합의11부(재판장 김우현) 심리로 열린 서부지법 난입·폭력 사태 공판에서도 '부정선거론'이 주요 논지로 제시됐다. 이날 공판에 출석한 피고인 6명은 지난 1월 19일 발생한 서울서부지법 사태에서 고위공직자범죄수사처 차량의 귀환을 방해하고 폭력을 가한 혐의(특수공무집행 방해·특수감금 등)를 받는다.

변호인단 중 권오영 변호사는 이날 "완전히 조작된 선거 결과, 불법에 대해 항의한 것"이라며 "대통령이 계엄 선포한 것도 부정선거가 배경이 있다"고 말했다. 그러면서 〈부정선거 해부학〉이라는 책을 참고 자료로 제출했다. 재판부는 "책을 참고 자료로 보기에는 관련성이 없다"며 반려했다. 이 책은 지난 22대 총선에서 부정선거가 벌어졌다고 주장한다.

한국사 강사 전한길씨를 주축으로 만들어진 2030 부정선거 파이터즈(YEFF)와 자유대학 등은 지난 6일 서울 종로구 미국 대사관 앞에서 기자회견을 열고 "부정선거 척결을 위해 국제선거감시단 파견을 해달라"고 주장했다. 이 기자회견에는 무소속으로 이번 대선에 출마한 황교안 후보와 민경욱 전 의원 등이 참여했다.

황 후보는 지난 7일 "부정선거 세력을 척결하겠다"며 대선 출마를 선언했다. 이들은 지난 3일 경기 과천시 중앙선거관리위원회 청사 앞에서 선관위를 규탄하는 취지의 집회를 여는 등 세를 모으고 있다.

선관위는 부정선거론이 대선에 미칠 영향을 우려해 선제적으로 대응하고 있다. 선관위는 선거종합상황실 내에 부정선거 의혹 외부 대응 전담반을 설치해 온라인 등에서 유포되는 관련 의혹에 대응할 예정이라고 밝혔다. 지난달 10일에는 투개표 절차 시연회를 열어 사전투표부터 개표 등 절차 전반을 공개하기도 했다. 〈배시은 기자 / 오동욱 기자〉

김문수는 현장에 갈 때마다 보고서와의 차이를 실감했다.
그래서 택시면허는 그가 도민을 직접 만날 수 있는 자격증이라고 여겼다.
막상 핸들을 잡아보니 그의 기대는 맞아떨어졌다.

3장
국내 최초 택시운전 도지사

3장
국내 최초 택시운전 도지사

대통령도 이런 '쇼'는 해야 합니다

2009년 1월 27일 김문수 경기도지사가 수원에서 처음으로 택시 운전을 한다고 했을 때 "도지사가 웬 택시 체험이람? 쇼하지 말라"고 욕하는 사람도 많았다.

그러나 김문수는 난생 처음 택시를 직접 운전하면서 '이런 쇼라면 충분히 해볼 만한 쇼'라고 확신했다.

"쇼는 분명하지만 그냥 쇼는 아니다. 하루 열두 시간 택시를 모는 힘든 쇼다. 손님이 원하는 곳에 가장 빠르게, 되도록 편히 모셔다 드리는 고난도의 쇼다. 도지사는 물론 대통령도 꼭 해봐야 할 쇼다."

그는 남들이 쇼라고 비난해도 무덤덤했다. 하지만 택시 운전은 아무나 할 수 있는 쇼가 아니었다. 모든 문제의 답은 바로 현장에 있기 때문이다.

김문수는 온종일 택시기사와 똑같은 조건으로 택시를 몰았다. 그는 진땀을 흘리면서 경기도의 도시를 돌면서 비로소 각 도시의 특징을 정확하게 파악했다.

그는 지금까지 이보다 더 깊이 도민들과 만김문수는 방법을 찾지 못했다고 술회했다. 짧은 시간에 경기도의 곳곳을 살펴볼 수 있는 방법으로 딱 제격이었다.

그는 단체장들에게 취임 초기 1년간 자신의 지역을 택시로 직접 누벼 보라고 권했다. 그래야 비로소 나머지 임기 3년간 정확한 지역정책을 만들 수 있다는 것이다.

필자는 그런 김문수의 도지사 임기 마지막 민생택시 운전을 직접 취재하는 소중한 시간을 가졌다. 그동안 경기도 지역을 찾아다니는 현장실국장회의 등 김문수 지사를 3년간 취재해 왔지만 그날은 마지막이라고 생각하니 만감이 교차했다.

김문수 지사는 2014년 6월 29일 수원시 권선구 서수원로 25의 창진상사㈜ 택시를 이용, 40번째 택시 운전기사 체험과 함께 민생탐방을 했다.

김 지사는 창진상사㈜를 방문해 이도형 대표, 김재광 노조위원장 등과 환담한 후 근로계약을 체결하고 오전 9시 30분부터 '경기 30사 1862' 택시를 직접 운전했다.

일요일인 탓에 수원시 오목천동에서 수원역까지 가는 동안 손님이 없다가 역전에서 첫 번째 여성 승객을 태운 후 오후 2시 30분까지 수원 시내를 누비며 민생택시 유종의 미를 거뒀다.

지사님, 힘든데 참으세요

김문수가 택시운전을 결심한 것은 2008년 12월 교통건설국 이진수 교통정책과장의 택시기사 체험 보고서를 읽은 후였다. 이 과장의 현장 체험기가 매력적으로 와 닿았다.

마침내 그가 직접 택시 체험을 하겠다고 하자 반대의 목소리가 높았다. 집무실에 앉아 있지 않고 '현장 행정'을 챙기는 그의 업무 스타일에 익숙해진 공무원들도 설마 택시운전까지 하리라고는 생각 못했던 것이다.

"사고로 다치기라도 하면 오히려 도민들에게 누가 될 수도 있습니다."

"한두 번 하고 그만두면 정치 쇼라고 할 텐데…."

"혹여 택시 강도라도 만나면?"

그의 아내도 "한두 시간만 경험해 보면 될 것 아니냐"며 심드렁한 반응을 보였다.

사실 그런 반응은 기우가 아니라 가능한 일이었지만 그의 생각은 달랐다. 걱정도 좋지만 나쁜 경우의 수만 생각하면 아무 것도 할 수 없었기 때문이다. 위험 요소를 일일이 염두에 뒀다면 도지사로서 그 어떤 현장체험도 불가능했을 것이다. 그동안 경험한 펄펄 끓는 염색공장, 놀이터 용접공, 소방관 체험 등도 위험한 일이었다. 오히려 더 위험한 현장의 시민들을 돌아보는 것이 살림꾼 도지사의 역할이라 싶었다.

역시 그렇게 시작한 택시운전은 힘들었다. 택시에 오르는 순간부터는 도지사가 아니라 택시기사일 따름이었다. 긴 택시 대기 행렬에서 기다리고, 새벽에 취객을 모시고, 회사로부터 콜을 받는 일이 다 생소했다.

그는 택시기사들의 교대시간도 그대로 지켰다. 새벽 6시부터 오후 6시까지 꼬박 택시를 몰았다. 택시기사들이 "낮에만 하면 편하다"고 말했지만 새벽·오전·오후 운행까지 골고루 섭렵했다.

일부러 택시 대기 장소를 피해 부지런히 손님을 찾아다니기도 했다. 담화 줄에 택시를 세워놓고 동료기사들과 이야기를 나누기도 했다. 그러다가 앞차가 빠지면 다른 기사들과 함께 약속이라도 한 듯 택시로 달려가 앞으로 밀어놓았다.

가스비가 아까워 시동이 꺼진 택시를 손으로 밀기도 했다. 택시 기사들은 그런 그를 보면서 "진짜 택시기사 다 되셨네"라며 껄껄 웃기도 했다. 또 다른 기사 분은 "지사님이라고 우습게 봤는데 우리 일자리까지 뺏기게 생겼네"라며 능청을 떨기도 했다.

김문수 지사는 2014년 6월 29일 수원시 권선구 서수원로 25의 창진상사㈜ 택시를 이용. 40번째 마지막 택시 운전기사 체험과 함께 민생탐방을 했다.

떨리는 택시 기사 자격시험

택시운전 면허를 따기 위해 필기시험을 필두로 정밀검사와 소양교육 20시간 등 꼬박 사나흘 정성을 들여야 했다.

2008년 12월 26일 택시면허 필기시험장으로 향했다. 바쁜 일정 탓에 새벽잠을 줄여 잠깐씩 공부했지만 떨리는 수험생의 마음은 어쩔 수 없었다.

크리스마스 다음날이었지만 강의실에는 비장한 분위기만 흘렀다. 연휴의 들뜬 분위기 대신 고달픈 민생의 한기가 느껴졌다.

시험장을 빼곡히 메운 수험생들의 연령대는 다양했다. 정년퇴직 무렵의 노년층부터 이제 갓 고등학교를 졸업했을 듯싶은 젊은이들까지 시험용 사인펜을 만지작거렸다. 예전에는 중장년 이상의 분들이 많았지만 최근에는 젊은이와 여성도 눈에 띄게 늘었다고 귀띔했다.

세계적 금융위기의 여파로 직장을 잃고 살기 힘든 분들이 너도나도 택시운전을 하기 위해 몰려든 듯해 김문수의 마음은 아팠다. 서민에 더 가까이 들어가기 위해 시작한 택시운전 체험이 면허시험장부터 답답한 심정을 느꼈다.

두근거리는 수험생의 마음으로 도착한 시험장은 지독한 취업난, 실직, 조기퇴직이라는 암울한 민생이 그를 짓누르기 시작했다.

택시면허, 아홉 번째 자격증

김문수는 택시운전 체험을 하기 위해 2009년 1월 13일 오후 수원의 교통안전공단 경기지사에서 택시운전 자격을 취득했다. 3시간 진행된 택시운전 정밀검사에서 '적합' 판정을 받고 택시운전 자격증을 땄다.

2008년 12월 26일 택시운전 자격증 취득 1차 관문인 필기시험을 통과한 후 지난 10일 2차 관문인 신규자 연수를 수료하며 마지막 관문을 통과한 것이다.

그는 다른 수험생들 가운데 "김문수 씨!"란 호칭과 함께 받아든 택시운전 자격증을 보는 순간 남다른 감회에 빠졌다. 도지사로서 택시면허를 취득하다 보니 문득 옛날 생각이 떠올랐다.

젊은 시절 김문수는 노동자로 8개의 국가자격증을 땄다. 열관리자격증, 환경관리자격증, 위험물관리자격증 등은 7년간 노동생활을 하면서 큰 힘이 되었다. 자격증을 딴 이후 월급 1만원이 5만원으로 수직 상승했으니….

도지사로서 취득한 택시운전 자격증은 보고서로만 접하던 도민의 생활과 현실을 직접 눈으로 확인할 수 있는 면허증이었던 셈이다.

경기도지사는 8600여명의 공무원을 지휘하고 8500가지 업무를 결재하는 막중한 자리다. 그러나 그들의 보고서만으로는 생생한 민심의 실상을 알 수 없다.

김문수는 현장에 갈 때마다 보고서와의 차이를 실감했다. 그래서 택시면허는 그가 도민을 직접 만날 수 있는 자격증이라고 여겼다. 막상 핸들을 잡아보니 그의 기대는 맞아떨어졌다. 손님들의 지적은 언제나 따끔하고 정확했다. 결국 현장이야말로 최고의 보고서이자 교과서였다.

김문수는 최선을 다해 손님을 모시려고 노력했다. 비록 부족한 실력이지만 즐거운 마음으로, 정성껏 손님을 대하면서 진심으로 우러나오는 기쁨을 맛보았다.

택시운전을 하면서 언제, 어디서, 누구나 따뜻한 마음으로 도민들을 접하는 삶이란 참으로 아름다운 것이었다.

첫 택시운전, 수원역에서 시작하다

김문수는 2009년 1월 27일 설 다음날, 오전 6시 50분 도청 옆에 위치한 광일운수에 도착했다.

2008년 12월 26일 택시운전 자격시험을 보고 2009년 1월 10~11일 20시간의 교육 이수를 거치고, 1월 13일 3시간 반의 운전적성 정밀검사를 받고 나서 드디어 최초로 택시운전에 나섰다.

택시 체험 근로계약서 작성 모습.

택시운전대를 잡으니까 가슴이 설레었다. 우선 택시운전 요령을 다시 숙지했다. 가스 충전방법, 미터기 사용방법 등을 배웠지만 가장 어려운 것은 카드 결제방법이었다.

7시 20분 회사를 출발해 수원역에 가서 손님을 기다렸다. 수원역 앞에는 수십 대의 택시가 두 줄로 늘어서 있었다. 기다리는 동안 그를 알아본 택시기사들이 아는 체하며 인사했다.

20분 정도 지나서야 겨우 손님 한 분을 태웠다. 최대한 상냥하게 "어서 오세요. 어디로 모실까요?"라는 인사부터 드렸다. 그리고 길을 잘 몰라 내비게이션을 우선 찍겠다고 양해를 구했다. 어떤 분들은 이상하게 생각했지만 대부분 이해했다.

수원에서 11시간 조금 넘게 운전하면서 21팀의 손님을 받았다. 그 중 여

택시 체험전 택시운전 요령을 다시 숙지했다. 가스 충전방법, 미터기 사용방법 등을 배웠지만 가장 어려운 것은 카드 결제방법이었다.

섯 팀이 외국인 손님이었다. 중국동포 두 팀, 베트남 노동자 두 팀, 러시아 노동자 한 팀, 방글라데시 노동자 한 팀이었다.

명절을 맞아 친구들과 시간을 보내기 위해 지방에서 올라왔다가 내려가는 외국인 노동자들이 네 팀이었다. 이들은 20~30대로 우리나라 생활이 힘들어도 꿈과 희망으로 활기가 넘쳐났다. 택시에서 내려 마중 나온 20대 젊은 친구의 자전거 뒤에 타고 사라지는 모습을 보고 그는 자신이 공장에 다니던 시절을 떠올랐다.

육체적으로 힘들지만 귀국 후 고국에서 펼칠 꿈 때문에 어려움을 잘 견뎌내는 것처럼 보였다. 우리나라가 다민족사회임을 실감하는 기회였다.

손님을 확실히 모실 곳은 수원역과 시외버스터미널, 대형마트뿐이었다. 나머지 도로변이나 등산로 입구에서도 손님은 만나기 어려웠다. 특히 수원역은 손님을 기다리는 줄이 길고 어지러웠다. 택시 줄이 길수록 불경기의 골짜기가 깊다는 뜻이다. 이곳 말고 다른 데 가봤자 손님을 못 만나니 어쩔 도리가 없었다.

택시 손님은 젊은이들이 많았고, 노인은 할머니 한 분뿐이었다. 고령자들은 부득불 버스를 많이 이용하는 현실이었다.

서로 인접한 수원, 용인, 화성은 시계를 넘나들 때마다 할증요금이 적용됐다. 그래서 손님은 손님대로, 기사는 기사대로 불편했다. 과연 버스와 지하철처럼 서울과 경기도 전역을 묶어 적용하는 통합 환승할인제도는 불가능할까?

택시기사는 택시가 너무 많다며 투덜대고 시민들은 택시 탑승이 어렵다고 생각하는, 이 간격을 어떻게 하면 줄일까?

사납금 6만9천원과 가스 충전 1만2500원을 내고 나니 겨우 1만원뿐이었다. 회사에서 일당이라고 1만4천원을 주었다. 결국 11시간 동안 총 2만4천원을 번 셈이다. 그에게 동료 기사들이 "처음 치고는 괜찮은 편이다"고 위로해 주었다.

김 지사가 아니라 김 기사입니다

2009년 2월 15일 일요일 새벽 5시 40분, 두 번째 택시운전을 위해 수원의 도지사 공관을 나와 의정부로 향했다.

긴 미군기지 담벼락을 따라 한참 올라가니 산 밑에 '번한상운'이라는 택시회사가 자리 잡고 있었다. 택시운전과 카드결제 요령, 가스충전 및 미터기 사용방법 등에 대해 숙지했다.

"오늘은 도지사가 아니라 택시기사입니다. 다른 기사들보다 더 주지 마시고…. 그래야 진짜지."

택시기사의 첫 번째 준비 사항은 거스름돈을 챙기는 일이었다. 김문수는 무엇이든 원리 원칙대로 해줄 것을 고집했다.

동료기사와 똑같이 오일과 내비게이션을 점검한 뒤 칠흑 같은 어둠 속에서 시동을 걸었다. 아침 7시, 손님을 찾아 택시회사를 나왔다. 아직 차가 데워지지 않아 핸들을 잡은 손이 시렸다.

출발 전 경력 7년의 베테랑 여성 택시기사인 김금순 씨의 훈수를 듣고 의정부역으로 향했다. 역시 역전에서 젊은 한 명을 태우면서 시작됐다.

김문수는 버릇대로 시간이 날 때마다 느낌을 수첩에 적었다. 손님 중

10팀이 20~30대 젊은층이었다. 간혹 60대도 있었고, 젊은 미군도 1명 태웠다.

캠프 스탠리에 근무하는 미군은 어젯밤 강남의 파티에 다녀오느라 한숨도 못 잤다고 했다. 1년 6개월 근무한 미군은 한국이 좋아 1년 더 연장했다고 자랑했다.

유치원 다니는 아이를 데리고 탄 젊은 어머니는 공원과 도서관이 가까이 있어 좋다고 말했다. 크지는 않지만 생활권과 근접한 공공시설에 만족한다는 데 고마운 생각이 들었다.

일요일이라 교회에 예배 보러 가려고 삼대가 함께 택시를 타기도 했다. 역시 가족만큼 소중한 것이 없음을 새삼 느꼈다.

동료기사와 똑같이 오일과 내비게이션을 점검한 뒤 칠흑 같은 어둠 속에서 시동을 걸었다.

점심시간에는 동태찌개 기사식당에서 동료 택시기사 20여명과 식사하면서 대화를 나누었다. 시계 할증요금 20%를 40%로 조정, 택시회사 통합, 택시요금 인상, 교통신호와 도로 개선 등 현장의 생생한 목소리를 들었다.

의정부는 도시가 크지 않아 기사들과 시민들이 알아보고 눈인사나 손을 흔들어 줘 금방 정이 들었다. 분단과 전쟁의 아픈 상처가 많은 의정부를 다니면서 많은 것을 느꼈다. 수십만 년 동안 우뚝 서 있을 법한 도봉산과 수락산의 신비스러움도 맛보았다.

그날 11시간 남짓 택시를 몰면서 126km 주행한 결과 총 23팀 30명의 손님을 모셨다. 의정부역 동부·서부 광장, 시외버스터미널, 롯데마트, 홈플러스 등 역 주변과 대형마트 부근에서 손님을 태웠다.

사납금 7만8천원, 가스 충전 8610원을 내고 잔돈을 세어보니 1만원도 안되었다. 점심시간을 제외하고 화장실 한번 가지 않고 뛰었는데 조금은 허전했다.

12시간 운전, 5천원 수입

2009년 2월 21일 토요일 새벽 4시 50분, 성남 하대원동 구시가지의 진흥운수에 도착해 운전을 시작했다.

새벽 5시에 첫 교대를 해야 다음 저녁 교대인 오후 5시부터 영업할 수 있다. 캄캄한 새벽을 택한 것은 다른 택시기사들과 똑같은 조건을 위해서였다.

이른 새벽반은 부지런히 뛰지 않으면 입금을 채우기 어렵다고 했다. 저녁반이 새벽반보다 수입이 낫지만 아직 초보자인 데다 지리도 어둡고 위험성이 많아 아직은 힘든 형편이었다.

진흥운수는 택시 66대에 운전기사 145명으로 소규모의 택시회사였다. 김문수는 힘이 좋으면서도 부드럽게 잘 나가는 소나타를 배차받았다.

성남시는 길거리마다 '고도제한 완화' 플래카드가 100개도 넘게 붙어 있었다. 성남시 서울공항 주변의 고도제한 완화가 또 미뤄졌다. 국방부는 비행안전 영향에 대한 용역 결과에 따라 고도제한을 조정하기 위해 2009년 5월부터 2010년 1월까지 연구용역을 진행했다. 그러나 서울공항은 활주로 각도까지 변경하며 초고속으로 허가한 반면 성남시 고도제한 완화는 미루고 말았다.

여의도 공항이 성남 수정구 둔전동 평야지대 70만 평으로 이전한 것이 지금의 서울공항이다. 성남 톨게이트를 서울 톨게이트라고 하듯이 성남에 있는 공항인데 명칭은 서울공항이라 부른다.

비행 장애물 등의 설치 금지를 규정한 군용항공기지법에 의해 성남시 전체 면적 141.8㎢의 58.3%인 수정·중원구 일대 83.1㎢가 45m 이하로 건축물 고도제한을 받았다. 지난 40년간 공항으로 재산권 행사에 제약을 받은 성남 시민들은 억울하고 허탈할 수밖에 없었다.

성남시에서 택시를 몰다 보면 구시가지의 대로변을 제외하고 대부분 도로의 노폭이 좁아 중앙선을 침범하지 않으면 운전이 어려웠다. 산꼭대기 달동네는 이면도로가 너무 좁아 아예 택시가 들어갈 수도 없다.

도시 빈민과 철거민 투쟁의 대표사례가 바로 성남 구시가지다. 1969년부터 서울 청계천 무허가 판잣집 주민들을 전기·수도도 없는 국유지 산꼭대기로 강제 이주시켜 생긴 계획도시가 수정구와 중원구의 기존 시가지다. 이런 실정을 반영하듯 현재 성남 구시가지에는 재개발·재건축 지역이 많다.

주말에다 졸업 시즌이고 봄방학까지 겹쳐 그런 대로 손님이 있었다. 아이들을 데리고 친정어머니를 찾아뵙는 새댁, 아이들과 쇼핑 나온 어머니, 아이들과 나들이 가는 아빠, 친정아버지 제사 지내려고 터미널에 내린 할머니, 시골로 내려가는 손님, 아들 집에 올라오는 부모와 어린 조카들, 주말에 모처럼 밤늦게 한잔하고 귀가하는 젊은이 등 각양각색의 손님들을 모셨다.

대부분의 승객들은 그를 알아보지 못했다. 대뜸 알아보고 놀란 분은 의외로 진주에서 가족들과 함께 올라온 할아버지뿐이었다.

할아버지는 "많이 본 듯하다"며 자꾸 고개를 갸웃거리다가 나중에 김문수를 알아보고 "로또 복권 당첨된 것보다 더 희한한 일"이라며 즐거워했다.

하루 종일 외국인 손님은 한 명도 없었다. 성남에는 수원이나 의정부보다 외국인이 눈에 덜 띄었다.

새벽 5시부터 등짐을 지거나 가방을 들고 일자리를 찾아 길거리로 나선 고단한 남녀 노인들과 중장년 서민들이 무척 많았다. 도로 주변의 빌딩에 인력소개소가 전국에서 가장 많은 곳이 성남 구시가지였다. 모란시장과 태평고개를 넘어 성남대로까지, 새벽 길거리 곳곳에 인력시장이 섰다가 순식간에 사라지는 광경은 성남의 고단했던 40년 역사의 흔적이다.

7시 아침 식사와 12시 점심 식사 2시간을 빼고 10시간을 달렸다. 모두 26팀의 손님을 모셨다. 그리고 가스충전 포함 총 8만2천원을 입금시키고 나니 겨우 5천원 남짓 남았다.

김문수는 현장에 갈 때마다 보고서와의 차이를 실감했다. 그래서 택시면허는 그가 도민을 직접 만날 수 있는 자격증이라고 여겼다. 막상 핸들을 잡아보니 그의 기대는 맞아떨어졌다.

서울보다 17배 넓은 경기도

2009년 12월 13일 일요일, 시흥시 재연운수에서 택시운전을 했다. 아침 9시부터 오후 4시까지 7시간 동안 쉬지 않고 일했지만 사납금을 채우지 못해 개인 돈 3만원을 채워 넣었다.

시흥시 택시들은 주로 콜을 받아 영업하고 있었다. 지리를 잘 모르는 초보기사인 김문수로서는 콜도 받을 수 없어 더 힘들었다.

모두 11팀을 태워 운행했다. 정왕역에서 30분 이상 기다려 2300원 기본요금 손님을 몇 번 모시고 나니 마감시간이 다 됐다.

시흥시 인구는 41만명이지만 그린벨트가 도시 전체의 72%나 되는 바람에 도심권이 분산돼 있다. 안산시와 인접한 시화공단, 부천시와 가까운 신천동, 시청이 있는 연성지구 등으로 크게 나뉜다. 그 결과 생활권이 흩어져 중심 상권이 약하다.

인구가 분산되면 손님이 적어 대중교통도 취약하다. 택시를 타더라도 거리가 떨어져 있어 요금이 부담스럽다. 이같이 약한 도시 자족기능으로 안산과 부천의 경제권에 편입돼 버렸다.

경기도와 서울의 관계도 마찬가지다. 경기도민은 신용카드의 30% 이상을 서울에서 쓴다. 잠만 경기도에서 자고 일과 소비는 서울에서 하니 경기도는 베드타운일 뿐이다.

경기도는 지난 60여년 서울과 수도권에 상수도를 공급하고, 대한민국 국가 안보를 위해 희생해 왔다.

서울에는 화장장이 없어 경기도가 묘지까지 두루 제공한다. 경기도는 서울보다 17배나 넓지만 인구밀도는 서울의 6%도 안 된다. 그러나 경기도 내에서 서로 연결되는 버스나 철도가 없다. 택시를 타면 요금이 너무 많이 나와 이용하기가 부담스럽다.

태국에서 온 것처럼 보이는 20대 젊은 남녀가 시화공단 내 경동정밀까지 태워달라고 했다. 일요일이라 공장이 가동되지 않을 텐데 들어가는 것을 보니 기숙사가 공장에 있는 듯했다.

김문수는 비록 젊은 태국 남녀가 그를 못 알아보지만 손가락으로 성공의 V자를 그려 주었다. 고단한 이국의 공장생활이지만 젊은 남녀에게는 참으로 행복한 미래를 꿈꾸는 시간이 아닐까 싶었다.

기사님들, 칸막이를 없앱시다

2010년 2월 7일 안성에서 손님을 태우고 평택을 갔다. 그런데 어느 지점에서 할증 버튼을 눌러야 할지 몰라 그냥 운전했다. 뚜렷한 선이 있는 것도 아니고, 경계 지점을 결정하는 것도 기사와 손님 사이에 논란이 될 수 있다.

잘 바꾼 택시 정책이 있는가 하면 바뀌어야 할 정책도 있다. 바로 시·군 경계를 넘어설 때 받는 20% 할증요금 문제이다.

경기도는 서울과 달리 버스·택시 정책이 시군마다 개별적으로 시행돼 왔다. 경기도의 광역교통통합할인제 실시가 늦어진 것도 이런 구조적 문제 때문이었다.

아직도 대부분 경기도 택시기사들이 당장 요금을 덜 받을까 봐 시·군 경계선 할증제를 유지하고 있다. 하지만 할증이 사라진다면 다른 시·군을 넘나드는 택시 이용객의 숫자가 증가한다는 점을 눈여겨봐야 한다.

몇몇 시·군에선 도시 구분 없이 통합요금제를 도입했다. 광명시는 서울 금천구·구로구와 시계할증제도를 폐지했다.

안양, 군포, 의왕, 과천시도 택시요금이 통합됐다. 화성과 오산시도 할증이 없고, 광주와 하남시도 그렇다.

김문수는 평상시 도청 조직간 칸막이를 없애라고 누누이 지시해 왔다. 시행 초기에 문제는 다소 있겠지만 분명 효율성이 향상될 것이라 믿은 탓이다. 그 결과는 물론 자명하게 도출됐다.

운전 1년 만에 택시 안 즉석 민원

설 연휴 마지막 날인 2010년 2월 15일, 택시 운전을 위해 아침 일찍 수원 창진상사로 갔다. 입춘이 지났지만 영하 5℃의 기온은 바람 때문에 더욱 춥게 느껴졌다.

창진상사는 225대의 택시를 보유한 경기도 최대의 택시회사였다. 지난해 설 연휴 마지막 날이었던 1월 27일 수원에서 택시기사를 처음 시작한 지 꼭 1년 만으로 열다섯 번째였다.

잔돈 가방과 택시운전에 필요한 것을 챙겨 시내로 나오면서 지난 1년간 겪었던 일들이 머릿속에 스쳐 지나갔다. 그가 처음 택시운전을 시작했을 때 주변의 모든 사람들이 말렸다. 그들은 그의 택시운전이 얼마나 오래 갈지 의심했을 것이다.

그러나 김문수는 지난 1년 특별한 행사가 없는 한 휴일에 총 166시간 택시를 몰고 2287㎞나 달렸다. 택시운전 체험은 도지사 취임 이후 가장 강한 느낌을 남겼다. 우선 생생한 현장을 눈으로 직접 보았다. 택시 안에서 수많은 도민을 만나 그들의 이야기를 들었다.

그 어떤 보고서, 보도와 이야기보다 더 생생한 사람들의 삶을 피부로 느꼈다. 삶의 망망대해에서 12시간 헤엄치다가 나온 듯했다. 처음에는 운전은 물론 가스 충전, 내비게이션 작동, 미터기 사용법, 카드요금 결제 등 모든 것이 낯설었다.

그러나 1년이 지나면서 김문수는 꽤 익숙한 택시기사가 되어 있었다. 어디 가면 손님을 태울지 '영업 감각'도 생겼고, 길가에 서 있는 승객의 '탑승 가능성'도 제법 알아챌 정도가 되었다.

설 다음날은 민족 최대의 이동이 이루어지는 날이다. 택시기사들도 명절이라 쉬는 바람에 택시운행을 절반밖에 하지 않아 입금이 그만큼 수월했다. 조금만 돌아다니다 보면 손님들이 손을 들었다.

운이 좋아 충남 아산시까지 47㎞ 4만2천원의 최장거리 손님도 모셨다. 거리도 멀지만 시계 할증요율을 20%까지 받으니 수입이 괜찮았다.

어린 아이 둘과 함께 탄 아주머니는 조심스럽게 자신의 우울증을 털어놓았다. 증세가 점점 심해지는데도 병원 진찰을 받기 싫어 몇 년째 고민만 한다고 안타까워했다.

택시에는 전혀 예상하지 못한 사람들의 다양한 이야기가 있다. 처음에는 개인적인 이야기인 듯하지만 듣다 보면 많은 이들이 겪는 아픔이다. 택시에서 얻는 도정은 책상머리에서 도저히 나올 수 없는 것들이어서 더욱 소

점심시간에는 동태찌개 기사식당에서 동료 택시기사 20여명과 식사하면서 대화를 나누었다. 시계 할증요금 20%를 40%로 조정, 택시회사 통합, 택시요금 인상, 교통신호와 도로 개선 등 현장의 생생한 목소리를 들었다.

중했다.

오전에 아산까지 다녀오니 오후에는 느긋했다. 그날 수원 곳곳을 누비면서 가장 힘들었던 것이 도로의 노면 상태였다. 폭설이 내린 데다 날씨도 춥고 도로에 파인 구멍이 많았다. 초보운전자들이 야간에 사고를 낼 개연성이 다분했다.

그래서 그는 운전을 끝내고 경기도와 수원시의 관계자에게 파손된 길을 보수하라고 했다. 공무원들은 날씨가 풀린 후 보수하는 것이 좋다며 발뺌했지만 내일 당장 실시하라고 했다. 이 또한 택시운전을 안 했으면 몰랐을 현장체험에 의한 민원행정이었다.

성공적인 택시정책 수립은 너무나 다양한 손님들이 택시를 이용하는 탓에 요원해 보였다. 그러나 어려운 만큼 꼭 한번 개선해 세계 최고의 택시 서비스를 만들고 싶은 것이 그의 욕심이었다.

최전방 군사도시, 세계일류 LG시 파주에서

2010년 2월 21일 일요일, 파주에서 아침 9시부터 오후 4시까지 7시간 택시를 몰았다. 파주는 서울 면적의 1.1배로 크지만 인구는 33만명으로 서울의 1/30도 안 된다. 그래서 파주 전체의 택시도 612대뿐이다.

그날 김문수는 택시가 20대뿐인 신창운수에서 소나타를 끌고 나왔다. 차고지가 외딴 마을이라 한참 동안 빈 차로 손님을 찾아 경의선 금촌역까지 갔다.

첫 손님은 군부대에 면회를 온 가족이었다. 군부대는 보안상 내비게이션에 나오지 않았다. 더구나 가족들도 초행길인 탓에 모시지 못해 아쉬웠다.

조금 기다리자 또 군인 아들을 찾아온 가족이 탔다. 손님이 난감해 하는 그를 알아보고 자신이 부대 위치를 안다며 안내했다. 아버지와 엄마, 딸 등 세 식구가 택시를 타고 황희 정승 묘소 옆에 있는 백마부대로 찾아갔다.

가는 길이 멀어 이야기를 많이 나누었다. 아버지는 한 번도 한나라당을 찍지 않았지만, 그에 대해서는 잘 알고 있다고 말했다.

그곳은 장갑차 부대였다. 북한의 장사정포 사거리의 최전방에서 근무하는 아들을 둔 부모의 마음이 얼마나 안쓰러울까 하는 생각을 떨칠 수 없었다. 아버지가 아들이 면회 나올 때까지 기다렸다가 기념사진을 찍자고 해 포즈도 함께해 주었다.

다시 문산역에서 손님을 기다리는데 역시 군복무 중인 외손자를 찾아온 70살의 할머니가 탔다. 기본요금 거리의 포부대라고 해 찾아갔더니 잘못 왔다는 것이다. 다시 찾아갔지만 또 이 부대가 아니라고 했다. 할머니는 부대 이름을 적은 쪽지를 잃어 버렸다며 조바심을 냈다. 결국 군부대 손자에게 전화해 확인하고 찾아갔더니 요금이 많이 나왔다. 하지만 그는 원래 할머니 말씀대로 기본요금 정도만 받았다.

면회소로 찾아가자 아빠, 엄마, 누나, 이등병 아들 등이 고기를 구워 먹으며 애틋한 면회시간을 즐기던 가족이 나를 알아보고 같이 식사하자고 권유했다. 그러나 그는 택시 입금이 급해 식사는 못하고, 가족과 함께 사진만 찍고 떠났다.

파주는 전체 면적의 92%가 군사시설보호구역이다. 임진강 건너 바로 앞에 북한군 초소가 보이는 대한민국 최전방이다. 평소에 파주를 자주 방문했지만 오늘 면회 온 분들을 모시면서 파주가 얼마나 군사도시인지 실감했다.

순대국밥으로 점심을 때운 다음 오후에는 LG 손님을 세 팀 태웠다. 파주 시내에서 젊은 청년이 이제 막 LG에 입사해 길을 잘 모른다며 회사 기숙사까지 태워달라고 했다. 기숙사 앞에는 택시가 10여대 늘어서 외출 나가는 젊은이들을 기다리고 있었다.

김문수도 뒤에서 기다리다가 손님을 태워 경의선 월롱역까지 이동했다. 월롱역에서 또 줄을 서 기다리다가 LG 기숙사까지 이동하길 반복했다. LG 기숙사와 월롱역 사이를 셔틀택시처럼 운행하고 있었다.

LG는 직원들의 기숙사가 모자라 90분 이상 걸리는 강화도에 모텔을 통째로 얻어 출퇴근시키고 있다. 용적률을 높여 추가로 기숙사를 짓도록 도와주고 있지만 여전히 LG 주변은 삭막했다. 거주할 집은 물론 젊은이들이 즐길 편의시설이 절대로 부족했다.

파주는 LG특별시라고 할 만큼 LG가 차지하는 비중이 절대적이다. 그야말로 파주를 천지개벽시킨 것이 LG였다. 최전방 군사지역에 세계 일류 최첨단기업이 입지하여 군부대 몇 개 이상으로 우리의 국방안보, 민생경제에 기여한다고 생각하니 더욱 고마운 마음이 들었다.

파주는 2009년 8월 1일자로 택시 요금을 인상할 때, 다른 도시와 달리 오히려 택시요금을 인하했다. 고양시 택시와 경쟁하기 위해 도농복합형 요금체계를 도시형 요금체계로 바꾸었기 때문이다. 그 덕에 택시 승객은 늘었지만 택시 요금은 인하되어 아직까지 논란이 계속됐다.

고양시와 가까운 교하·금촌 지역은 찬성하고, 먼 문산·법원 쪽은 격렬

경기도는 서울과 달리 버스·택시 정책이 시군마다 개별적으로 시행돼 왔다. 경기도의 광역교통통합할인 제 실시가 늦어진 것도 이런 구조적 문제 때문이었다.

하게 반대하고 있다. 어떤 기사가 일부러 내 차를 잡아타고 계속 강력히 건의했다. 역시 택시는 쉽지 않고 할 일도 많은 분야라는 생각이 들었다.

오늘은 입금과 함께 가스 충전을 하고 나니 남는 돈이 없었다. 그러나 봄을 맞는 포근한 날씨와 파주의 활기찬 분위기 탓에 피곤이 덜했다.

김포 장날, 택시기사로 뛰다

2010년 3월 7일 일요일, 김포의 전통 5일 장날을 맞아 17번째 택시기사로 7시간 일했다. 삼원교통은 택시 49대, 기사 127명 규모의 작은 택시회사이다.

김포반도는 한강 너머 바로 북한이 보이는 애기봉이 있는 곳이다. 한강하구 천혜의 강촌으로 조강나루, 마근포 등 많은 나루터가 있지만 지금은 온통 철조망으로 가로막혀 한강 출입이 완전 통제되고 있다. 최전방으로 군부대도 많아 김포 면적의 83%가 군사시설보호구역이다.

경인아라뱃길과 한강신도시가 개발되고, 일산대교가 개통되었지만 연결도로가 미흡하다. 아직 철도가 없고 경전철 논의만 있다.

김포는 인구가 23만명이지만 반도인 데다 완전히 철조망으로 둘러쳐 있어 인접교통이 부족하다. 김포공항으로 내리는 항로가 시내 한가운데를 지나 고도제한과 비행기 소음으로 어려움을 겪고 있다.

역시 아침부터 손님이 없었다. 택시 정류장에서 기다려 보고 시내를 돌아다녀도 감감했다. 장터에 가도 택시가 워낙 많이 대기해 기다릴 겸 장터를 한 바퀴 둘러보았다. 오리, 토끼, 강아지, 토종닭 등 시골 냄새가 풍기는 장터의 풍치가 넘쳤다. 쌀쌀하지만 봄기운이 있어 제법 시골 장날 분위기가 났다. 주차장까지 없어 차가 막혀 영락없는 시골 장터 풍경이 펼쳐졌다.

태국에서 온 젊은 노동자 2명이 장을 보고 인천 당하동 공장 기숙사로 돌아가기 위해 택시를 잡았다. 8500원의 요금이 나온 괜찮은 손님이었다. 우리나라에서 4년째 일한 32살의 청년은 곧 고향으로 돌아가 장가간다고 했다. 이들에게는 고달픈 공장생활이지만 꿈이 있어 대한민국은 '코리안 드림'의 나라였다.

돌아오는 길에 78세의 어르신을 모셨다. 할머니가 돌아가시고 아이들은 모두 도시로 나가고 혼자 사는데, 자식들이 용돈도 보내준다고 했다. 근처에 반찬 사먹을 데가 없어 김포장터까지 나오는 것은 그나마 가장 가까운 곳인 탓이다. 이 분은 김포 당하동 토박이였다. 그러나 태국 젊은이들만큼 꿈과 활기가 느껴지지 않는 것은 젊음과 늙음의 차이 탓이리라.

당하동은 원래 김포였는데 인천으로 편입되었다. 하지만 김포 생활권으로 아직도 김포로 장 보러 다니는 이들을 태우면서, 행정구역과 생활권에 대해 많은 생각을 했다.

다시 김포장터로 와서 이번에는 부천 도당초등학교 앞까지 할머니와 딸, 손자, 손녀 넷을 태웠다. 어머니를 모시는 딸의 속정이 무척 깊었다. 허리 아픈 어머니를 봄나물이 나는 김포장터까지 함께 와서 봄과 시골 냄새를 맡게 해드리고 다시 부천으로 가는 길이었다. 택시요금은 2만원이 나왔다.

나름대로 열심히 뛰었지만 예상대로 2만원 이상의 적자가 났다.

택시 안에서 만난 승객들이 말하고 행동하는 것을 보면 지역경제가 어떤지 금방 느껴진다. 손님들이 내뱉는 불만 속에 서민들의 바람과 소망이 고스란히 담겨 있다.

택시운전은 도정 종합체험의 장

택시운전만큼 해당지역의 현황과 민심을 생생히 알 수 있는 길은 없다. 그런 점에서 택시는 '도정의 종합체험장'이면서 '달리는 집무실'이자 '찾아가는 집무실'이었다.

택시 안에서 만난 승객들이 말하고 행동하는 것을 보면 지역경제가 어떤지 금방 느껴진다. 손님들이 내뱉는 불만 속에 서민들의 바람과 소망이 고스란히 담겨 있다. 택시가 눈으로 보고, 손으로 만져보고, 코로 냄새 맡고, 입으로 맛볼 수 있게 도와주고 있다.

지난 1년간 경기도 17개 시군에서 택시를 모는 동안 운전석은 도로·도시계획, 서민·지역경제, 지역 현안·민심 등을 두루 파악하는 사무실로 안성맞춤이었다.

조각조각 난개발이 가져온 부작용이 고스란히 그의 몸으로 스며들었다. 온갖 규제로 묶인 경기도의 신음소리가 운전석까지 들리는 듯했다.

시군 곳곳에 걸린 현수막을 보면 지역 현안을 한눈에 알 수 있다. 그것만으로 경기도 민원지도를 만들어도 될 정도였다.

수원은 10전투비행단 소음, 성남은 성남비행장 고도제한 완화, 이천·양평 등 동부는 상수원 규제 해제, 경기 북부는 군사규제지역 완화, 평택은 미군기지 이전 계획과 쌍용자동차의 재기 요구 등 다양했다.

김문수는 도지사로서 결재와 면담을 제외하곤 책상에 앉아 업무를 보지 않는다. 현장과 현실은 이론이나 정책과는 늘 동떨어져 있었다.

책상에 앉아 정책을 만들어 오면 한눈에 티가 났다. 그가 탁상공론으로 정책을 만들지 말라고 공무원들을 누차 다그치는 이유였다. 택시도 마찬가지였다. 직접 해보니 완전히 달랐다.

첫째, 도민의 높은 고객 만족 수준이었다. 승객은 택시기사에게 다양한 요구사항을 내놓는다. 도지사이든 택시기사이든 상관없다. 목적지까지 가는 길이 조금이라도 돌아간다 싶으면 거친 말을 쏟아낸다. 만족할 때까지 모셔야 한다는 기본적인 마인드가 그를 더욱 단련시켰다.

둘째, 운전을 직접 해보니 도지사 관용차 뒷자리보다 더 많은 것이 보였다. 편안한 최고급 승용차 좌석에서 서류나 신문, 방송뉴스를 보는 동안 목적지에 도착한다. 이따금 창밖의 도시를 바라보며 민심을 느끼기도 한다. 그러나 하루 택시 운전으로 보고 듣는 것이 도지사 좌석 1년치보다 많다.

셋째, 귀로 듣는 민심이다. 택시는 정치와 행정 등이 신랄하게 비판받는 장소이다. 다른 어느 장소에서 듣는 좋은 이야기 백 마디보다 쏟아지는 불만 한 마디가 더 귀한 보약이었다. 휴일 하루를 이처럼 알차게 보낼 수 있을까?

김문수는 택시를 모는 날마다 감사한 마음으로 대했다.

택시운전이 좋은 이유

김문수는 민선 4~5기 경기도지사로서 '현장 행정'을 중시했다.

하루에도 몇 차례 경기도 곳곳을 누비다 보니 지난 8년 동안 도지사 관용차는 50만㎞를 달렸다. 지구 열두 바퀴를 돈 셈이다.

경기도 동서남북의 끝과 끝을 행사 시간에 맞추다 보니 속도위반 딱지도 뗐다. 헬기를 타야 하는 경우도 많았다. 안성에서 일을 보고 의정부 행사에 시간 맞춰 가려면 헬기를 타지 않으면 답이 없다. 헬기로 날아다닌 거리도 줄잡아 1만㎞가 넘었다.

사람들은 그에게 "도지사로서 할 일이 많은데, 택시기사를 왜 계속하느냐?"고 충고 아닌 충고도 해주었다. 그래도 김문수는 아랑곳없이 택시기사를 경기도지사 민선 5기를 마칠 때까지 계속했고, 2015년 대구 수성구 지역구에 내려와서도 택시 체험으로 민심을 파악했다. 참으로 지독한 그만의 아름다운 고집이다.

김문수는 이보다 더 깊이 시민들과 만나는 방법을 지금까지 찾지 못했다. 이보다 더 짧은 시간에 구석구석을 더 잘 살펴보고, 현실과 생생하게 연결시켜 줄 방법은 없다. 이보다 더 확실하게 도시계획과 도로 사정, 간판, 청소, 사람들의 삶을 잘 아는 비법은 찾지 못했다. 말과 글로 다 표현하지 못하는 숱한 체험과 공부를 하는 교실이 바로 택시였다.

돈도 안 들어가며 재미도 있는데, 택시운전을 하지 말라고 했던 이유가 무엇인가? 하지만 세월이 흐른 지금 그런 우려는 기우였음이 증명되었다.

골프 대신 택시

김문수가 1996년 처음 국회의원에 당선되자 많은 선배 의원들이 골프를 시작하라고 권유했다. 골프를 못 치면 큰 정치인이 되기 어렵다고 했지만 그는 끝내 골프를 배우지 않았다. 만약에 그때 골프를 배웠다면 아마 택시운전은 생각하지도 못했을 것이다.

국회의원 가운데 자기 돈 내고 골프 치는 사람을 보기 힘들었다. 대부분

접대 골프인 데다 휴일 온종일 시간도 많이 들어갔다.

그 대신 김문수는 운동으로 등산과 배드민턴을 주로 했다. 국회의원 시절에는 새벽 6시 지역구인 부천 소사구의 성주산 약수터에 올라가 운동하면서 지역구민을 만났다.

역시 경기도지사가 되자 "이제는 정말 골프를 배워야 한다"는 충고가 이어졌다. 그래도 그는 골프를 마다했다. 수도권에 골프를 즐기는 사람이 많기 때문이다.

그는 도지사 취임 이후 모두 36개의 골프장 허가를 내주었다. 골프 애호가는 많은데 여러 규제로 국내에 골프장이 모자라 태국, 필리핀, 중국, 일본 등에 가서 아까운 외화를 쓰고 오는 것이 안타까웠다.

우리나라 사람들이 골프 외유로 쓰는 돈이 2010년 기준으로 2조6천억 원에 이른다는 집계도 있다. 골퍼들이 해외로 나가는 대신 국내에서 칠 뿐 아니라 외국인들도 들어와 돈을 쓰고 가도록 하는 것이 그의 꿈이었다.

그래야 골프 관광객이 해외로 나가지 않고 또한 일자리도 생긴다. 그래서 김문수는 특별한 문제가 없는 한 골프장 신설허가를 내주었다.

그랬더니 사람들은 골프도 못 치는 그에게 '골프 지사'라고 비난했다. 만약에 골프까지 쳤더라면 더한 상상이 나왔을 법하다. 참으로 묘한 대한민국이다.

김문수 스타일?

김문수가 현장 행정을 중시한 이유는 대부분의 보고서가 현장의 실상과

김문수는 이보다 더 깊이 시민들과 만나는 방법을 지금까지 찾지 못했다. 이보다 더 짧은 시간에 구석구석을 더 잘 살펴보고, 현실과 생생하게 연결시켜 줄 방법은 없다.

많이 다르기 때문이다.

　책상 위에서 만든 정책은 현실과 동떨어지게 마련이다. 멀쩡한 공장을 그린벨트로 반 토막 내고, 안방은 괜찮은데 사랑방이 군사시설보호구역으로 지정된 것은 탁상행정의 전형적인 표본이다.

　김문수 경기도지사는 사무실보다 현장을 살피다 보니 많은 결재를 야간에 공관에서 했다. 간부들의 결재서류를 살펴보고 이메일에 답장을 해주다 보면 자정을 넘기는 일이 허다했다. 아내 설난영은 밤늦게까지 컴퓨터 책상 앞에 매달려 있는 그에게 '김문수 스타일'이라는 별명을 붙였다.

　김문수는 현장에 대한 그의 '못 말리는 집착'이 젊은 시절 노동운동에서 비롯된 것이라고 술회했다. 1970년 서울대 상대생이 된 그는 용두동 판잣집에서 자취생활을 하면서 노동과 가난 등 사회의 구조적인 문제에 대해 고민했다. 그는 그해 11월 전태일 분신사건을 계기로 노동자 보호에 관심을 가졌다.

　그 후 노동운동에 투신하면서 시위와 제적, 민청학련사건 수배 등으로 고통을 겪었다. 그는 진정한 노동자가 되기 위해 1974~75년 열관리기능사 2급 등 총 7개의 자격증을 땄다.

　노동운동은 밤새 술 마시며 울분을 토하는 학생운동 같은 낭만도 없었다. 지친 몸으로 온종일 기계와 씨름하며 동료 노동자와 함께 모색하는 실천적인 삶이었다.

　국회의원이 된 후에도 '현장 활동가'의 습관은 계속됐다. 새벽 6시부터 늦은 밤까지 거의 매일 지역구 현장을 돌면서 주민들의 민원을 파악했다.

　그러다가 2003년 여름 재선 국회의원이 되었을 때는 도둑으로 몰리기까지 했다. 지역구인 부천시 소사초등학교 앞개울은 여름철마다 범람해 저지대 지하셋방 주민들이 피해를 입었다.

하천을 정비해 복개했는데도 비가 많이 오면 넘치는 일이 잦았다. 어느 날 밤새 많은 비가 내렸다. 불안했던 그는 새벽에 달려가 개울을 살펴보며 맨홀 뚜껑 옆을 지켰다. 그리고 물이 얼마나 찼는지 열어보고 다녔다. 캄캄한 새벽에 동네를 돌면서 이것저것 들쳐보고 다니자 주민들이 "당신 뭐하느냐?"며 도둑으로 의심하기도 했다.

김문수는 어느 해 연말 그의 수행비서가 "의원님! 제가 지난 365일 중 360일을 출근했습니다"라는 말에 미안했다고 고백했다.

택시정책, 직접 달려보고 바꿨다

모든 문제의 답은 현장에 있다.

택시기사들을 만나 얘기해 보면 택시정책에 대한 건의가 봇물을 이뤘다. 특히 부제 도입이 필요하다고 많이 요구했다. 신호체계 개선, 택시정류장 구조개선, 요금인상 문제 등 역시 현장을 뛰는 택시기사들이 가장 생생하고 분명하게 제기했다.

고급교통인 택시기사들의 처우는 대중교통인 열차, 버스기사에 비해 형편없었다. 진정한 고급교통이 되려면 운전자들의 처우도 고급이어야 하는데 그렇지 못했다.

그가 핸들을 직접 잡고 달려보니 택시정책을 보완·발전시켜야 할 필요성을 절감했다. 결국 이는 경기도의 택시요금 체계 단순화, 통합 콜 브랜드, 영상기록장치, 택시평가 포상제 등 제도가 빨리 바뀐 계기가 됐다.

먼저 택시기사 사이에 가장 반가운 것이 '콜'이다. 넓은 도심에서는 손님을 쉽게 만나지만, 거점별로 발달한 지역은 전화로 택시를 부르는데 문제는 택시회사마다 다른 전화번호였다.

그래서 만든 것이 '통합 콜'이다. 경기도가 2009년 'GG콜(1688-9999)' 통합 브랜드를 만들어 도내 3만5천대 택시 중 7천대가 가입했다. 전국 지자체 최초로 2010년 3월 가동했다.

또한 2009년 6월 시작한 택시 영상기록장치 설치도 택시 교통사고율을 급감시켰다. 도내 택시 3만5천대에 모두 설치해 예기치 못한 피해를 막도록 조치했다. 택시요금을 결정하는 거리와 시간의 계산법도 단순화했다. 시·군별로 20가지의 복잡한 택시요금 산정법을 4가지로 통일해 갈등 소지를 없앴다.

핸들을 직접 잡고 달려보니 택시정책을 보완·발전시켜야 할 필요성을 절감했다.

택시도 버스환승할인제처럼

2007년 7월 경기도가 수도권 버스환승할인제를 실시한 후 많은 찬사를 받았다. 고사 직전으로 힘들었던 버스회사들은 안도의 한숨을 내쉬었다. 물론 대중교통 이용 도민을 위한 막대한 경기도의 예산 지원이 큰 힘이었다.

경기도 31개 시·군 버스조합들은 높은 장벽과 칸막이를 과감히 걷고 통합했다. 또한 버스노선 조정, 서비스, 청결 등 고객을 위해 최선의 노력을 했다.

김문수는 그 당시 "택시도 버스의 달라진 모습을 유심히 살펴볼 필요가 있다"고 수시로 강조하며 여러 가지 발전 전략을 내놓았다.

눈앞의 소소한 이득도 중요하지만 고객의 불만이 없도록 요금제를 통합하고, 시·군간 경계를 없애고, 서비스도 최고여야 도민의 이해와 사랑을 받는다.

더욱이 택시는 버스와 달리 노선이 따로 없고 손님과 일대 일로 서비스한다. 택시기사와 손님이 모두 수긍하는 방향으로 통합이 이뤄져야 한다. 요금제는 물론 지역 편차도 일전한 키 높이로 맞춰야 한다.

그런 의견 수렴을 통해 협력하면 회사 납입금, 개인택시 취득, 요금체계, 대중교통 편입, 불법영업 단속 등 문제도 자연스레 해결될 것이다.

택시도 세계 1등 가능하다

김문수는 "경기도 택시도 세계 1등이 될 수 있다"고 확신했다.

그는 택시기사 체험을 해보고 여러 가지 정책을 내놨지만 결국 시민들에게 가장 친절하고 깨끗한 택시가 최고의 택시임을 터득했다.

대한민국은 반도체, 조선, 핸드폰, 가전 등에서 세계 1등이다. 피겨 불모지의 나라 김연아 선수도 밴쿠버 동계올림픽에서 세계신기록으로 지구촌을 깜짝 놀라게 했다.

경기도는 2009년부터 서울시보다 두 배 많은 택시 평가요원을 경기도 곳곳에 배치시켜 무작위로 택시를 평가했다. 손님 입장에서 친절·청결·안전 등의 점수를 매겨 택시회사 옥석 선별에 들어갔다.

이는 서비스가 안 좋은 회사에 대한 페널티가 아니라 친절한 회사에 과감한 인센티브 지원을 위한 것이다. 세계에서 가장 친절하고 상쾌한 경기도 택시가 될 때까지 노력하겠다는 뜻이다.

김문수는 그 길만이 경기도 택시가 미국 뉴욕의 옐로우캡, 영국 런던의 블랙캡, 일본의 MK 택시를 능가할 수 있다고 믿었다. 결국 그가 택시운전을 하며 터득한 진리는 아주 평범한 기본에서 찾은 것이다.

수진리 고개의 고단한 삶

택시를 몰고 성남 구시가지를 다니다 보면 서민들의 고단한 삶과 마주친다. 새벽부터 등짐을 지거나 가방을 든 중장년층, 노인들까지 수백명이 인력시장으로 몰려든다. 도로 주변의 빌딩마다 '인력소개소' 간판이 달려 있다.

2010년 1월 7일 새벽 성남 수진리 고개 인력시장. 평소 200명 이상이 모였지만 이날은 기록적인 폭설 직후라 100명도 안 됐다. 사람들은 살을 에는 추위 속에서 커피를 마시거나 대화를 나누며 일자리를 기다리고 있었다.

"밀린 일당을 받을 방법이 없나요? 도대체 경기는 언제 풀리는 거죠?"

절절한 하소연을 들으면서도 명쾌한 해답을 내놓을 수 없어 그저 그들의 손을 붙잡아줄 뿐이다. 그 시간에 윤증현 기획재정부장관도 현장에 나왔다.

김문수 도지사는 윤 장관에게 "중앙의 각 부처에서 백가쟁명식으로 수많은 일자리 대책을 내놓았지만 현장에서는 먹히지 않는다"며 "일자리 창출을 위해 중앙 각 부처에서 분산돼 추진되고 있는 정책을 통합 시행할 수 있는 곳은 결국 각 지방"이라고 강조했다.

그는 지방정부가 일자리 대책을 통합적으로 추진하도록 더 많은 권한을 가져야 한다고 설명했다. 그것은 수진리 고개를 여러 차례 방문하면서 나름대로 내린 결론이다.

그곳에는 절절하게 해결책을 내놓으라고 호소하는 사람, 서글서글하게 웃으면서 오히려 그를 위로해 주는 사람, 냉소적인 태도를 보이는 사람 등 각양각색이었다.

도지사가 그들에게 해줄 수 있는 일이란 도대체 무엇일까 답답했다. 여러 가지 아이디어를 짜내 이를 실행하려고 해도 중앙에서 권한을 틀어쥔 채 내놓지 않으니 그럴 수밖에….

김문수는 2007년 봄, 2008년 여름에도 찾아왔지만 그들에게 위로의 말밖에 하지 못했다.

그는 여러 궁리 끝에 2010년 2월 일자리센터를 개설했다. 도내 일자리 기관 1200여개를 통합해 구직자에게 원스톱 종합서비스를 하는 것이다.

구직자들이 이리저리 구직기관을 찾아다녀야 하는 번거로움을 없애고,

효율적으로 빠르게 구직자에 맞는 일자리를 소개하기 위함이었다.

뻥 뚫린 수도권, GTX

택시를 운전하다가 길이 막히면 "날자, 날자!"라고 외친 이상 시인의 시구가 절로 떠오른다. 마음은 날고 싶지만 도로는 늘 주차장이라 택시는 굼벵이처럼 기어 다닌다.

김문수는 2009년 6월 21일 안양택시 운전대를 잡고 군포시 금정역 앞에 서 있었다. 뒷좌석 손님은 좌불안석하더니 급기야 육두문자까지 쏟아냈다. 50대 초반의 손님은 "가까운 시내를 가는데도 서울 가는 차 때문에 옴짝달싹 못한다"며 연이어 불만을 터뜨렸다.

초여름의 날씨이건만 택시 안에는 서늘한 기운마저 감돌았다. 혹여 이 손님은 택시운전사가 "뻥 뚫린 경기도를 만들겠다"는 공약을 내건 도지사라는 사실을 알고 있을까? 괜히 그의 등골마저 오싹해졌다.

수도권의 하루 출퇴근 인구는 300만명이며 도내 이동인구는 100만명을 넘는다. 김문수는 부천시 국회의원 시절 지옥철 문제 해결을 제1의 과제로 삼았고, 결국 경인선 복복선화를 이뤄냈다. 그 결과 수도권 교통문제가 어느 정도 완화됐지만 여전히 미흡했다.

그는 도지사가 되어 수도권 광역급행철도(GTX, Great Train Express)를 구상했다. 지하 40m 이하에 철도를 건설하면 일산에서 강남까지 32분, 강남에서 동탄까지 18분이면 충분하다. 경기도 끝과 끝을 1시간 내에 닿을 수 있다.

통합요금제 시행 이후에도 서울 도심과 직접 연결되는 광역버스는 포함되지 않았다. 서울시가 고급 대중교통 수단인 광역버스를 통합요금제에 적용할 수 없다고 버텼기 때문이다.

역간 거리를 넓혀 최고시속 200㎞ 이상으로 달릴 수 있다. 또한 지하공간을 이용하므로 노선을 직선화하고, 토지보상 비용도 거의 들지 않는다.

경기도는 2년여에 걸친 연구용역을 끝내고 2008년 4월 국토해양부에 GTX 건설을 건의했다. 하지만 국토부는 검증용역을 하겠다더니 한참 동안 미적댔다. 균형발전을 주장하는 사람들과 지방의 눈치를 살피느라 사업이 전혀 진척되지 않는 것이다. 정말 답답한 노릇이다.

그나마 박근혜정부 들어 본격적인 착공이 시작된 것이 다행이었다.

택시 운전으로 생긴 버릇

김문수는 택시운전을 하면서 자신도 모르게 생긴 버릇이 있다. 물은 되도록 마시지 않는다. 아무 데서나 편하게 화장실에 갈 여건이 안 되기 때문이다. 택시 대기 행렬 속에 차를 두고 자리를 뜰 수도 없다. 요즘처럼 주차하기 어려운 세상에 차를 함부로 도로에 뒀다가는 무슨 봉변을 당할지 모른다. 갈증이 심해도 목만 간신히 축이고 식사 시간까지 참아야 한다.

메모 습관은 더욱 심해졌다. 계산을 마치고 손님이 내리면 저절로 그의 수첩과 빨강·검정·파랑 3색 볼펜에 손이 간다.

쉴 틈도 없이 승객이 타고 내리므로 손님이 가볍게 던진 한마디라도 바로 적지 않으면 잊어버린다. 어디서도 들을 수 없는 소중한 이야기는 그가 택시운전을 한 중요한 이유 중의 하나다.

손님이 타면 그도 모르는 사이에 액셀 발판에 자꾸 힘이 간다. 목적지에 빨리 도착할수록 시간과 요금을 줄일 수 있기 때문이다.

택시는 과학이다

택시에는 타코미터기가 달려 있다. 언제, 어떻게, 얼마나 달렸는지 바로 상세한 통계가 작성된다. 최고 속도가 얼마였으며, 과속은 얼마나 했는지 그대로 나타난다.

2010년 2월 7일 안성종합택시에서 운행한 기록을 보면 놀라지 않을 수 없다. 손님은 모두 11팀으로 오전 9시 19분 첫 손님을 태웠고, 오후 3시 28분 마지막 손님을 내려드렸다고 적혀 있다. 또한 사고가 나면 그 순간을 그대로 영상 녹화하는 장치도 설치돼 있다.

그래서 요즘은 사고가 나면 회사 측에서 바로 영상장치 메모리 칩을 빼 조사한다. 이렇다 보니 사고의 판단은 사람이 아닌 컴퓨터 칩이 한다.

사고가 나도 큰소리 내며 싸울 필요도 없고, 택시기사나 상대방도 거짓말할 수 없다. 기사들도 과실이 그대로 드러나 과속과 신호위반도 많이 줄었다.

특히 영상기록장치는 경기도가 2009년 모든 택시에 지원해 높은 만족도를 보였다. 세계 최고의 대한민국 IT 기술이 택시 운전문화도 바꿔놓았다.

택시는 고통이다

그가 직접 택시운전을 겪어보니 택시기사들의 근무환경이 최악인 것을 알았다. 그부터 택시기사의 친절 등 고객서비스를 강조하지만 막상 기사들의 근무 여건을 알고 나면 그런 말을 쉽게 하기 어렵다. 1만원을 벌려면 기본요금 손님을 네 차례 이상 모셔야 한다. 그런데 그것이 말처럼 쉽지 않다.

손님을 찾아 아무리 돌아다녀 봤자 가스만 허공에 태우기 십상이다. 그가 2014년 6월 29일 경기도지사 임기 마지막 택시운전을 40번 하면서 올린 순이익은 50여만원도 안 된다. 하루 운행에 1만2천원을 번 셈이다.

회사에 소속된 택시기사 절반이 월 100만원 남짓의 수입을 올린다. 일에 비해 너무 적은 돈이다. 법인택시 기사 중 상당수는 100만원 이하의 월급으로 생활한다. 택시운전은 너무나 큰 고통이며, 기사들은 힘겹게 살고 있다.

회사 택시기사들은 사납금을 채워야 월급이 나온다. 그래서 모두 사납금을 채우는 데 혈안이 돼 돈을 세며 과속도 한다. 그 역시 사납금을 채우지 못한 적이 여러 번 있다. 그래서 그의 주머니에서 2~3만원을 채워 넣었다.

사납금 채우기도 힘들다

2009년 4월 5일 안산에서 택시를 운행하면서 있었던 일이다.
"아이고, 김 지사님이 정말 택시를 모시네. 저 부천에서 많이 보셨죠?"
마흔 살 정도의 손님이 택시를 타면서 금방 그를 알아봤다.

손님이 "부천에서 국회의원 할 때도 그렇게 열성적이더니"라며 계속 칭찬하는 탓에 피곤한 몸이 한결 가벼워졌다.

그런데 목적지에 도착한 손님이 "다음에 또 뵙겠습니다"라며 계산도 하지 않고 택시에서 내려 버렸다.

그가 미터기를 보고 "요금!"이라고 말하기도 전에 손님은 일찌감치 사라지고 말았다. 그렇다고 택시를 세워놓고 따라가기도 난처했다.

도지사가 모는 택시를 공짜로 착각한 것이 아닐까?

그래서 그날은 사납금을 제대로 채우기도 힘들 만큼 기운이 빠져 버렸다. 물론 멀어져 가는 손님을 보며 허탈 웃음을 웃고 말았지만….

도시와 농촌의 간격

택시운전을 시작한 뒤 주변에서 그에게 가장 많이 질문은 "손님들이 도지사를 얼마나 알아보느냐"는 것이었다.

수원, 일산, 성남, 용인 등의 도시지역에서는 도지사를 알아보는 사람이 거의 없었다. 택시기사한테 말을 거는 것 자체를 싫어하는 분위기였다.

중장년층에서는 간혹 그를 알아보고 인사를 건네기도 했지만 젊은층은 그가 누군지 아는 사람이 거의 없었다. 젊은 손님들은 대부분 택시에 오르자마자 스마트폰을 꺼내 만지작거리거나 통화하기에 바쁘다.

그 반면 농촌 지역이나 경기 북부에서는 많은 사람들이 그를 알아보고 인사를 건네 왔다. 손님들은 그 지역의 현안은 물론 개인사까지 술술 늘어놓았다. 그래도 사람의 따뜻한 정이 남아 있는 곳은 역시 농촌이었다.

아무리 삭막한 도시이지만 인사라도 나누는 정이 필요하다는 생각을 많이 했다. 더욱이 경기도지사인 그에게도 그러는데 일반 택시기사들에게는 얼마나 삭막할지 가늠이 안 됐다.

5일장에서 본 효심

2010년 3월 7일 김포 장날은 택시기사인 그에게도 대목이었다. 주차장이 부족해 너무 혼잡했지만 손님 때문에 계속 장터 앞으로 택시를 몰아야 했다.

한 여인이 허리까지 구부정한 노모와 아이 둘을 데리고 택시를 잡았다. 양손에 든 무와 채소 등 한 꾸러미 짐을 택시 트렁크에 가득 실으니 차가 꽉 찼다.

온 가족이 장을 보러 나왔으니 거주지도 김포 시내 아파트 정도이겠거니 하고 목적지를 물었다. 그런데 부천 도당초등학교 앞까지 가자는 것이다. 귀를 의심하며 다시 물어도 돌아오는 답은 역시 부천이었다.

그는 "왜 멀리 부천에서 김포까지 와서 장을 보시느냐?"고 물어봤다.

그러자 아주머니는 "늙은 어머니한테 옛 5일장의 향수 좀 느끼게 해드리고 싶어 여기저기 찾아봤는데, 전통 5일장이 열리는 곳은 김포가 가장 가까운 곳이었다"고 말했다.

그는 순간 가슴이 찡해지면서 행복한 마음으로 충만했다. 택시요금 2만 원에다 요즘 보기 드문 진한 효심의 감동까지 덤으로 받은 탓이다.

돈 벌러 가세

택시 운전을 하는 기사들이 가장 많이 하는 말은 무엇일까?

손님이 탈 때마다 하는 "어디로 모실까요"라고 한다. 기사들끼리 하는 말로는 "돈 벌러 가세"였다.

택시회사에서 출발할 때 기사식당에서 식사를 마쳤을 때, 택시 대기 줄에서 손님을 맞았을 등 동료 기사들과 헤어지는 인사가 "돈 벌러 가세"이다.

그렇지만 택시기사는 돈을 많이 벌지 못한다. 김문수는 아무리 열심히 해도 하루에 3만원 이상 벌어본 적이 없었다.

2010년 2월 15일 설날 다음날 수원에서 택시운전 이후 처음으로 큰돈을 만졌다. 그 전까지 최고 수입이었던 2만8천원을 훌쩍 넘어선, 무려 4만 3900원을 벌었다.

어떤 날은 하루에 수백억원의 지출을 결재하는 도지사이지만 이날 번 4만원은 4억원보다 더 큰 돈으로 느껴졌다.

화장실 참으며 12시간 운전

김문수는 2009년 3월 29일 새벽 5시 용인에서 다섯 번째 일일택시기사 체험을 했다.

그는 일반 택시기사들과 동일하게 배차를 받은 뒤 미터기 조작법, 운행 준수 사항과 작동법 등을 익히고 거스름돈을 챙겨 운행에 나섰다.

이 날도 손님과의 대화는 물론 새벽 운행을 마치고 난 아침식사 시간과 오전 운행 뒤 점심 시간, 손님을 기다리는 시간 등에 택시기사들과 나눈 말 한마디까지 모두 수첩에 꼼꼼히 메모했다.

택시기사들은 그에게 "몇 번 해보셔서 아시겠지만 손님이 정말 없다. 손님을 태우고 운행하는 시간보다 손님을 찾아다니는 시간, 대기하는 시간이 더 많다"며 "어디를 가도 손님이 없으니, 그나마 손님이 많은 곳에 차를 대기시켜 놓는 게 상책이다"고 하소연했다.

이에 김문수는 "택시영업 특성상 화장실 가기가 어려워 목이 말라도 물을 마시지 못하는 등 택시기사들 어려움이 이만저만 아니다"며 "택시기사 체험을 할수록 경제가 안 좋은 것을 절실히 느낀다. 오늘도 역시 서민들의 경제적 어려움과 지역 현안을 현장감 있게 느낀 하루였다"고 말했다.

그는 이 날 12시간 택시운전을 하며 벌어들인 수입 9만7천원을 납입하고, 일당 2만2천원을 손에 쥐었다.

한편 그는 2009년 1월 27일부터 3월 29일까지 다섯 차례에 걸쳐 수원, 의정부, 성남, 고양, 용인에서 1일 택시기사 체험을 했다.

4월 4일에는 오전 9시 30분부터 오후 3시까지 경기지역 최대 재래시장인 성남 모란시장에서 1일 상인 체험을 했다. 그는 시장에서 오전에는 과일과 채소, 오후에는 생선을 팔며 상인들의 애환과 서민들의 목소리를 들었다.

또 재래시장 상인 체험 다음날인 5일에도 안산에서 일일 택시기사 체험에 나섰다.

그는 택시기사 체험 외에도 무한돌봄사업 상담원 체험을 했으며, 신용보

경기지역 최대 재래시장인 성남 모란시장에서 1일 상인체험을 했다. 그는 시장에서 오전에는 과일과 채소, 오후에는 생선을 팔며 상인들의 애환과 서민들의 목소리를 들었다

증재단에서 중소기업 관계자들을 대상으로 자금대출 상담원 체험도 했다.

현장의 목소리, 실제도가 되다

"택시는 움직이는 민원창구이자, 움직이는 방송국, 움직이는 여론조사기관, 움직이는 도시설계사무소, 움직이는 도로설계사무소라 느낀다."

2009년 7월 5일 남양주시에서 택시체험을 마친 후 김문수가 한 말이다.

2009년 8월 1일 경기도 전역의 택시 기본요금이 2300원으로 15.21% 인상됐다.

이번 인상은 12개 일반도시 지역 18.77%, 도농복합도시·군 지역 12.85%로 이분돼 적용됐다. 거리 요금은 과거 164m당 100원에서 144m당 100원, 시간요금도 39초당 100원에서 35초당 100원으로 조정됐다. 또 과거 19가지로 복잡했던 도내요금 유형은 각 지역별 요금수준 차이를 감안해 4가지로 단순화됐다.

하지만 서울보다 100원이 저렴하고 도내 전 시·군이 통일된 '2300원'이란 기본요금이 나오기까지의 과정은 쉽지 않았다. 유가·인건비 인상 등으로 대폭 요구했던 택시업계와 노조단체는 물론 경기침체로 어려워진 도민의 주머니 사정도 고려했기 때문이다. 김 지사는 택시업계와 노조단체에 일일이 전화해 이해와 설득을 반복했다.

마침내 1994년 택시 요금조정 권한이 시·군으로 이양된 이후 19가지 유형과 1800원부터 2300원까지 제각각이었던 기본요금 등 15년간 묵혀져 왔던 택시요금제도가 통일됐다.

또한 그는 경기도 전역에서 전화번호 하나만 알면 언제 어디서나 이용할 수 있는 '콜택시 통합브랜드' 서비스 제도도 전국 최초로 시도했다. 이용객의 편익을 최우선으로 한 이 제도는 친절, 안전, 금연, 디자인 등 최상의 서비스를 제공하는 상위 20%의 우수 운전자들로 2009년 11월부터 첫선을 보였다.

이 두 가지 정책은 그가 택시운행 현장체험 중 강조한 대목과 맞아떨어진다.

"요금 인상은 쉽지 않았습니다. 택시기사님들 생각하면 마음은 많이 높이고 싶은데, 서울·인천 보다 너무 높은 수준으로 올리면 시민들 입장에서 불만이 커지고 잘 타지 않으실 것이고…. 기사님들은 사납금 때문에 난폭운전을 하지 않을 만큼, 손님은 이용하는 데 부담되지 않을 정도로 요금인상을 해야 하지 않나 생각이 듭니다. 그래서 복지와 편의, 손님에 대한 서비스 분야를 도에서 평가해 잘하는 운수회사에 지원하는 정책을 펼치려고 합니다."

택시기사 김문수 "첨엔 쇼라 했지요?"

김문수는 2009년 9월 27일 부천에서 9번째 택시 민생체험에 나섰다. 지난 7월 남양주에서 택시체험을 한 이후 두 달 만에 다시 잡은 운전대였지만 이날 운전은 자신이 있었다.

부천은 오랫동안 지역구 국회의원으로 활동했던 곳으로 앞서 체험했던 다른 지역들에 비해 대로부터 골목까지 지리에 익숙했기 때문이다.

지난 1월 수원에서 택시 민생체험을 시작한 이후 늘 7~8만원의 사납금을 채우는 데 전전긍긍했던 조바심도 이날만큼은 없었다.

부천역과 송내역을 중심으로 골목을 누비며 한두 명의 손님들을 태우다 보니 오전 7시부터 12시까지 5시간 만에 벌어들인 돈이 어느새 5만원이 훌쩍 넘어 있었다. 이 소식에 택시기사들은 "진짜 기사들보다 벌이가 좋다"며 시샘 아닌 시샘도 했다.

휴식 한번 없이 오전 운행을 마치고 점심식사를 위해 부천 원미구의 기사식당을 찾은 김문수는 "요금이 오른 이후 첫 운행인데 전보다 벌이가 수월한 것 같다. 오늘은 입금에 자신 있다"며 택시체험 후 처음으로 여유를 보였다.

이날 점심식사도 여느 때와 같이 인근 택시기사들과 함께했다. 10여 개의 식사 테이블은 도지사가 온다는 소식을 접한 지역 택시기사들로 북적였다. 김 지사와 같은 업체의 택시기사는 물론 개인·법인 택시를 운행하는 기사들과 지역구 의원, 해당 관청 관계자까지 한 자리에 모였다.

각계각층의 사람들이 모이다보니 추석 시장통처럼 떠들썩했지만 택시정책과 교통제도 등을 논하는 자연스러운 토론의 장이 펼쳐졌다. 딱딱한 회의석상이 아닌 식당이어서 더 편했다. 김 지사가 양복이 아닌 택시업체 유니폼을 입은 탓인지 여기저기서 제도와 정책에 대한 불만사항부터 개선 방안 등 다양한 의견이 쏟아져 나왔다.

택시기사들은 주·정차 문제로 겪는 어려움과 손님을 두고 인근 타 지역 택시와의 갈등 등 운행의 난제들을 호소했고, 부천시가 겪고 있는 도로·교통 상황 등 생생한 현장의 모습을 전달했다.

김 지사는 식사하는 가운데 택시기사들의 의견이 나올 때마다 경청하고 자신의 의견을 피력하는 등 경기도 택시제도의 장·단점에 대해 스스럼없이 논의했다.

김희석 부천시 개인택시조합장은 "택시 유실물 관리와 기사들의 휴게공간을 위해 복지회관을 설립하면 유익할 것 같다"는 의견을 제시했으며, 30년간 택시를 운행한 김정일 씨는 "운행 중 발생한 사고로 책임을 떠안을 뻔했으나 경기도의 시책으로 설치한 '택시 영상기록장치' 덕에 억울함을 면할 수 있었다"며 감사의 뜻을 전했다.

김 지사는 "경기도지사가 된 이후 가장 잘했다고 생각하는 것이 통합요금제 시행과 환승할인제 확대로 활성화된 버스와 철도 등의 대중교통이다"며 "1인 1자가용 시대가 된 요즘 차가 없는 사람들에게는 택시가 자가용인 만큼 택시도 좀 더 나아지도록 우리 모두 노력하자"고 당부했다.

그는 "현장체험을 통해, 그리고 많은 관계자들과의 토론을 통해 경기도가 만든 '제도'라는 '신발'은 전에 신던 신발보다 더 잘 맞을 것이라 생각한다"며 6월 추진한 '택시 영상기록장치' 설치와 8월 인상한 '택시요금제', 그리고 앞으로 시작할 '콜택시 통합브랜드' 등 택시제도에 대해 설명했다.

실제 경기도는 지난 6월부터 택시 운행 중 발생한 사고 상황 전·후 15초를 영상 녹화하는 장치물 '택시 영상기록장치' 설치를 추진해 9월 3만5천대의 도내 택시 중 88.3%인 3만374대에 완료했다.

이는 사고 때 과속이나 신호·차선 위반 등 교통법규 위반을 판독해 사고율을 줄이고, 택시산업 활성화와 안전하고 편리한 경기도 택시를 만들겠다는 취지였다.

"택시는 몸과 마음을 낮춰 제 자신이 배우는 일"이라는 김문수는 택시기사들과 함께한 1시간의 점심시간을 마친 후 다시 자신의 택시에 올랐다.

유난히 손님이 많았던 오전 운행 성과를 이어가려 했지만 앞선 택시 운행처럼 사납금 7만6천원과 기름값 4천원을 빼고 나니 그의 손에는 2만원과 몇 개의 동전만 남았다.

지역 택시기사 건강·사고 걱정도

김문수는 2010년 4월 3일 경기도 광주시 명진교통 택시기사로 오전 9시부터 오후 4시까지 7시간 운행했다.

'움직이는 집무실'이라 불릴 만큼 김 지사는 택시운행을 통해 광주시의 도시계획과 도로사정 등 현장을 파악했다.

그는 택시운행을 마치고 "광주시는 난개발이 심해 낡은 시가지가 어지럽게 있다가 다시 나 홀로 아파트 몇 채가 있고, 다시 공장이 모여 있으며, 길은 옛날 시골길처럼 좁은 골목이 나온다"며 "팔당 상수원 특별대책 1권역인 탓에 면적·용적률·입지 규제 등 중첩 규제로 중심상권이 잘 발달되지 못했다"고 광주시의 면모를 밝혔다.

이어 "도로는 너무 낡고 깊이 파인 곳도 많았다. 광주에는 도로사업비 지원을 더 많이 해야겠다"며 "광주는 100m 거리에 6개의 과속 방지턱이 있는 등 전국에서 과속 방지턱이 가장 많은 곳이다. 사고가 많아서 그러겠지만 운전기사들은 허리를 다치기 쉽다"고 지역 택시기사들의 건강과 사고 걱정도 했다.

한편 이날 그가 운행한 광주시의 인구는 23만명으로 서울 면적의 70%에 달하지만 택시는 482대로 적으며, 인근 하남시와 택시사업 구간이 통합·운영되고 있다.

결국 그는 1일 입금액인 사납금 4만9천원을 채우지 못하고 1만5천원의 적자를 냈다.

택시의 혁명, 안전·친절 'GG 콜택시'

대중교통의 자가용 '택시'의 서비스 개선에 앞장 서 온 김문수는 2010년 4월 26일 전국 최초의 통합브랜드 'GG콜택시'를 출범시켰다.

그는 생활밀착형 대중교통 정책 발굴을 위해 택시기사 체험으로 택시요금제 통합, 승객과 기사들의 안전을 지켜줄 택시 블랙박스 영상기록장치 등을 설치해 온 데 이어 4250여 대 GG콜택시 운행도 시작했다.

발대식에 참석해 시운전을 펼친 그는 "그동안 위험, 바가지요금, 불결로 잘못 인식돼 온 택시가 시민들에게 사랑받고 안전하게 이용하는 교통수단이 될 방법에 대해 많은 분들과 함께 고심해 왔다"며 "이런 측면에서 GG콜택시는 어린이부터 노약자까지 누구나 타도 안심되는 지역간 칸막이 없이 청결·안전·친절로 무장한 택시다"고 설명했다.

이어 김 지사는 "언제, 전국 어디에서나 1688-9999번으로 전화하면 달려오는 신개념 GG콜택시를 많이 이용해 달라"고 홍보맨 역할도 했다.

그때까지 경기도에는 194개의 콜택시 센터와 232개의 택시호출 전화번호 때문에 해당 지역의 호출번호를 알지 못하면 콜택시를 부르기 어려웠다. 하지만 GG콜택시를 시행하면서 그동안의 불편이 단 한 번에 사라졌다.

또한 GG콜택시는 위치정보 시스템인 LBS 기능(위성항법장치인 GPS 기능 포함)을 활용해 이용자가 전화만 하면 가장 가까운 택시로 연결돼 보다 빠르고 안전하게 이용할 수 있다. 특히 남녀노소 누구나 안심하고 타는 '친절·안전'의 택시로 여성과 노약자들에게 반가운 소식이 됐다.

GG콜택시는 승객에게 차량번호 메시지 전송 서비스를 실시해 사고가 발생해도 영상기록장치가 탑재돼 안심하고 이용할 수 있다.

콜택시 기사들은 최근 6개월 무사고, 2년 이내 과태료 등 행정처벌이 2회 이하이면서 비흡연자로 구성됐다. 이에 따라 과속·난폭 운전으로 인한 위험요소나 청결문제에 따른 불쾌감도 없다.

그는 서비스 수준유지를 위해 엄격한 평가와 관리기준을 적용해 잘 하는

GG콜택시는 승객에게 차량번호 메시지 전송 서비스를 실시해 사고가 발생해도 영상기록장치가 탑재돼 안심하고 이용할 수 있다

콜센터와 택시기사에게 인센티브를 주고, 반대로 2회 이상 규정을 어길 경우 '2진 아웃제'로 과감히 퇴출하는 당근 정책을 도입했다.

택시기사의 수입구조도 한층 증대되도록 디자인과 복장, 기사들의 교육 등으로 각종 범죄의 온상이었던 택시 이미지를 개선했다. 기존의 배회 운행에서 대기 운행을 통해 안정적인 수입 창출이 가능하다는 이유에서였다.

택시 1대당 대기 운행을 하면 연간 평균 운행거리가 10%(322㎞) 단축돼 103억원의 연료비를 절감할 수 있다. 더불어 대기오염물질인 CO_2도 연간 1만5485톤을 저감하고 교통 혼잡에도 간접 영향을 줘 환경적인 개선 효과도 따른다.

결국 김문수가 전국 최초로 시행한 이 GG콜택시는 전국으로 확산됐다.

택시체험, 민생탐방 대장정 완료

김문수는 2011년 9월 18일 이천시 장호원읍 오성운수에서 28번째 택시운전을 했다. 이날 체험으로 경기도 전역을 무대로 한 김 지사의 택시민생탐방 '지도'가 2년 8개월 만에 완성됐다.

그는 "오전 9시부터 12시까지 5천원밖에 못 벌었다. 큰일이다. 최악의 적자다"며 신통찮은 영업 실적에 푸념을 늘어놓는 것이 여느 택시기사와 다를 바 없었다. 이제는 뼛속까지 택시운전사가 된 듯 보였다. 2년 넘게 경기도 곳곳에서 택시를 허투루 운전한 것이 아니었다.

그는 정오 무렵 이천 택시기사들과 오찬 간담회를 위해 시내 한 식당에 들렀다. 이 자리에서 택시기사들은 "이천 시내 렌터카들의 불법 택시영업을 근절해 줄 것"을 요구했다. 또 "1년에 두 차례의 운수종사자 직무보수교육에 친절·서비스 프로그램을 추가해 줄 것"을 건의했다. 이에 김 지사는 도 실무자들에게 대책을 강구하라고 지시했다.

오후 들어 그는 도내 전역 택시체험을 기념하는 자원봉사활동 시간을 가졌다. 김 지사를 비롯한 10명의 택시기사가 이천시의 독거노인, 편부모 아동, 장애우 등 30명을 택시에 태우고 여주 신륵사와 목아박물관 관광에 나섰다.

오찬 간담회에 참석했던 택시기사 9명이 봉사활동에 참여했다. 이들은 김 지사의 택시민생탐방을 누구보다 열렬히 지지했다.

성기열 이천시 개인택시조합장은 "지사님이 택시체험을 통해 민심을 읽고 택시업계의 어려운 현실을 파악해 도정에 반영해줘 매우 고맙게 생각한다"며 "택시체험을 주간에 해오셨는데 앞으로는 야간 실태도 파악해 주셨으면 좋겠다"고 말했다.

택시기사들의 도움으로 모처럼 나들이에 나선 시민들도 만족스러워했다. 남매인 김성진(18) 군과 김수연(17) 양은 "신륵사를 처음 와봤는데 많은 공부가 됐다. 뜻 깊은 시간이었다"며 "직접 택시를 운전하는 것이 놀랍고 신기하다. 지사님이 친근하게 느껴졌다"고 말했다.

김문수는 이날 언론사와의 인터뷰에서 "가는 곳마다 생각지 못한 문제가 많다. 공통된 문제가 대중교통이 매우 불편하다는 것이다"며 "지하철, 버스 노선이 취약해서 노인이나 관절환자, 아이를 데리고 다니는 분들이 택시를 많이 탄다. 서민 중에서 불가피한 사정이 있는 취약계층도 택시를 많이 이용한다"고 밝혔다.

이날 김 지사의 택시는 조금 특별했다. 이천은 그가 택시를 몰지 않은 유일한 지역이었다. 이날 택시체험으로 경기도 전역을 무대로 한 그의 택시 민생탐방 '지도'가 비로소 완성됐다. 2009년 1월 27일 수원에서 처음 택시 민생탐방을 한 이후 31개 시·군 전체를 한 바퀴 돈 것이다.

도내 택시영업 권역은 모두 25곳으로 안양·군포·의왕·과천, 구리·남양주, 오산·화성, 하남·광주의 영업 권역이 같다. 그는 28번의 택시체험 중 수원에서 세 번, 부천에서 두 번 운전했다.

그는 택시체험을 하면서 236시간 동안 운전대를 잡았고 3080㎞를 달렸다. 요금 수입으로 177만120원을 벌었고 사납금과 가스비 166만7천원을 지불한 후 10만3120원을 남겼다. 수익은 택시회사에 모두 기부했다.

가족사랑에 눈물 흘린 '택시 도지사'

김문수는 2011년 10월 27일 이영자·공형진이 진행하는 'tvN 현장토크쇼 택시'에 출연해 가족에 대한 깊은 애정을 표현했다.

이날 촬영에서 그는 지금의 자신이 있기까지 함께 해준 가족에게 고마움과 미안함을 전했다. 특히 외동딸 동주 씨에 대한 깊은 애정을 표현하며 눈시울을 붉혔다.

'택시' 제작진이 몰래 준비한 동주 씨의 편지를 공개하자 쑥스러워하던 그는 딸에게 고마운 마음을 전하고자 직접 통화했다.

동주 씨는 "어린 시절 엄마와 함께 감옥에 면회 갔다가 태어나 처음으로 아빠에게 장난감 선물을 받았다. 그때 아빠에게 내가 얼마나 소중한 존재인지 느낄 수 있었다"며 "20년 넘게 아직도 그 장난감을 간직하고 있다"고 말했다.

서로에 대한 마음을 이야기한 부녀는 끝내 눈물을 보였고, 이를 지켜보던 이영자와 공형진도 크게 감동했다.

그는 이날 '택시 도지사'라는 별명답게 택시에 오르자마자 수원의 야경 명소를 구경시켜 주겠다며 직접 운전대를 잡고 제작진을 안내했다. 능숙한 운전솜씨와 안내 실력에 MC 이영자와 공형진은 연신 감탄했다.

김 지사는 미터기를 작동시키지 않아 기본요금밖에 받지 못했던 첫 운행의 기억, 700원 거스름돈을 팁으로 준 고마운 손님 등 택시 민생체험을 하면서 잊지 못할 에피소드도 소개했다.

또 그동안 차마 공개할 수 없었던 상상 이상의 노래 실력과 아내와의 러브스토리, 눈물겨운 사모곡 등도 이야기했다.

김 지사의 우여곡절 많은 인생사는 11월 17일 밤 12시 'tvN 현장토크쇼 택시'를 통해 모두 공개됐다.

김문수 민생택시 서울서 부릉부릉!

2009년부터 2년 10개월간 택시를 몰고 경기도 전역을 돌아본 김문수 지사는 서울시 민생체험에도 나섰다. 그는 2011년 12월 2일 서울 송파구 서울시교통회관에서 서울택시 운전자격시험을 치러 당당히 합격했다.

택시운전자격 필기시험은 네 과목을 통틀어 80문항 가운데 60% 이상을 맞혀야 통과된다. 김 지사는 2008년 12월 경기도 택시운전면허를 취득해 안전운행(15문항)과 운송서비스(15문항) 과목을 면제받고, 서울시 지리(25문항)와 교통 관련 법규(25문항) 두 과목만 시험을 치렀다. 점수는 68점으로 50문항 중 34개를 맞혀 합격선인 60점을 가뿐히 넘겼다.

서울택시운송사업조합 관계자는 "지리와 교통 관련 법규 과목은 안전운행이나 운송서비스 과목에 비해 상대적으로 어려운데 준비를 많이 하신 것 같다"며 "경기도에 이어 서울시에서 택시운전면허를 따는 것은 지자체장으로서는 유례가 없는 일"이라고 설명했다.

자격증은 경찰청의 응시자 범죄경력 조회를 거쳐 열흘 이내에 김 지사가 수령한다. 필기시험을 통과하면 LPG 가스운전교육, 신규채용자 교육, 운전정밀검사를 거쳐야 하지만, 김 지사는 경기도 택시운전면허가 있어 자격증만 받으면 서울시에서 바로 택시를 몰 수 있다.

이날 시험을 마치고 나온 그는 "암기 문제가 많아 어려웠지만 최선을 다했다. 서울·경기가 인접해 있고, 도민들이 서울을 많이 오가고 있어 택시체험을 해보려고 한다"며 시험을 치른 이유를 밝혔다. 경기도와 서울을 택시로 오가는 경기도민의 애로사항을 듣고 도로교통 실태를 직접 점검하겠다는 것이다.

경기개발연구원이 조사한 '경기도 택시이용실태' 자료를 보면 경기도에서 서울로 택시를 타고 이동하는 승객은 하루 3만6천명으로 도내 전체 1일 택시 이용객(121만명)의 3%를 차지한다.

하루에 경기도와 서울을 버스로 오가는 도민도 도내 전체 1일 버스 이용객(470만명)의 10% 가량인 49만명에 달한다. 경기도와 서울시 간 교통문제야말로 도정 최대 현안일 수밖에 없다.

도 관계자는 "김 지사의 서울시 민생체험은 택시로 서울을 오가는 도민 실태를 파악하기 위한 것으로 도내 택시체험의 연장선상에 있다"며 "서울 택시면허를 취득한 후 택시회사와 교섭해 조만간 체험에 나설 예정"이라고 말했다.

한편, 2009년 1월 27일 처음 택시운전대를 잡은 김 지사는 지난 10월 23일 오산시에서 한 29번째 택시체험까지 총 3286.7km를 운행했다. 도내 31개 시·군을 모두 돌았다.

김 지사는 그동안 운행 수입으로 총 182만7720원을 벌었고, 178만7천원을 사납금으로 택시회사에 지불했다. 수입 4만720원도 모두 택시회사에 기부했다.

택시 도지사, 기사 쉼터에 책 기증

택시·버스 운전기사들의 휴식공간이 책을 읽을 수 있는 문화 쉼터로 탈바꿈했다.

김문수 지사는 2013년 3월 13일 수원시 고등동의 택시 차고지 내 '쌍우물 쉼터'와 수원시 오목천동 '용남고속' 차고지 기사쉼터를 방문해 '행복한 책 나눔 운동'으로 수집된 도서 300권을 각각 기증했다.

이번 도서기증 행사는 책을 접할 기회가 적은 택시·버스기사의 정서 함양과 재충전의 기회를 제공하기 위해 마련됐다.

김 지사는 이날 기증식에서 감명 도서를 전달하고, 추천도서 릴레이 방명록 작성에 이어 기사들의 애로사항을 청취했다.

김 지사는 "차고지 쉼터가 미니도서관으로 바뀜으로써 바쁜 일과 속에 독서 기회를 충분히 갖지 못했던 택시·버스기사들에게 문화적 재충전의 공간이 될 것"이라며 "책을 가까이 두고 쉴 때 언제든 볼 수 있고 정보도 공유하는 좋은 기회가 되길 바란다"고 말했다.

이어 "도는 차고지 도서기증 확대는 물론 작은 도서관과 책 나눔 행사를 활성화해 아파트, 경로당, 시장 등 생활 곳곳에서 언제든 책을 접할 수 있도록 만들어 나가겠다"고 강조했다.

이날 책 나눔 행사에 참석한 한 택시기사는 "책을 보고 싶어도 일상이 바쁘고 도로에서 시간을 보내다 보니 피곤에 지쳐 읽을 기회가 별로 없었다"며 "기사 쉼터에 마련된 책 덕분에 마음까지 풍요로워지는 기분이다. 문화에 뒤처지는 기분이 들 때가 있었는데 이제 그런 걱정이 사라질 것 같다"고 기뻐했다.

한편 경기도와 행복한도서관재단은 2011년부터 정보소외계층의 책 읽기, 독서문화 체험 기회를 늘리기 위해 '행복한 책 나눔 운동'을 실시해 왔다. 그동안 12만권을 기부받아 2011년 5만5천권, 2012년 4만권 등을 기증했다. 이날 기사쉼터에도 300권씩 600권의 책을 기증했다.

경기도는 지난해 10월부터 '책 버스'를 운영하며 도내 소외지역과 농산어촌 학교, 작은 도서관, 지역축제 등을 찾아다니며 100회가 넘는 독서 문화프로그램을 운영했다. 또한 책 나눔 운동과 책 버스를 통합 운영해 노숙인, 미혼모, 가출청소년시설 등 정보소외계층과 버스·택시 차고지까지 도서기증을 확대해 독서 환경 조성을 더욱 강화할 계획이다.

이날 도서 기증식이 끝난 뒤에는 택시·버스 기사와의 간담회가 마련, 운수업 종사자들의 애로사항을 청취하는 시간이 이어졌다.

김 지사는 "2009년 1월 27일 수원에서 첫 운전대를 잡은 이후 2년 8개월 동안 주행거리 3080㎞를 기록한 택시 운전기사다"며 "그래서 여러분들의 고충을 충분히 이해한다"고 위로했다.

이어 "오늘 파악된 문제점은 국토해양부를 통해 해결해 나갈 것"이라며 "경기도민 모두가 행복해지는 그 날까지 노력하겠다"고 말했다.

경기도지사 마지막 택시운전

김문수 경기도지사는 2014년 6월 29일 수원에서 임기 마지막 택시운행을 성공리에 마쳤다.

김 지사는 이날 수원시 권선구 서수원로 25의 창진상사㈜ 택시를 이용, 40번째 택시 운전기사 체험과 함께 민생탐방을 했다.

그는 창진상사㈜를 방문해 이도형 대표, 김재광 노조위원장 등과 환담한 후 근로계약을 체결하고 오전 9시 30분부터 '경기 30사 1862' 택시를 직접 운전했다.

일요일인 탓에 수원시 오목천동에서 수원역까지 가는 동안 손님이 없다가 역전에서 첫 번째 여성 승객을 태운 후 오후 2시 30분까지 수원 시내를 누비며 민생택시운전 유종의 미를 거뒀다.

수원시 택시업체는 27개사 1570대와 개인택시 3144대로 5991명의 기사가 택시 운수업에 종사하고 있다. 경기도는 2009년부터 2013년 말까지 수원시 관내 택시업계에 택시 영상기록장치 설치, 카드단말기 통신료, 카드결제 수수료, 디지털운행기록장치 등 지원사업에 19억4400만 원을 지원했다.

한편, 김 지사는 지난 2009년 1월부터 임기 마지막 전날까지 도내 전역에서 '08 경기 1630' 택시운전자격증으로 40차례에 걸쳐 택시를 운행하며 민생 탐방을 했다.

민경욱 KBS 전 앵커는 2013년 3월 '경기도 디지로그 포럼'에서 김문수의 택시운전에 대해 "다른 사람들은 김 지사가 처음 택시 운전을 시작할 때 사진 한번 찍기 위한 쇼로 알았지만 나는 그렇게 생각하지 않았다"며 "주말마다 운전하며 사람 만나고 운전기사 고충 듣는 것만큼 진심이 담긴 행동은 없다. 행동으로 보여주는 진심만큼 중요한 것은 없다"고 말했다.

필자 역시 일요일임에도 불구하고 김문수 경기도지사의 마지막 택시운전을 취재하기 위해 택시 민생현장을 따라다녔다. 그야말로 택시 도지사는 취재 차량조차 따라잡기가 어려울 만큼 진짜 택시기사처럼 쏜살같이 달렸다.

수원역 앞에서 손님을 태운 채 멀어져 가는 그를 보면서 순간 눈가에 이슬이 맺혔다.

김 지사는 "수도권에 사업성이 낮아 사업을 못하겠다면 향후 철도사업을 할 데가 전국에 어디 있냐"며 "GTX는 단순히 교통문제가 아니라 수도권 전체의 문화·생활 등 모든 것을 바꿀 대역사다. 경기도민 모두가 일어나

4장
김문수는 현장 행정의 달인

4장
김문수는 현장 행정의 달인

김문수표 현장 실국장회의, 경기도 한 바퀴 돌았다

'찾아가는 현장 실국장회의', 경기도를 최고로! 김문수 경기도지사의 트레이드마크인 '찾아가는 현장 실국장회의'가 경기도 31개 시·군을 한 바퀴 돌았다.

경기도는 2013년 7월 9일 부천시에서 열린 현장 실국장회의를 마침으로써 도내 31개 시·군 전역에서 현장실국장회의가 한 번 이상 열렸다고 밝혔다. 민선 5기 취임 직후인 2010년 8월 과천시에서 시작된 현장실국장회의가 2년 11개월 만에 경기도 전역에서 개최된 셈이다.

김문수 지사는 지난 3년여 동안 2010년 2회, 2011년 7회, 2012년 26회, 2013년 14회 등 모두 49번의 현장실국장회의를 개최했다. 모두 172곳을 방문해 326시간 회의 시간을 기록했다. 서울과 부산을 9번 왕복하는 6878㎞를 이동했으며, 1일 8시간 근무 기준으로 환산하면 41일 동안 일선현장에서 근무한 것이다.

수원·파주·동두천에서 4회, 의정부·평택·화성·양주·포천·연천에서 3회, 고양·안산·광주·과천에서 2회, 나머지 시·군은 모두 1회씩 회의가 열렸다. 주제도 다양해 문화·산업경제·도시주택·교통 분야가 11회로 가장 많았고, 생활안전과 안보 7회, 환경과 수해복구 7회, 교육과 복지 6회, 규제완화 3회, 기타 4회 순으로 개최됐다.

현장 실국장회의는 민선 5기 김문수 도지사가 재선에 성공하면서 김 지사의 제안으로 시작됐다. 김 지사는 "현장에 답이 있다"며 도 실·국장들에게 현장방문을 강력 추천했으며, 결국 현장실국장회의라는 정례화된 제도로 발전했다.

찾아가는 현장 실국장회의는 지하 터널에서도 열렸다.

현장에서 회의가 진행되다 보니 사무실에서 알 수 없는 다양한 현장의 목소리를 듣고, 이러한 요구들은 곧장 도정에 반영됐다.

2013년 4월 의왕시에서 열린 현장 실국장회의에서 대성미생물연구소 직원들은 "돼지나 닭 질병 예방에 쓰이는 국산백신의 품질이 더 우수한데도 국내산 백신 판매량이 20%에 불과하다"며 "이를 50%까지 올리도록 지원해 달라"고 요청했다.

경기도는 회의 직후 도내 31개 시·군에 공문을 배포해 "예방백신 구입하는 데 가급적 국산 백신을 선택해 달라"고 요청하고, 국산 백신판매의 문제점 등을 검토하는 등 국산백신 판매 확대를 위해 노력했다.

현장의 특성상 즉석에서 제기되는 민원요청도 많았다. 2012년 3월 연천 백학산업단지에서 열린 실국장회의에서는 입주기업들이 산단 내 택배가 오지 않는다는 민원을 제기해 경기도가 경인지방우정청과 협약을 맺고 4월부터 1일 2회 우편·택배 픽업서비스를 제공하고 있다.

이처럼 지난 4년여 동안 현장에서 제기된 건의를 바탕으로 한 도지사 지시사항은 모두 243건이었다. 그 중 134건이 처리 완료됐고, 99건이 현재 추진되고 있거나 장기 추진과제로 남아 있다.

김문수 지사는 경기도 월례조회 인사말에서 취임 7년간의 소회를 밝히면서 "희망을 갖고 의지할 수 있는 사람들은 오직 경기도 공무원밖에 없다고 도민들이 인식할 수 있도록 훌륭한 공무원이 되길 바란다"며 도민을 찾아가는 현장행정의 중요성을 다시 한 번 강조했다.

"최대한 주민 의견에 귀 기울이고, 최선 다해 도울 것" 김문수 지사는 2013년 7

월 9일 오전 9시부터 부천시 일대를 둘러보고 현장의 소리를 들었다.

이날 김 지사는 오후 12시 30분 송내2동 주민자치센터에서 개최된 현장 실국장회의에 앞서 옥길 보금자리주택지구 현장, 계수·범박동 일원 주택재개발사업 현장, 소사~원시 복선전철 현장, 송내사회체육관 증축 현장을 둘러봤다. 실국장회의 후에는 한국만화영상진흥원, 한옥마을 현장을 방문했다.

부천시 소사구 범박·옥길·계수동 일원에 조성되고 있는 옥길보금자리지구는 면적 123만9천㎡ 규모로 지난 2009년 12월 보금자리주택지구로 지정됐다. 오는 2015년 12월 조성사업이 완료될 예정으로 계획인구는 2만 6054명(세대당 2.8명), 건설호수는 단독주택 187호, 공동주택 8554호, 주상복합 607호 등 총 9348호다.

현장에서 회의가 진행되다 보니 사무실에서 알 수 없는 다양한 현장의 목소리를 듣고, 이러한 요구들은 곧장 도정에 반영됐다.

옥길보금자리주택지구는 사전청약 3년이 경과함에 따라 올해 5천 세대를 목표로 추가분양을 계획하고 있다. 현재 목표치의 87%인 4개 블록 약 4천 세대가 청약 완료된 상태다. 향후 보금자리주택지구 조성과 더불어 대로3-9호선 옥길로, 역곡로, 계수로는 2014년부터 6차선으로 확장 공사가 진행된다.

현장에서 LH부천옥길개발사업단장의 조성사업 현황을 보고받은 김 지사는 "경기도내 주택지구 조성사업들이 시행됨에 앞서 종교 규정이 새로 만들어져야 할 필요성이 있다"며 "사업진행에서 종교부지 문제 등 기존에 거주하고 있던 지역주민들과의 대화를 통해 조성계획을 추진하고, 모두에게 공정한 기회가 돌아가는 사업진행이 되길 바란다"고 당부했다.

더불어 김 지사는 "주민들에게 확실한 보상을 해주지 않고는 좋은 결과를 바라면 안 된다"며 "지역 주민의 입장이 되어 생각한 다음 주민들의 의견을 충분히 수렴하고 해결점을 찾아가야 한다"고 조언했다.

김 지사 일행은 다음 일정으로 부천시의 가장 심각한 건설사업지인 계수 범박동 주택재개발사업현장을 찾았다.

양완식 부천시 도시재생과장은 "범박동은 사업성 저하로 시공사가 개발을 포기한 지역"이라고 며 "범안로 개설은 사업주체인 조합에서 추진해야 하지만 정비구역 해제이후 시 재정사업으로 예정되어 있다"고 보고했다.

덧붙여 양 과장은 "좁은 차도 때문에 주민들은 늘 위험한 환경에 노출되어 있다"면서 범안로 조기 개설 비용 지원을 요청했다.

현장 찾을 때마다 거침없는 말 쏟아내는 김문수의 자신감은? 이어 김 지사는 계수·범박동 일원 주택재개발사업 현장을 둘러보고 주민들의 의견을 들었다.

1957년 마을이 조성된 계수·범박동 일원은 그간 열악한 생활환경으로 주민 대다수가 이주한 뒤 현재는 266세대가 거주하고 있다.

이 지역은 부천시가 2009년 10월 주택재개발 정비구역으로 지정·고시하고, 2012년 10월 다시 세부 사항을 변경 고시하면서 본격적으로 추진되고 있다. 30만3337㎡ 면적에 임대 590세대, 분양 2827세대 등 총 3417세대가 들어설 계획이지만, 그간 주민들 간의 갈등 등 사업 추진에 애로사항이 많았다.

이날 주민들은 사업추진과 관련해 도로 확장, 용적률 상향, 잦은 법 변경으로 인한 행정적 도움 등 의견을 제시했다. 범박동 주민 최재곤(64) 씨는 "우리 같이 힘없는 사람들은 아무리 불편사항을 얘기해 봐야 처리를 안 해준다"며 "수익이 안 난다고 재개발을 포기하지만 말고, 도로를 넓히는 방법도 좋고 어떠한 방법도 좋으니, 주민들의 불편사항이라도 해결해 달라"고 말했다.

이에 김 지사는 "도는 부천시와 더불어 최대한 주민들의 의견에 귀 기울이고, 최선을 다해 도울 것"이라며 "향후 주민들이 원하는 범안로 확장, 용적률 조절 등 관계자들과 함께 고민해 조속한 해결을 위해 노력할 것"이라고 말했다.

김문수 지사는 다시 자리를 옮겨 소사~원시 복선전철 현장과 송내사회체육관 증축 현장을 둘러보고, 실국장회의를 주재한 후 한국만화영상진흥원, 한옥마을 현장 등을 방문했다.

이날 부천시 일대를 둘러본 김 지사는 가장 먼저 해결해야 할 지역현안에 대해 "부천 계수동 범안로를 중심으로 낙후된 주거환경 개선과 범안로 확장이 우선 추진돼야 할 필요가 있다"며 "아울러 만화영상단지 등 젊은이들의 실질적인 취업증진과 청소년밀집지역인 부천북부역의 청소년들을 위한 공간 마련 방법 등도 경기도가 지원해야 될 문제"라고 말했다.

김 지사의 마지막 방문지는 송내사회체육관이었다.

현장을 둘러본 김 지사는 비좁은 공간을 지적하며 "요즘은 연령에 상관없이 운동을 열심히 한다. 비좁은 공간으로 사고가 발생하면 안 된다"고 말했다.

또한 "실내운동이건 실외운동이건 우리 공무원들이 노력해 도민들에게 최상의 환경을 만들어 줘야 한다"고 말하며 이날 일정을 마쳤다.

"말 못하는 민원인도 헤아려라!"

"만화를 그리는 데 그치지 말고 산업화시켜라!"

"경기도의 콘텐츠 산업은 성남의 게임산업, 파주의 출판사업, 부천의 만화산업이 주도하게 될 것이다."

"가슴 아픈 황폐한 계수동 문제는 소속 출신 정치인들이 만들었으니 책임져야 할 것이다."

"투표권 없는 청소년 문제 해결에도 나서는 정치인이 진정한 정치인이다."

이날은 경기도 전역을 한 바퀴 순회한 역사적인 날이어선지 현장을 찾을 때마다 김 지사는 거침없는 말들을 쏟아냈다. 그런 넘치는 자신감은 무엇인지, 문제점 앞에서 빛나는 그의 매서운 눈빛을 보면 그것이 쉽게 이해된다.

한편, 현장 실국장회의가 경기도 전역을 다 돈 것에 대해 김 지사는 "현장 실국장회의를 하면서 처음에는 집단민원을 많이 접했는데 현장에서 민원을 해결할 때 현장실국장회의의 특징을 살릴 수 있어 좋게 생각한다"며 "현재 도의 재정 여건이 어려워 마땅히 우선 해결되고, 즉시 시원한 대답을 해줘야 할 상황에서 그렇게 하지 못했을 때 아쉬운 마음과 공직자들의 무력함이 느껴진다. 경제가 빨리 나아져서 도의 재정도 좋아지고, 공직자들이 마음 놓고 현장에서 뛸 수 있게 됐으면 좋겠다"고 말했다.

아울러 "경기도는 넓고 다양해 현장에 가지 않고는 책상에서 현실 파악이 어렵다. 앞으로도 경기도는 모든 공무원이 일상적으로 현장을 방문해 주민들의 의견과 소리를 듣고 정책을 시행하며, 도민의 행복이 우선되는 경기도가 되도록 노력할 것"이라고 전했다.

2500만의 생명선, 식수원을 사수하다

<u>몸을 던져 식수를 보호하다</u> "2500만 수도권 주민의 식수원을 지키겠습니다!"

김문수 경기도지사는 2011년 8월 9일 오전 광주하수처리장에서 '찾아가는 현장 실국장회의'를 열고 도내 공공하수처리장을 긴급 복구하는 데 총력을 기울였다. 김 지사는 회의를 주재하며 광주시 현지 관계자들의 의견을 적극 수렴하면서 빠른 조치를 독려했다.

"규정대로 하는 것은 면피일 뿐 좋은 공무원이 아니다. 법령을 초월해서라도 최대한 빨리 복구해야 한다. 어떠한 규정도 국민의 생명, 건강보다 우선할 수 없다"며 전이된 변증법적인 '스피드 행정'이 합리화됐다.

이날 광주하수처리장의 수질은 법정방류수질인 10ppm 수준까지 회복했다. 하지만 수도권 주민의 식수원인 팔당호와 직결하는 만큼 법정 수준보다 10배 더 깨끗한 1ppm까지 끌어올리게 3차 고도처리시설도 빨리 복구하도록 했다. 이에 따른 35억원의 예산도 조기 집행했다.

이곳이 늦어지면 서울 수도권 주민들의 식수가 위협을 받기 때문에 최대한 빨리 복구하는 것이 급선무였다. 위급한 상황에 무슨 법을 지키고 따를 시간이 없었다.

김 지사는 이 자리에서 "규정대로 하는 것은 면피일 뿐 좋은 공무원이 아니다. 법령을 초월해서라도 최대한 빨리 복구해야 한다. 어떠한 규정도 국민의 생명, 건강보다 우선할 수 없다"며 전이된 변증법적인 '스피드 행정'이 합리화됐다.

또한 "사명감 하나로 관행과 규정을 극복한 좋은 성공 사례다. 몸을 던져 식수를 보호하겠다는 사명감이 작용한 좋은 모범 사례다"며 "국민의 생명을 살리고 건강을 지키는 것만이 최고의 명령, 최고의 지시, 최고의 규정이며 최고의 감사 기준이다"고 강조했다.

이런 김문수의 초스피드 행정을 목격한 광주의 한 농부는 "공무원이 무사안일주의에 빠진 것이라기보다는 팔당호 수질에 문제가 없더라도 국민이 걱정하는 일을 빨리 해결해야겠다는 생각이 앞선 탓이다"며 "공무원을 다그치고 독려해 좋은 결과가 나왔다"고 감사의 마음을 전했다.

책임자가 한낱 보고서만 보고 그저 "최선을 다하라"고 말로만 지시했다면 수도권 시민은 적어도 한 달간 똥물을 마실 뻔했다. 2년 전 이런 끔찍한 일이 있었다는 사실을 아는 이들은 그리 많지 않다. 바로 이런 것을 두고 "오른손이 하는 일을 왼손이 모르게 하라"는 성경 말씀에 빗댈 수 있을까.

발빠른 경기도의 현장 통합행정 빛나다 2011년 7월 26일부터 28일까지 중부지방에 집중 폭우가 내렸다. 27일 폭우 때 팔당호로 흘러드는 경안천과 곤지암천이 범람하면서 광주하수처리장과 곤지암하수처리장이 물에 잠겨 가동이 중단됐다.

이 때문에 하루 4만8천톤의 생활하수처리 용량을 가진 2개 하수처리장이 제 기능을 발휘하지 못해 매일 3만8천톤의 생활하수가 팔당호로 흘러들어갔다. 분뇨를 포함한 생활하수가 수도권 주민들의 식수원인 팔당호로 아무런 대책 없이 유입되는 사실이 알려지면서 수질오염에 대한 우려가 커졌다.

그러나 유입펌프 5대가 고장 난 곤지암하수처리장은 조만간 복구되지만, 침사지와 최초 침전지 등의 가동이 중단된 광주하수처리장 복구는 최소 한 달 이상으로 예상했다.

전문가들은 팔당호로 유입되는 광주시 생활하수의 양이 팔당 취수장 원수 수질에 미치는 영향이 크지 않다고 판단해 복구 시기를 넉넉하게 잡은 것이다. 이에 따라 2500만 수도권 주민의 불안은 고조됐다.

하지만 이런 안이한 패잔병 정신은 경기도의 빠른 판단으로 보기 좋게 깨졌다. 광주하수처리장은 무조건적인 조속한 복구를 우선으로 해 결국 침수 12일 만에 완전 복구됐다. 이처럼 단시일에 복구가 가능했던 것은 발빠른 경기도의 '현장 통합행정' 덕분이었다.

김 지사는 8월 3일에 이어 5일에도 광주에 달려가 하수처리장 복구 TF 회의를 주재하면서 신속한 처리를 이끌었다. 곤지암하수처리장의 고장난 펌프 5대 중 2대를 먼저 고치고, 하수처리장 유입부의 토사와 퇴적물도 당장 치웠다.

발상 전환으로 위기에서 벗어나다 특히 하수처리장 복구 예상 비용으로 60억원이 필요하다는 사실을 알고 즉각 예비비를 광주시에 긴급 투입했다. 통상 1주일 이상 걸리는 예산 배정이 반나절 만에 이뤄진 것이다. 이에 따라 광주시는 곧바로 하수처리장을 청소하고, 설비 개선작업을 시작했다.

그러나 하수처리장을 정상 가동하는 데 또 다른 난관은 전기 문제였다. 침수로 전기가 끊어진 탓이다. 광주시가 급히 전기 복구를 요청했지만, 한전은 나흘 후에나 가능하다는 답변을 내놨다. 그것도 하수처리장 안쪽이 아닌 입구까지였다.

마음이 바쁜 김문수 지사는 한국전력 김쌍수 사장에게 직접 전화해 "2500만 수도권 주민이 먹는 식수이니 적극 도와 달라"고 요청했다. 이 결과 당일 한전 경기본부장이 실무진들을 이끌고 와 하수처리장 모터와 펌프가 있는 데까지 600kw의 전기를 응급 가설했다.

하나 전기가 들어왔지만 또 다른 난제가 남아 있었다. 침수로 인해 광주하수처리장의 물을 정화시키는 데 필요한 '미생물'이 없었다. 실무진은 미생물을 배양하는 데 한 달 이상 걸린다고 했다. 이때 '발상 전환'이 빛을 발했다. 피해가 적은 경안하수처리장의 성체 미생물을 통째로 옮겨 오게 했다. 이에 따라 작업이 즉시 이루어졌다.

공무원들의 노력과 군인들의 도움도 크게 한몫했다. 이들은 2박3일 밤샘작업으로 침사지와 최초 침전지 등에 가득 찬 진흙을 걷어냈다. 이에 따라 광주하수처리장은 10여일 만에 1차 처리시설을 복구한 뒤 이틀 후부터 정상 가동에 들어갔다.

광주시 곤지암하수처리장의 축산분뇨처리장도 일부 침수했다가 5일부터 하루 유입량 1만6천톤을 전량 처리하는 수준으로 임시 복구했다.

경기도는 어려울수록 더 강해진다

<u>도민의 불편을 최소화하는 것이 최선의 도정</u>　경기도는 2011년 7월 26~28일 내린 폭우로 39명(사망 31, 실종 8)의 인명 피해를 입었다. 또 주택 침수(7517건)와 산사태(129건) 등으로 5104세대 1만1288명의 이재민이 발생했다.

7월 29일부터 8월 1일까지 나흘간 공무원·군인·자원봉사자·경찰·소방관 등 총 11만2412명을 수해복구에 투입했다. 도는 복구가 끝날 때까지 인력지원을 계속해 도민의 불편 최소화에 최선을 다했다.

김문수 지사는 8월 2일 오전 8시 30분 동두천시 중앙동주민자치센터에서 현장 실국장회의를 열고 여러 가지 수해대책을 의논했다. 당초 도청 상황실에서 정례 실국장회의를 열 예정이었지만 긴급 상황으로 수해 현장인 동두천시로 회의 장소를 옮긴 것이다.

김 지사는 수해 집중지역인 동두천과 광주시에 자원봉사자를 늘리고, 수해지역 주민이 가장 원하는 도배·장판·전기·보일러·통신수리 등의 전문

김문수 지사는 수해 현장을 다니면서 어려움에 처한 이들과 많은 대화를 나눴다. 이어 담당 공무원과 관계자들에게 "진짜 어려운 사람들이 누군지 살펴보고 그분들을 도와야 한다"고 말했다.

자원봉사자 210명을 집중 배치했다. 이와 함께 경기도청 공무원들을 대상으로 수재민 돕기 모금활동도 전개했다.

의료지원 활동도 7일까지 이어졌다. 경기도의료원 직원 109명으로 구성된 이동 진료반이 주말에 광주·동두천·파주 일대에서 587명을 진료했다. 광주와 동두천 지역에서 활동하는 자원봉사자 800명에게 파상풍 예방접종도 실시했다.

광주시의사회와 동두천시의사회, 한림대성심병원 등 3개 단체 15명으로 구성된 민간의료지원팀도 광주·동두천 지역에서 의료봉사활동을 했다. 이 밖에 광주·양주·양천·파주 등 9개 시·군 수해지역 75곳을 대상으로 집중 방역소독도 마쳤다.

무려 3만287톤으로 잠정 집계된 수해지역의 생활 쓰레기도 신속히 처리했다. 도는 폐자원협회와 수해를 입지 않은 시·군의 협조로 집게차 145대와 덤프트럭 11대를 동원했다.

수해 방지 위한 장기대책 마련 가장 중요한 것은 수해방지를 위한 장기대책이었다. 김 지사는 동두천시의 요구를 받아들여 310억원의 예산으로 신천 빗물펌프장의 용량을 증설했다. 동두천시 15개 배수펌프장의 용량을 상향 조정하고, 저수조와 기계 설비를 확충했다.

수해의 빌미를 제공한 신천 하천 폭을 94m에서 115m로 넓혀 홍수처리 능력을 키우기 위해 2013년 우기(雨期) 전까지 공사를 완료하기로 했다.

용인·광주시에 큰 피해를 준 경안천·곤지암천의 수해 방지를 위해 342억원의 예산으로 송정배수펌프장 증설, 경안천 서하지구 제방, 새터교 재가설, 곤지암천 개수공사·준설 등을 실시했다.

수해의 가장 큰 원인이었던 산사태를 막기 위한 제도적 개선 안도 마련했다. 도는 현행 산지전용 허가기준을 강화하기로 했다. 현행법은 산지전용 허가지와 옹벽이 25°의 경사도만 유지하면 허가지 위쪽이 급경사도 허가했다. 하지만 산지전용 허가지 전체 경사도가 25°일 때만 허가해 급경사에 시설물을 짓지 못하게 개정하기로 했다.

옹벽 위쪽 비탈면 배수시설 기준이 미비한 문제점도 개선하기로 했다. 옹벽 위쪽에 산마루 측구(側溝) 등의 배수시설을 설치하는 기준도 주무관청인 산림청에 건의하기로 했다. 영업신고만 하면 기존 주택을 펜션과 민박으로 전환할 수 있는 현행 건축물 시설 기준을 개선해 펜션 안전을 강화하기로 했다.

김문수 지사는 이날 "경기도의 모든 수해는 상습 반복 수해다. 늑장 행정으로는 또 당한다"며 "중앙정부가 현장 목소리에 귀 기울여 현장 맞춤형 신속 지원을 해야 한다"고 강조했다. 이어 "정부가 동두천시를 8월 중순 이전에 특별재난지역으로 조속히 지정 선포해야 한다. 신속한 지원을 기대한다"고 요구했다.

또한 이날 동두천시의 현안인 국도 3호선 우회도로, 호원 IC, 동두천과 연결되는 구리~포천 고속도로의 조속한 완공을 기해 북부지역의 교통상황이 개선되도록 담당 실과가 총력을 기울이기로 했다.

맞춤형 서비스를 제공하라 김문수 지사는 수해 현장을 다니면서 어려움에 처한 이들과 많은 대화를 나눴다. 이어 담당 공무원과 관계자들에게 "진짜 어려운 사람들이 누군지 살펴보고 그분들을 도와야 한다"고 말했다.

이어 "매뉴얼에 따르다 보면 아무리 도와주려고 해도 정말 어려운 분들은 도울 수 없다"며 "신용불량자라 안 되고, 젊다고 안 되는 게 안타깝다. 하룻밤 따뜻하게 재워주기만 해도 자살까지 막을 수 있다"고 토로했다.

덧붙여 "수해지역 현장방문 때 옥수수 장사를 하는 젊은이를 만났다"며 "그에게 100만원만 빌려주면 농수산물시장에서 옥수수를 떼다가 팔아 다시 일어날 수 있다는데 지원이 불가능한 게 말이 되냐"고 한 젊은이의 아쉬움을 전했다.

또한 "등록된 상가만 지원되고 노점상 지원은 안 된다는 것은 맞지 않다. 상점 가진 사람보다 안 가진 사람이 더 어렵다"며 "응급구호소에 가면 누가 와서 지내는지, 진짜 어려운 사람이 누구이며 누가 갈 곳이 없는지 살펴야 한다"고 말했다.

특히 공무원들에게 "피해 기업체와 주민에게 전화나 메시지로 수해 지원 규모를 안내해 주면 무척 든든할 것"이라며 "홍보가 아니라 맞춤형 서비스를 제공해야 한다"고 당부했다.

자연재해, 미리 막으면 불가능이란 없다

<u>수해와 가뭄 등 자연재해 미리 대비해야</u>   2012년 봄은 폭우로 인한 전년도의 수해와 달리 가뭄 피해가 극에 달했다. 지구 온난화에 따른 기상 변화는 향후 인간의 삶에 악영향을 끼치리라 미리 경고하는 듯했다.

2012년 5월 1일부터 6월 25일까지 도내 강수량은 25.8㎜로 2011년 189

㎜, 평년 202㎜에 비해 7~8배 줄었다. 지난해 강수량을 1년치로 추산하면 150㎜로 이는 사하라사막에 버금가는 심각한 상황이었다. 저수지 물도 말라 도내 365곳의 저수율은 6월 25일 기준 30.7%로 이럴 경우 15~20일이면 바닥을 드러낼 정도였다.

농작물이 가뭄으로 가장 큰 피해를 당했다. 다행히 충청권과 달리 경기도의 논은 99.98%가 이앙을 마쳤다. 경기도는 6월 14일부터 도, 시군, 유관기관 50개소 350명으로 가뭄 극복대책 상황실을 운영했다.

또한 양수기·굴착기·급수차 등 장비 2802대와 송수호스 204㎞를 지원하고 인력 3889명을 가뭄 현장에 투입했다. 이와 함께 예산 45억7800만원으로 저수지 준설, 긴급용수 개발 178곳, 저수율 30% 미만 저수지 34개소 용수 확보 등을 추진했다.

특히 팔당호 원수를 끌어들여 시흥 소래·물왕저수지에 하루 2만t을 공급하는 등 가뭄 극복에 온힘을 쏟았다.

김문수 지사는 2012년 6월 26일 파주·연천·동두천 등 수해지역을 방문하는 '찾아가는 현장 실국장회의'를 가졌다. 이날은 회의 없이 현지 브리핑과 건의사항 수렴, 조치방안 위주로 운영됐다. 시간을 절약하기 위해 버스로 이동하면서 유해 발굴 영상 설명, 통일정책, 가뭄피해 등의 브리핑이 이어졌다.

회의에 앞서 이날 오전 파주시 광탄면 '박달산 평화의 쉼터'를 찾아 1군단 6·25 전사자 유해발굴팀을 격려하고, 1974년 남침용 제1땅굴이 발견된 연천 상승전망대의 GOP 철책선을 둘러본 후 수해지역을 방문했다.

김 지사와 일행은 수해지역 현장을 돌며 "연이은 자연재해에 수동적으로 끌려 다니지 말고 능동적으로 대처해 미연에 방지해야 한다"고 당부했다.

100년 만의 가뭄, 시원한 관정을 뚫다 한편, 100년 만의 가뭄이 계속되는 가운데 농민들의 애타는 가슴을 적시는 시원한 물줄기가 하늘 높이 솟구쳤다. 대형 관정에서 사방으로 퍼지는 물줄기를 지켜보는 이들의 가슴까지 뻥 뚫렸다.

경기도는 이날 장단콩 산지인 파주시 적성면 객현리 이혁근(56, 파주시 장단콩연구회장) 씨 콩밭에 관정을 뚫어 주었다. 밭 8ha(백태 3.5ha, 황태 4.5ha) 중 생육이 어려웠던 3ha에 물이 흐르자 주름이 깊게 팬 이 씨의 얼굴이 밝아졌다.

이 씨는 "농사지은 지 32년째인데 이런 가뭄은 처음이다. 가뭄을 힘차게 해소할 수 있는 이번 관정 개발로 품질 좋은 파주 장단콩을 생산해 소비자에게 도움이 되도록 노력하겠다"고 말했다.

관정은 수맥 100m 깊이에서 공기 압축기로 지하수를 끌어올리며, 보통 관정 1곳에 5~6천만원의 비용이 든다. 경기도가 개발비를 지원하고 한국농어촌공사가 굴착 작업을 맡는다. 도는 가뭄으로 고생하는 농민을 위해 향후 40여 곳의 관정을 더 개발한다고 밝혔다.

이날 이 씨 콩밭에는 관정뿐만 아니라 25사단 장병 35명과 파주소방대원 12명이 참가해 급수차량으로 마른 땅에 물을 공급했다. 김 지사도 장병들과 물을 같이 뿌리고 관정 개발자들을 격려했다.

경기도는 가뭄으로 타 들어가는 농민들의 가슴을 적셔주기 위해 공무원과 농어촌공사 직원, 군인들이 합심해 최선을 다했다. 오로지 이런 노력에 따라 하늘도 감동해 굵은 빗줄기를 시원하게 뿌려주길 바라는 마음뿐이었다.

파주 가뭄 대책 지역을 들른 뒤 김 지사는 지난해 폭우로 2명의 인명피

'과감한 규제개혁은 창조경제의 디딤돌'이란 실국장회의 슬로건에 맞게 농촌의 현실을 제대로 파악하고 도농 경계를 푸는 데 초점을 맞추었다. 사진은 가뭄 피해지역을 방문한 모습.

해를 낸 설마천 수해현장을 방문해 복구와 용치철거 현황을 점검했다. 마지막으로 동두천시 중앙시장을 찾아 가뭄으로 채소값 등이 오른 지역물가 상황을 살폈다.

엄마 품처럼 따스한 어린이집 만든다

저출산, 이대로 가면 한국의 미래 어둡다 한국의 미래를 어둡게 하는 가장 큰 요인의 하나는 저출산이다. 이만저만 심각한 것이 아니다. 아기를 직접 낳는 여성뿐만 아니라 키울 의무가 있는 남성들도 마찬가지다. 이대로 가면 그리 멀지 않는 미래에 남자여자 가릴 것 없이 모두가 불행해질 것이기 때문이다.

어쩌면 인구학적인 면에서 한국은 일본보다 더 암울하다. 일본은 합계출산율이 1.37로 떨어졌을 때 비상대책을 세워 1.5 수준으로 다시 끌어올린 반면 우리는 그보다 더 낮은 1.21까지 떨어졌다. 게다가 고령화의 속도도 일본을 앞지른다. 진짜 심각하다.

부모들이 왜 사랑스런 아이를 낳지 않으려고 할까? 하나 더 낳으면 그만큼 양육과 교육에 더 많은 돈이 들어 머리가 아픈 탓이다. 일본 민주당이 보육비 명목으로 자녀 1인당 매월 1만3천엔을 주다가 나중에 두 손 들었다.

사실 김 지사로서도 부모가 자녀를 낳으면 상당액의 보육비를 지원해 주고 싶었다. 그러나 예산 문제로 그것은 쉽지 않다. 그나마 여성들이 보육 부담을 덜고 맘 편히 일할 수 있는 이천 아미어린이집 같은 24시간 어린이집이라도 많으면 다행이다. 김 지사는 바로 이런 24시간 이용하는 어린이집을 늘리는 데 최대한 역점을 두었다.

여성들이 출산 부담에서 벗어나야 나라가 산다 "엄마 품 같은 어린이집을 만들어야 나라 문 안 닫는다."

김문수 지사는 2012년 10월 16일 오전 이천패션물류단지에서 진행할 실국장회의에 앞서 ㈜하이닉스반도체 인근의 아미어린이집을 방문해 보육 현장을 점검했다. 이날 김 지사와 일행은 아미어린이집을 찾아 시설을 둘러보고 보육교사, 학부모들과 간담을 나눴다.

2010년 7월 개원한 아미어린이집은 전국 최초의 24시간 운영 국공립 어린이집으로 4조 3교대 근무하는 하이닉스반도체 근로자를 위한 맞춤형 보육시설이다.

만 0~5세 원아 100명까지 입소하는 시설이 갖춰져 있다. 하이닉스반도체 등에서 일하는 부모들의 근무 형태에 맞춰 보육교사들이 새벽 5시부터 오후 2시 30분, 오후 1시부터 밤 10시 30분, 밤 9시부터 아침 6시 30분까지 3교대로 근무하며 아이들을 보육한다.

입소 대기자가 200여명에 이를 만큼 맞벌이부부에게 인기 있다. 이에 따라 경기도와 이천시는 2013년 7월 개원 목표로 제2아미어린이집 완공을 추진하고 있다.

김 지사는 여성들이 출산 부담에서 벗어나 아이를 많이 낳게 하기 위해 어린이집을 엄마 품처럼 최대한 가정과 비슷하게 만드는 데 주력하기로 했다. 김 지사 일행은 최현주 원장과 함께 보육실을 돌면서 아이들을 안아주고, 보육교사들과 일일이 악수하며 애로사항을 물었다.

김 지사는 여성들이 출산 부담에서 벗어나 아이를 많이 낳게 하기 위해 어린이집을 엄마 품처럼 최대한 가정과 비슷하게 만드는 데 주력하기로 했다.

이어 한 원아로부터 "전날 밤 아이 20명이 어린이집에서 잤다"는 말을 들고 "8개의 보육실을 좀 더 늘려 아이들이 자기 집처럼 편안하게 자도록 해야 한다"고 말했다.

이와 함께 경기도의료원 이천병원 등의 소아청소년과 전문의가 소아 건강을 주기적으로 돌볼 것도 주문했다.

엄마 마음으로 아이들 보살펴라 조병돈 이천시장과 보육실 온돌바닥에 앉아 아이들을 보듬어 주고 있던 김 지사는 "바닥이 차다. 애들이 추우면 안 된다. 엄마 마음으로 하면 다 되는데…"라며 아이들의 건강을 걱정했다.

대화 도중에 아이들이 장난감 사과와 찐빵을 입에 넣어주면 먹는 시늉과 함께 함박웃음으로 눈높이를 맞춰 주었다.

김문수 지사는 "겨울이면 24시간 난방으로 월 300~400만원의 도시가스비가 나오는데 난방비 지원은 월 20만원에 불과하다"는 최 원장의 말에 해결 방안을 검토하기로 했다.

이날 김 지사는 아미어린이집의 건의사항에 대해 무제한 돕겠다고 흔쾌히 답했다. 야간 입소 원아를 위한 옥상 실내놀이터 설치, 보육교사 처우개선을 위한 야간수당 증액 등도 도와 시 담당자가 적극 수용하기로 했다.

아미어린이집 최현주 원장은 "경기도와 이천시가 전폭적으로 지원해 줘 감사하다"며 "앞으로 보육교사와 아이들이 성취감과 행복감을 느끼는 공간이 되도록 더 열심히 노력하겠다"고 화답했다.

한편 경기도는 융·복합 도시개발 지원과 취약지역 공공보육시설 기반강화를 위해 150억원의 예산을 투입해 공립 어린이집 15개소를 확충중이다. 도는 이 중 안산 스마트허브, 이천 제2아미, 오산 세마역 등 3개소를 24시간 운영할 계획이다.

이날 아미어린이집 방문에 이어 김 지사는 이천패션물류단지 조성 현장으로 이동해 패션물류 분야 현안과 수도권 중복규제 해소방안 등을 주제로 한 '찾아가는 현장 실국장회의'를 주재했다.

국가정책 1순위, 아이 많이 낳고 잘 키우기!

'아이사랑 육아사랑방' 다목적 보육시설 인기 경기도는 2012년 4월 18일 오전 현장 실국장회의에 앞서 찾은 의정부시 의정부2동 보육센터빌딩에 '아이사랑 육아사랑방'을 열었다.

경기도에 처음 개장한 '아이사랑 육아사랑방'은 출산 전후 산모와 영유아의 쉼터이자 다양한 육아지원 서비스를 제공하는 다목적 보육시설이다.

김문수 지사는 영유아들을 품에 안고 『괜찮아』라는 동화책을 읽어 주는 구연동화를 실연했다. 또한 아기에게 보자기로 얼굴을 숨겼다 드러내는 '보자기 놀이', 엄마들과 함께 낙하산 모양의 천을 힘껏 펼치는 '낙하산 놀이'로 아이들에게 웃음을 주었다.

이날 동화 구연, 아이와 엄마가 함께하는 '오감발달 양육놀이' 등을 체험한 후 "아이 키우기 가장 좋은 곳이 경기도가 되도록 최선을 다하겠다. '아이사랑 육아사랑방'처럼 아이와 부모가 모두 필요한 시설을 도 전역으로 확대하겠다"며 육아사랑방의 개소를 반겼다.

육아사랑방은 경기도가 리모델링비·인건비·운영비 등 사업비 전액(1억

김 지사는 "출산과 보육, 교육은 국가가 모두 책임져야 한다. 중앙부처가 현장을 잘 모른다. 경기도와 시가 학부모와 더 많이 소통하면서 해결해야 하지 않겠나? 현장 목소리를 많이 듣겠다"고 답했다.

5천만원)을 부담했고, 경기도 북부보육정보센터가 운영한다. 경기도 북부 보육교사교육원과 북부보육정보센터가 들어선 의정부시 보육센터빌딩 5층에 396㎡ 규모로 마련돼 있다.

보육교사 1명과 관리요원 2명이 상주하며, 시간제 보육실·놀이실·소강당·맘카페·수유실·아이사랑 장난감나라 등의 시설을 갖췄다. 하루 최대 30명을 수용해 3회 운영한다.

이용 시간은 월~금요일 오전 9시부터 오후 5시까지, 도내 거주 만5세 이하 영유아와 부모는 누구나 가능하다. 사전에 인터넷으로 예약해야 하고, 놀이실은 2시간 타임제로 운영된다.

아기를 돌봐주는 시간제 보육실은 18개월 이상 아동을 대상으로 오전 9~12시, 오후 1~4시 하루 2회 운영된다. 단, 1주일에 1회만 이용 가능하다. 놀이실 이용료는 유아 1인당 1타임(2시간)에 1천원(유아 1인), 시간제 보육실은 3천원이다.

어린이집과 키즈 카페가 합치다 육아사랑방은 연두·하늘·상아색 등 친근하고 따스한 색깔로 뒤덮인 새로운 세상이다. 야자수 모양의 회전그네가 가장 먼저 눈길을 끈다. 이 '회전 야자수' 놀이기구는 천 재질로 바닥에 매트도 깔아 안전하다. 한쪽에는 미끄럼틀이 자리하고 엄마와 아이가 책을 보는 공간도 있다. 맞은편에는 블록과 퍼즐이 아이들을 기다린다.

육아에 지친 엄마들이 쉬는 맘카페, 부모와 아이가 함께 노는 소강당도 아기자기하다. 장난감과 영유아 도서를 빌려주는 '장난감 나라'도 아이와 엄마의 발길을 붙잡는다.

박은미 센터장은 "육아사랑방은 어린이집과 키즈카페 기능을 합친 공간으로 엄마에겐 쉼터이고 아이에겐 놀이터다"며 "의정부뿐 아니라 보육환경이 열악한 포천·양주 등 다른 시군에도 확대돼야 한다"고 소신을 밝혔다.

경기도는 저출산 극복과 출산 친화적 환경을 만들기 위해 육아사랑방을 2015년까지 70곳으로 확대할 계획이다.

김문수 지사는 개소식 이후 보육정보센터 직원과 보육교사양성과정 수강생들을 격려하고 센터 건물 1층에서 현장 실국장회의를 주재했다.

이날 회의에서 경기도는 '아이 키우기 좋은 경기도'를 만들기 위한 6개 핵심 과제로 산업단지 등 국공립 어린이집과 24시간 3교대 어린이집 확충, 시설 미이용 아동을 위한 '아이랑 카페' 운영, 가정보육교사제도 활성화, 보육교직원 처우개선·역량강화, 안심보육 환경조성 등을 추진하겠다고 밝혔다.

경기도만의 보육정책 구상 실현하다 회의에는 영유아 부모 대표 11명도 배석해 다양한 의견을 제시했다. 경기도는 이날 나온 아이 엄마들의 건의를 되도록 다 들어주기로 약속했다.

우선 인기 있는 '찾아가는 육아상담 서비스'를 일회성이 아니라 지속적인 의견이 나왔다. 이에 따라 온라인 상담 강화는 물론 이 서비스를 경기북부에 더 늘리고, 최소한 시군마다 한 개씩은 갖추기로 했다.

또 호응이 좋은 용인 어린이박물관 등의 소아용 박물관을 북부에도 조성하는 방안을 검토하기로 했다.

공공 어린이 보육시설을 더 늘리기 위해 주민자치센터·폐교 등을 이용하고, 아빠들과 함께 올 수 있게 주말에도 운영하기로 했다.

이날 회의를 마친 후 도 관계자들은 국가정책 1순위가 아이 많이 낳고 잘 키우도록 돕는 것임을 절감했다. 또한 보육문제를 해결할 첫 번째 방법은 실무자들이 엄마들의 이야기에 귀 기울여 이들 의견을 최대한 수렴하는 것이 바람직한 것도 인지했다.

무엇보다 아이를 키우는 기혼자들이 가정과 일의 양립에 불편을 느끼지 않도록 다른 곳보다 앞선 경기도만의 보육정책을 구상·실현하는 데 최선을 다하기로 했다.

경기도 보육에는 국경이 없다

내 맘(Mom)처럼 아이 키우기 좋은 경기도 "경기도 보육에는 국경이 없다."

김문수 지사는 2013년 1월 15일 시흥시 일원에서 보육을 주제로 열린 현장 실국장회의에서 아이 키우기 좋은 도를 만들기 위한 청사진을 제시하고, 내외국인이 함께하는 보육정책의 올바른 방향을 타진했다.

오전 8시 도청을 출발한 김 지사와 실국장 등 회의 관계자들은 먼저 광명·시흥 보금자리주택 현장을 둘러본 뒤 시흥시 은행동 어린이종합복지센터 '아이들세상' 조성부지 현장을 찾았다. 1980㎡ 면적에 4층 규모의 센터에는 어린이집, 지역아동센터, 다목적홀 등이 들어선다. 사업비는 47억 원(도비 15억, 시비 32억)이 투입돼 12월 준공할 예정이다.

조성 현황을 점검한 후 시흥시 정왕동으로 이동해 이날 개소한 아이러브

맘 카페 현판식에 참석했다. 경기도형 무료 키즈카페인 이 카페는 보육교사 2~4명이 상주하며 엄마와 아이가 함께하는 놀이 공간과 전문교육프로그램, 육아상담, 다양한 보육정보 등을 제공한다. 부모들의 소통공간인 쉼터도 갖췄다.

시흥 아이러브맘 카페 개소는 파주·안성·수원·오산에 이어 다섯 번째다. 도는 지난해부터 도서관·보건소·주민자치센터 등 10개 공공시설과 부천·화성·오산·남양주 등 4개 지역 임대아파트에 카페 설치를 추진하고 있다. 14개소를 설치한 이후에도 지속적으로 확충해 나갈 계획이다.

시흥시 아이러브맘 카페는 정왕종합사회복지관 1층에 있다. 210.4㎡ 규모에 자유놀이실·상담실·모유수유실·부모쉼터 등을 갖추고 4명의 보육교사가 근무한다. 건물 2층에는 지역아동센터도 운영되고 있다.

마침 이날 시흥시 아이러브맘 카페에는 중국·일본·태국·베트남·우즈베키스탄 출신의 결혼이주여성들이 교육프로그램 활동에 참여하고 있었다.

8년간 고국에 가지 못했다는 우즈베크 여성의 애환, 자녀의 중학교 진학을 어떻게 준비할지 모르겠다는 일본 여성의 고충을 들은 김 지사는 이들에게 도움을 주라고 담당 공무원에게 전했다.

출산, 보육, 교육은 국가 책임이다   곧이어 현장 실국장회의 장소인 시흥시 보듬이·나눔이 어린이집으로 이동했다. 이곳은 전경련의 예산 지원으로 전국에 건립되는 국공립 보육시설이다.

시화산업단지 안에 지난해 12월 건립된 이 어린이집은 2013년 2월 개원했다. 이 어린이집은 '핸즈영유아지원센터'가 위탁 운영하며, 이용자 부모들이 직접 참여하는 공동육아협동조합 방식으로 진행된다.

보듬이·나눔이 어린이집에서 진행된 실국장회의에서 도는 '내 맘(Mom)처럼 아이 키우기 좋은 경기도'를 보육정책 비전으로 제시하며 구체적인 추진계획을 밝혔다.

이을죽 도 여성가족국장은 "공보육 강화, 맞춤 보육, 안심 보육 등을 추진 방향으로 삼아 보육국가책임제 운영, 보육교직원 처우 개선, 국공립어린이집 확충, 수요자 맞춤형 보육 실시, 가칭 '경기도보육포털시스템' 구축 등의 과제를 중점 추진하겠다"고 밝혔다.

이날 회의에는 보육교사와 어린이집 이용 부모, 다문화가정 부모, 맘스홀릭(전국 단위 육아부모 온라인 모임) 회원, 결혼적령기 미혼여성 등이 참석해 보육정책의 문제점과 대안에 대해 심도 있게 논의했다.

보육교사들은 처우가 좋지 않다며 개선이 시급하다고 한목소리를 냈다. 특히 0~2세 영유아 담당교사가 3~5세 담당 교사보다 9만원 적은 수당을 올려야 한다고 말했다. 천숙향 나눔이 어린이집 원장은 "실질적으로 더 힘든 건 0~2세를 돌보는 교사들인데 수당을 덜 받는 것은 불합리하다"며 개선을 촉구했다.

시흥시에 거주하는 부모들은 24시간 보육시설 및 어린이집 차량 부족 문제를 지적했다. 산업단지에 근무하는 이희종(37) 씨는 "공단이라 갓길 주차도 많고 위험한데도 국·공립어린이집은 차량 지원이 안 된다. 출퇴근할 때마다 아이를 직접 데리고 다니는데 위험하고 불편한 점이 많다"고 토로했다.

이에 대해 김 지사는 "출산과 보육, 교육은 국가가 모두 책임져야 한다. 중앙부처가 현장을 잘 모른다. 경기도와 시가 학부모와 더 많이 소통하면서 해결해야 하지 않겠나? 현장 목소리를 많이 듣겠다"고 답했다. 함진규 국회의원도 "국회 차원에서 새 정부에 건의해 보육정책 개선에 노력하겠다"며 힘을 보탰다.

<u>보듬이·나눔이어린이집, 부모협동조합 방식 운영</u> 한편, 협동조합 방식으로 직접 어린이집을 운영해 보겠다는 당찬 결혼이주여성도 있어 화제를 모았다. 스리랑카의 다사야나 가제 샤말리(33) 씨는 보듬이·나눔이 어린이집에서 열린 실국장회의에서 '다문화 다사랑 부모협동조합 어린이집' 사례를 발표했다. 부모협동조합은 부모가 어린이집 운영에 참여하는 사회적 협동조합으로 부모가 어린이집의 주인이 되는 것이다.

시흥시는 전경련의 예산지원으로 2012년 12월 건립된 보듬이·나눔이 어린이집을 부모협동조합 방식으로 운영할 방침이다. 이미 다문화가정이 중심인 '다문화 다사랑 협동조합'도 인가 절차에 들어간 상태다.

이 색다른 협동조합을 준비하는 샤말리 씨는 2008년 한국인 남편과 결혼해 시흥시 거모동에 살며 3·5살 두 아이를 키우고 있다. 그녀는 우연히 시흥시 사회적기업지원센터의 결혼이민자 아카데미에서 다른 결혼이주여성들과 만나 육아의 어려움을 터놓고 이야기했다.

이들은 한국말이 서툴러 어린이집 교사들과 의사소통이 어려웠다. 또 어린이집 배정에서 우선 순위(직장인 우선) 때문에 차순위로 밀려 아이가 한국말을 접할 기회를 잃을까 걱정했다. 불법체류자 엄마의 경우 아이를 보육시설에 맡길 때 애로점도 많았다.

이런 고민을 해결하기 위해 결혼이민자 아카데미 교육생 중 5명이 의기

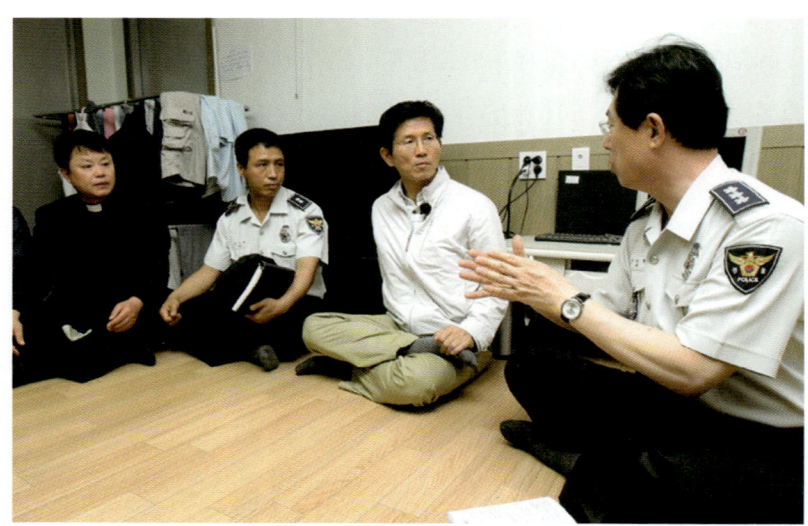

김 지사는 "경찰에 예산이 전혀 없어 전문적인 방범 교육 등 조직체계가 잡히지 않는 점을 안전행정부 등 중앙부처에 알리고 도움을 받으면 된다"며 "이에 대한 행정적 지원에 최선을 다하겠다"고 밝혔다. 사진은 노숙자 보호시설을 찾은 모습.

투합해 다문화가정 중심의 부모협동조합을 추진한 것이다. 다문화다사랑 협동조합 터전은 정왕동의 아파트로 잡았다. 아파트 임대보증금은 조합원이 출자했다. 시흥시에서는 사회적기업 창업지원금과 어린이집 운영 초기 비용을 지원하기로 했다.

경기도는 이날 샤말리 씨가 발표한 다문화다사랑 협동조합 설립의 필요성에 공감하고, 인가 절차를 돕기로 했다.

샤말리 씨는 "어린이집 인가 절차가 진행 중이어서 불확실한 마음이 있었는데 지사님 앞에서 발표하고 말씀을 직접 들으니 믿음이 생겼다"며 "다문화다사랑 협동조합을 통해 부모와 아이들이 모두 행복했으면 좋겠다"고 소감을 전했다.

치안 걱정 없는 경기도 만들기

<u>김 지사, 약자 보호 위해 빗속 뚫고 현장 누비다</u> 소나기가 내리는 폭우 속에서도 경기도의 '찾아가는 현장 실국장회의'는 어김없이 진행됐다.

김문수 지사는 2013년 6월 18일 수원 파장초등학교, 수원역, 아주대병원, 수성고등학교, 수원 U-city 통합센터, 수원농산물도매시장 등지에서 '찾아가는 현장 실국장회의'를 열고 도민의 안전 문제를 점검했다.

현장 실국장회의에는 김 지사를 비롯해 박수영·최승대 행정1·2부지사, 김희겸 경제부지사, 도 실·국장, 염태영 수원시장, 이만희 경기지방경찰청장, 이승철·민경원 도의원, 녹색어머니회원, 학교운영위원, 자율방범대 등 100여 명이 참석했다.

이날 회의 주제는 4대 사회악(성폭력, 학교폭력, 가정폭력, 불량식품) 근절 대책을 세워 도민의 안전한 생활환경 조성 방안을 심도 있게 논의했다.

김문수 지사는 도 관계자들과 함께 버스에 올라 오전 7시 45분 도청을 출발해 8시경 파장초등학교에 들러 등교하는 학생들과 학부모들을 만나 애로·건의 사항 등을 청취했다.

1937년 개교한 파장초등학교는 경수산업대로와 구 1번국도가 인접한 데다 파장시장 주변에 유해업소 등이 많아 학생들의 안전을 위한 대책이 시급했다.

이에 따라 셉테드(CPTED) 적용 개선 방안이 필요하다는 의견이 개진됐다. 이 단어는 환경 디자인을 통한 범죄 예방이란 뜻으로 'Crime Prevention Through Environmental Design'의 머리글자이다.

이는 건축설계나 도시계획을 짤 때 디자인을 접목해 범죄 발생 가능성을 억제하고 범죄 요소를 근본적으로 제거하는 환경설계 기법이다. 학교 주변이 범죄나 교통사고 등에 취약한 지역이므로 수원시가 셉테드 전문가와 주민 의견을 적극 수렴한 후 보행로 사인, 주차장 정비, 통학로 개선, CCTV 설치 등 취약지역을 개선할 필요성이 제기됐다.

인간이 땅바닥에 눕는 것은 인권침해 김 지사는 이만희 경기지방경찰청장과 함께 수원역 노숙인 '꿈터'를 방문해 센터장인 김대술 신부로부터 노숙인 관리 현황을 듣고 개선 사항 등을 논의했다.

김 신부는 경찰이 노숙인을 데려올 때 미리 신원 파악을 하고, 무료 실외 급식을 실내로 변경하고, 경기도에도 노숙인 전담 공무원이 더 필요하다는 의견을 제시했다.

김 지사는 "인간이 땅바닥에 눕는 것은 인권침해다. 노숙인이 공원 등에 누워 있으면 주변 사람들이 위협을 느끼므로 방치해 두면 안 된다. 그래서 이런 꿈터를 마련했는데 장소가 협소하면 더 늘리는 방안을 강구해야 한다"며 "우리 도는 노숙자에게 만큼은 무한정 지원을 해준다. 우리 도민이 아니더라도 도 의료원을 이용할 수 있게 했다"고 말했다.

김 지사는 노숙인뿐만 아니라 가출 청소년들의 탈선도 심각하다는 얘기를 듣고 이 청장에게 수원역 인근의 지구대 경찰 병력 확충을 건의했다. 이에 대해 이 청장은 향후 의견을 수렴해 대책을 강구하기로 했다.

이어 노숙인 신분에서 직장도 잡는 등 새로운 사람으로 태어난 김경한, 최형선, 편무일, 한영수, 김성호 씨 등을 만나 축하의 악수를 건넸다. 특히 국가유공자인 한영수 씨와 알코올 중독자였던 최형선 씨에 많은 관심을 보이며 긴 대화를 나눴다.

경기도 원스톱지원센터, 여성·학교폭력 등 지원 김 지사는 아주대병원의 경기도 원스톱지원센터를 찾아 유영미 부소장으로부터 '여성, 학교폭력 피해자 상담 및 운영사항' 등에 대한 브리핑을 보고받았다.

원스톱지원센터는 성범죄에 노출된 여성들의 폭력 피해자에 상담, 의료, 수사, 법률지원 등 원스톱 지원을 해준다. 주요 시설로 상담실, 진술녹화실, 산부인과 진료실 등을 갖추고 있다.

여성폭력 피해자 지원체계도 확대한다. 현재 남북부 두 곳인 여성 학교폭력 원스톱 지원센터를 오는 7월 안산 한도병원에 추가해 3개소로 늘린다. 또 여성긴급전화 1366 2개소, 경기해바라기아동센터 1곳도 추가 운영한다.

위기 청소년 회복 지원도 강화한다. 학교, 청소년단체, 법률기관, 병원 등에서 자발적으로 참여하는 1388청소년지원단을 8366명에서 1만 명으로 확대해 위기 청소년을 조기 발견하고, 검사와 지속적 사례관리로 정서적 안정을 지원한다.

또 주거환경이 열악하고 안전대책이 취약한 구도심 지역에 주민주도 현지개량 방식의 정비사업도 벌인다. 한 곳당 1억원을 들여 10개소에 주거환경관리사업과 도활사업 등 국비를 매칭한다. 특히 수원 매산지구(매산로 3가 109-2번지)에 도로 및 골목길 정비, 소방용수시설, 소공원, 공용주차장, 경로당 리모델링을 추진한다.

도는 특히 어린이 교통안전 교육에도 힘을 쏟는다. 도는 찾아가는 어린이 교통안전교육을 확대하고, 10세 이하 어린이전용 인터넷 교통안전 교육 모바일용 콘텐츠 개발을 추진하는 등 사이버 어린이 교통안전교육 활용을 강화한다.

지역아동센터 스포츠클럽을 육성해 배려계층 청소년 체육활동 활성화 시책도 추진한다. 저소득층 아동 방과후 공부방인 지역아동센터 14개 시군 96곳에 초등학생 대상 스포츠클럽을 육성하고, 배려계층 아동 리틀야구단(양준혁 멘토리 야구단)도 창단해 운영중이다. 내년까지 다문화가정, 기초생활체육수급자 등 배려계층 아동을 대상으로 리틀 야구단을 4개 이상 창단한다.

이 밖에 도교육청은 학교폭력 예방 근절을 위한 학생보호 안전시스템을 운영해 호응을 얻고 있다. 1141개교 초등학생 안심 알리미 서비스를 지원하고 311개교에는 학생안전강화학교를 운영한다. 2226개교에는 CCTV를 확대 설치하기로 했다.

이 자리에서는 학교운영위원회, 방범기동순찰대, 수원중부녹색어머니연합회원 등 지역주민 10여 명이 참석해 건의사항을 내놓기도 했다.

김미라(39) 인계초등학교위원은 "각 학교별로 스쿨존이 설치돼 있지만 거의 지켜지지 않는 실정"이라며 "아이의 안전이 매우 걱정돼 대책이 절실하다"고 호소했다. 김영옥(46) 수원중부 녹색어머니연합회장도 "아침에 안전기를 들고 횡단보도에 나가보면 학교앞 속도제한 시속 30㎞를 지키는 운전자는 거의 없다"며 "무인 감속카메라 설치를 고려해 달라"고 건의했다.

방범기동순찰대에 대한 체계적인 지원에 대한 논의도 이어졌다. 열악한 운영 수준을 전해들은 김 지사는 "자율, 자발적으로 헌신하는 분들의 노력에 비해 조직의 지원이 매우 어렵다. 경기경찰청에서 직접 정부에 예산을 건의하는 방법도 있다"고 전했다.

김 지사는 "경찰에 예산이 전혀 없어 전문적인 방범 교육 등 조직체계가 잡히지 않는 점을 안전행정부 등 중앙부처에 알리고 도움을 받으면 된다"며 "이에 대한 행정적 지원에 최선을 다하겠다"고 밝혔다.

아덴만 여명작전 때 석해균 선장을 완치했던 아주대 의과대학 이국종 교수는 "전치 8주 이상이면 중증 외상 환자인데 성폭력으로 인한 중증환자도 많다"며 "대학 중증외상센터가 원스톱지원센터와 함께 좋은 모델이 되도록 하겠다"고 말했다.

민경원 도의원은 "원스톱지원센터가 보다 더 효율적으로 운영하려면 사회복지사와 함께 움직이는 것도 고려해야 한다"고 조언했다.

고등학생 전체가 심폐소생술 교육 이수 김문수 지사는 오후 1시 수성고등학교를 방문해 학생 대표에게 심폐소생술 수료증을 전달하고 "경기도에서 고등학생 전체가 심폐소생술 교육을 이수한 것은 처음이다. 소중한 생명을 지키는 데 첨병이 될 학생 여러분을 사랑한다"며 손으로 하트 표시를 전했다.

이 학교 전체 고등학생들은 경기도의료원 수원병원 전문가로부터 심폐소생술을 배워 유사시에 응급조치를 취할 수 있는 실력을 갖췄다. 매년 심장 정지로 인한 사망자는 2만5천 명으로 이들의 생존율은 2.4%에 불과해 심폐소생술 인지는 그만큼 중요하다.

곧이어 김 지사는 수원 U-city 통합센터를 방문해 통합센터 운영 보고를 듣고 시스템 시연을 지켜봤다.

지난 3월 11일 안양시청 U-통합상황실에서 선보인 통합관제시스템에 감동받은 김 지사는 "범죄자를 CCTV로 추적해 현장에서 잡는 전국에서 가장 첨단화된 안양의 시스템과 수원의 것이 어떤 차이가 있는지 궁금하다"고 질문했다.

이에 대해 시스템 관계자는 "주요 장점으로는 주기적으로 업데이트하는 GIS 시스템, 12명의 집중 모니터링으로 도주 경로 추적, 전국 최초의 상호 연계로 양방향 제어 가능, 다양한 활용 예측 등"이라고 밝혔다.

먼저 전문가 브리핑으로 이경훈 고려대 교수가 '사회안전망 구축 전략으로서 주민 참여 기반 범죄예방설계의 가치와 활용방안'에 대해 견해를 밝혔다.

도 실국장 현안보고로 특별사법경찰단 운영 성과, 학교폭력 예방 및 근절 추진계획, 4대 사회악 근절 추진사항, 아동·여성폭력 피해자 지원대책, 위기 청소년 회복지원 강화, 마음껏 뛰어노는 청소년이 미래다, 어린이 교통안전교육 강화, 경기도 맞춤형 정비사업 추진 등 순으로 이어졌다.

이만희 경기도 경찰청장은 "오늘 대부분 경찰과 관련된 지역 안전, 범죄, 교통, 아동 문제 등을 다뤘는데 안전문제는 경찰 혼자 제어하는 것이 아니다"며 "지자체와 지역 주민 등이 함께 힘을 합쳐 같이 만들어 가는 것이다. 방범순찰대와 스쿨존 문제는 빠른 시일에 점검하겠다"고 말했다.

김문수 지사는 스쿨존 교통신호 위반의 심각성을 얘기한 녹색어머니회의 의견에 "이번 방학 기간에 경기경찰청이 도 전역 스쿨존을 조사한 후 총예산을 뽑고, 우선 급한 순서대로 도와 시가 지원하겠다"고 말하자 이 청장은 추진 약속을 했다.

한편 마지막 일정으로 김 지사는 수원농산물도매시장을 방문해 안전한 먹거리 제공을 위한 원산지 점검, 상인 애로사항 등을 청취했다. 또한 수원농산물검사소도 찾아 오문석 소장으로부터 농산물 검사·구별, 근무 여건, 장비 교체 등 현황을 보고받았다.

100조원 투자로 3만명 일자리 창출하다

삼성전자, 고덕산업단지 투자유치 확정 2010년 12월 경기도 평택 고덕산업단지 입주를 약속했던 삼성전자가 2012년 7월 31일 용지매매 분양계약을 체결하고 평택 입주를 확정지었다. 사전입주 협약체결 이후 19개월 만에 경기도의 부단한 노력으로 맺은 계약이었다.

삼성전자는 평택 고덕국제화도시 일원 395만㎡(120만여평) 규모 고덕산업단지에 태양전지·의료기기를 비롯한 신수종사업과 차세대반도체 생산라인 등에 100조원 이상을 투자, 3만명 이상의 고급 일자리를 창출할 계획이다.

김문수 지사와 경기도는 일제히 '건국 이후 최대 규모의 투자'라며 환영의 뜻을 밝혔다. 삼성전자의 평택 고덕산단 입주는 투자규모 만큼 파장효과도 컸다. 당장 미군기지 이전, 지역경제 침체 등으로 고전했던 평택 지역경제가 되살아나기 시작했다. 인근 진위면에 LG전자 공장유치까지 유력해지자 평택이 경기도는 물론 미래 대한민국의 중심도시가 될 것이라는 전망이 자자하다.

경기도는 고덕신도시를 도가 추진중인 일터와 삶터가 함께하는 융·복합도시의 모델로 만들기 위해 전력을 기울이고 있다.

2012년 9월 11일 평택 고덕산업단지에서 진행된 현장 실국장회의 때 삼성전자의 고덕산단 투자유치 결정과 관련한 경기도의 숨은 비화가 공개됐다.

이날 실국장회의는 1차로 평택 고덕산단 현장에서 경기도시공사의 브리핑으로 시작해 2차는 고덕면사무소로 자리를 옮겨 진행됐다. 여기서 고덕산단 조성 관련 향후 지원방안을 보고받은 뒤 삼성전자와 얽힌 에피소드가 밝혀졌다. 이런 배후에는 물론 김 지사의 뜻이 담겨 있다.

김 지사는 택지만 있는 대한민국의 모든 신도시 개념과 틀을 달리하기로

김문수 지사는 산업단지 조성을 위해 경기도 지도를 들고 삼성·LG·현대·기아·SK 등 대기업을 찾아다니며 세일즈를 했다. 사진은 평택고덕 삼성전자산업단지 기공식 장면.

하고 국토해양부에 "고덕지구의 절반인 250만평을 일자리용으로 달라"고 요구했다. 이는 신도시 땅의 절반씩 잠자리와 일자리로 만들어 일터와 쉼터가 한곳에 있는 도시로 만들겠다는 뜻이었다.

국토부는 이런 요구에 "그렇게 큰 산업단지에 들어올 기업이 있을까" 하고 의구심을 표했지만 김 지사는 "한 치의 망설임도 없이 반드시 해내겠다"고 밀어붙였다.

마침내 김 지사가 처음 요구한 땅의 절반인 120만평을 산업단지용 토지로 받았지만 이는 신도시 개발 역사상 처음 있는 일이었다. 이것이 바로 우리나라 신도시 역사상 최초의 직주일체형 도시가 탄생한 배경이다.

신도시 역사상 국내 최초 직주일체형 도시 탄생 그 당시 김문수 지사는 산업단지 조성을 위해 경기도 지도를 들고 삼성·LG·현대·기아·SK 등 대기업을 찾아다니며 세일즈를 했다. 그들에게 내건 경기도의 장점은 서울과 가깝고, 교통 여건도 좋고, 유능한 인재도 많다는 점이었다.

무엇보다 산단 조성에 필요한 각종 행정 절차를 대폭 줄이고 즉시 해결하겠다고 강조했다. 그런 노력 끝에 드디어 2006년 비밀리에 한 음식점에서 삼성전자 윤종용 부회장과 만나 산단 입주를 결정지었다.

김 지사는 그때를 회상하며 "정말 애간장을 태웠다. 국토부에선 어떤 기업이 입주할지 말해 줘야 지원한다는데 삼성전자가 비밀리에 진행하길 원해 밝힐 수 없었다"고 털어놨다. 이어 "음식점에서 우리끼리 협약서에 도장을 찍었다 해도 법적인 효력이 없던 터라 마음을 졸일 수밖에 없었다"며 "그 비밀 협약이 이제야 세상에 드러나게 됐다"고 밝혔다.

일터와 삶터가 함께하는 융복합도시 탄생 이날 회의에서 김 지사는 삼성전자의 평택 고덕산업단지 입주가 확정돼 TF팀 구성, 고덕 R&D 테크노밸리 조성, 광역교통 개선, 중화권 대학 유치 등 전폭적인 지원에 나서겠다고 밝혔다.

경기도는 평택시, 경기도시공사, 삼성 관계자 21명으로 구성된 고덕산단 TF팀을 구성하고 총괄, 조성지원, 인허가지원, 신도시협력, 교통인프라, 교육지원 등 6팀으로 나눠 산업단지 조성을 지원키로 했다.

TF팀은 2015년 12월로 예정된 산단 부지조성공사 완료를 위해 각종 행정편의를 제공하고, 도로·교육 등 주변 인프라 구축과 기반시설 조성에 필요한 국비 확보에 최선을 다할 방침이다.

이와 함께 고덕국제화신도시를 일터와 삶터가 함께하는 융·복합도시로 만들기 위해 고덕산업단지와 연계한 주거기능을 강화한다. 이를 위해 약 8만평 규모의 고덕 R&D 테크노밸리를 조성해 사업단지의 연구업무를 지원하고, 삼성전자 협력업체를 위한 지원시설 용지를 27만5천m^2에서 44만5천m^2로 확대한다.

또한 고덕산단 협력업체 근로자들의 정착을 위해 5천호 규모의 공동택지를 마련하고, 1~2인 가구를 위한 1600호의 도시형 생활주택도 공급한다. 도는 고덕산단 주변지역과 서정리 역세권 103만평에 1단계 착공 기반을 마련한다.

교통지원대책으로는 KTX 지제역 건설 지원과 산업단지 인근 5개 도로에 대한 조기개설 사업을 제시했다. 도는 2013년 예산으로 54억원을 편성해 지제역에 대한 기본·실시설계 완료로 올 8월부터 공사를 진행할 방침이다.

도는 산업단지 입주가 본격적으로 시작될 2015년을 대비해 산업단지와 국도 38호선, 1호선을 연결하는 고속도로와 평택~음성고속도로 IC를 설치해 접근성을 높일 계획이다. 또 산업단지와 지제역을 연결하는 도로와 국도 38호선을 4차선에서 6차선으로 확장해 산업단지와 주변 시가지 연계성을 확대한다.

고덕국제화도시를 겨냥한 교육 인프라 지원방안도 발표했다. 도는 16만㎡의 부지에 IT와 BT 등 입지 기업 관련 세계우수대학 분교, 환황해권 국제교류를 위한 중화권 대학, 국내 특성화 대학과 전문대학원 등을 유치한다.

이 밖에 다양한 언어권 자료를 서비스하는 평택국제도서관, 글로벌인재 양성을 위한 국제평생학습관, 경기영어마을 파주캠프 고덕 분원 등을 마련할 계획이다.

김문수 지사는 인사말에서 "삼성전자와 같은 세계 최고의 기업이 평택을 선택했다는 자체가 축복인 동시에 기적이다"며 "평택시가 이번 투자를 기폭제로 삼아 경쟁력을 갖춘 신도시로 거듭나길 기대한다"고 말했다.

덧붙여 "삼성전자는 평택에서 더 발전해 좋은 제품을 싼 가격에 공급하는 세계 일류기업으로 성장할 것이다"며 "경기도 평택이 세계적인 기술과 인재가 모여드는 상징적인 기업도시가 됐으면 좋겠다"고 큰 기대를 나타냈다.

GTX는 경기도와 서울의 아름다운 동행

경기도 · 서울 인구가 국민의 절반인데 타당성 조사는 왜? 김문수 지사는 2012년 10월 30일 용인시 기흥 수서~평택 공사현장(KTX·GTX 공용구간)에서 열린 현장 실국장회의에서 공사 현황을 점검하고 GTX 사업의 향후 대응 방안을 논의했다.

김 지사는 이날 "기획재정부의 GTX 사업 예비타당성조사 발표 지연은 정권 말기의 눈치 보기"라고 정부의 안이한 정책을 비판했다. 덧붙여 "국가 전체로 봤을 때 GTX 만큼 경제적 타당성이 높은 철도사업은 없다"며 "꼭 할 건 안 하고 대통령 임기 말에 정치적 눈치 보기로 사업을 미루는 건 경기도를 무시하는 처사로 매우 유감이다"고 밝혔다.

외형상으로는 기획재정부가 한국개발연구원(KDI)에 의뢰한 예비타당성조사의 지연과 낮은 비용편익분석(B/C) 때문으로 알려져 있다. 하지만 사실은 새 정부 출범을 앞두고 대규모 예산이 들어가는 국책사업의 결정을 미루고 있다는 것이 경기도의 판단이다.

이날 회의에 참석한 오세영 경기도의회 의원도 "경기도와 서울의 시민을 합치면 국민의 절반 가까이 된다"며 "이런 인구 밀집 지역에서 경제적 타당성이 나오지 않는다는 건 말도 안 된다"고 공감을 표시했다.

경기도는 당초 2013년부터 2018년까지 13조638억원을 투입해 고양~수서(46.2km), 송도~청량리(48.7km), 의정부~금정(45.8km) 등 140.7km의 3개 노선을 신설하는 GTX 사업을 정부에 제안했다.

GTX 사업은 2011년 4월 제2차 국가기간교통망 계획으로 확정·고시되면서 본격적으로 추진됐다. 그러나 예비타당성조사의 늑장으로 현재 KTX와 GTX의 혼용구간인 삼성~동탄 구간만 공사가 진행 중이다.

GTX는 40m 지하에 건설되는 신개념 광역급행철도로 표정속도 100km/h로 동탄~삼성 18분, 삼성~킨텍스 22분 등 수도권의 주요 거점을 1시간내

GTX 노선은 경기도뿐만 아니라 서울도 혜택을 보는 황금노선으로 대한민국 인구의 절반이 사는 수도권인 데다 자가용 운전자도 줄어 도심 교통이 훨씬 원활해질 전망이다.

에 이동하는 꿈의 교통수단이다.

김 지사는 "GTX는 단순한 교통수단이 아닌 생활과 도시를 개혁하는 중요한 사업"이라며 "10~20년을 내다보는 장기적 사업인 만큼 신속하고 쾌적한 GTX를 만들 것"을 정부에 촉구했다.

GTX는 통근·통행의 양극화 해소 차원으로 해결 한편 이날 회의에서 한국교통연구원 철도정책·기술본부의 이재훈 본부장은 'GTX를 통근·통행의 양극화 해소 차원에서 바라보자'는 내용의 전문가 발표를 했다.

이 본부장은 "수도권 근로자 중 49.6%가 서울에 근무하고, 4명 중 1명은 1시간 이상 장거리 통근한다. 통근 교통수요와 통근시간을 줄이려면 교통수단의 혁신밖에 없다"며 GTX의 필요성을 강조했다.

김 지사는 "수도권에 사업성이 낮아 사업을 못하겠다면 향후 철도사업을 할 데가 전국에 어디 있냐"며 "GTX는 단순히 교통문제가 아니라 수도권 전체의 문화·생활 등 모든 것을 바꿀 대역사다. 경기도민 모두가 일어나 GTX 추진을 위해 노력해야 한다"고 말했다.

이와 같은 환상적인 꿈의 노선이 예정대로 진행되는 줄 알았던 경기도민은 물론 서울시민들이 이런 정부의 늑장 이유를 제대로 알고 있을지 의아해지는 시점이다. 사실 GTX 노선은 경기도뿐만 아니라 서울도 혜택을 보는 황금노선으로 대한민국 인구의 절반이 사는 수도권인 데다 자가용 운전자도 줄어 도심 교통이 훨씬 원활해질 전망이다.

출퇴근길 교통 문제 해결이 최우선 과제 도민들의 행정 수요를 조사하면 출퇴근길 교통문제 해결을 꼽는 이들이 압도적으로 많다. GTX가 바로 그 첫 번째 해결방책이다. 과연 경기도의 숙원사업인 수도권 광역급행철도(Great Train Express)가 완공되면 도민의 삶에 어떤 변화가 오게 될까.

우선 수치로 따지면 연간 7천억원의 교통혼잡비용을 절감한다. 게다가 26만개의 일자리 창출과 27조원의 생산유발효과를 불러일으킨다.

GTX는 5~10㎞ 지점마다 역사가 생긴다. 이 꿈의 철로가 완공되면 서울 도심에서 경기도 어디든 30분에 주파한다. 경기 북부에서 남부까지도 1시간이면 충분하다. 경기도 남북과 서울이 1시간 생활권에 들어선다.

이는 단순한 철로 신설에 그치지 않고, 산업·도시·인구의 발전과 재배치에 큰 변화를 준다. 또 수도권 경쟁력도 중국 베이징과 일본 도쿄를 능가하고, 세계 최고의 효율을 자랑하는 허브로 발전한다.

박근혜 정부 들어 GTX 사업 활로 찾아 다행히 2013년 들어 한동안 지지부진했던 GTX 사업이 활로를 찾는 분위기다. 경기도는 1월 1일 열린 국회 본회의에서 GTX 3개 노선 관련 예산이 통과돼 사업비 100억원이 확보됐다고 밝혔다. 이로써 기본계획 수립 등 GTX 조기착공에 필요한 기반 준비가 가능해진 셈이다.

GTX 사업이 2009년 처음 공개된 지 4년 만에 착공 궤도에 진입한 것이다. 기본계획 수립에 이은 착공 절차는 기본·실시 설계, 사업추진방식 결정, 우선협상대상자 선정, 실시계획 인가 등이다. 도는 기획재정부의 예비타당성 조사가 아직 발표되지 않아 2014년 착공해 2020년 개통할 것으로 전망하고 있다.

한편, 제18대 대통령직 인수위원회가 2월 21일 발표한 '박근혜 정부 140대 국정과제'에 GTX 사업이 포함됐다.

이에 대해 김 지사는 "GTX가 박근혜 정부의 핵심 국정과제에 포함된 만큼 조기 착공 필요성을 인식했음을 보여준 계기"라며 환영의 뜻을 나타냈다.

대통령직 인수위는 이날 새 정부의 물류·해양·교통체계 선진화 과제 중 수도권광역급행철도 구축을 주요 추진계획으로 명시했다.

앞서 김 지사는 1월 31일 박근혜 대통령 당선인에게 GTX 조기 추진을 직접 건의하는 등 새 정부 주요 과제로 GTX 사업이 채택되도록 노력해 왔다.

1천만 서울시민과 외국인을 끌어당길 신속한 GTX를 빨리 완공해야 했다.

김 지사 "군포 최대 염원은 GTX 조기착공" 김문수 경기도지사가 GTX 금정~의정부 노선의 종점으로 예정된 군포시에서 현장 실국장회의을 주재하며 GTX 조기착공의 필요성을 강조했다.

김 지사는 2013년 4월 24일 열린 현장 실국장회의에서 "군포시는 GTX의 종점으로 돼 있다. 경기도와 국토부가 GTX에 대한 예비타당성 조사를 마치고, 기획재정부에서 다시 예타를 진행한 지 2년이 됐는데도 끝나지 않아 매우 유감이다. 늑장 행정은 대한민국을 어렵게 하는 가장 큰 요인"이라고 지적했다.

이어 "GTX는 경제 및 도시 발전, 녹색교통을 실현할 수 있는 가장 좋은 첨단 철도"라며 "GTX가 빨리 돼야 군포가 도약할 수 있다. 군포에서 의정부까지 30분, 청량리까지 15분이면 갈 수 있다. 군포 최대 염원은 GTX 조기착공이다"고 거듭 강조했다.

GTX와 더불어 김 지사는 4.1부동산 대책에 대한 빠른 추가 조치도 정부와 국회에 요청했다. 이날 회의에 참석한 이학영 국회의원에게 "경기도는 세수의 56%를 취득세가 차지하고 있는데 4.1 대책 발표 후 부동산 거래가 완전히 제로화됐다. 4.1 부동산 대책이 국회에서 빨리 통과돼야 한다"고 말했다.

아울러 "보금자리주택의 83%가 경기도에서 시행되고 있다. 보육, 부동산, 규제완화 등 경기도의 건의내용이 반영되도록 힘써주길 바란다"고 덧붙였다.

김 지사는 이날 오전 수원~광명 민자고속도로 현장사무실과 수리산 도립공원 조성현장을 둘러본 뒤 부곡도서관 2층에서 실국장 회의를 주재했다. 회의에는 김 지사, 이학영 의원, 김윤주 군포시장, 김주삼 경기도의회 의원과 경기도 간부, 군포 시민 등이 참석했다.

경기도는 마음이 부자인 약자들의 천국이다

모두가 행복한 경기도를 위하여 김문수 지사는 2011년 7월 12일 연천군 청산면 다온마을 행복학습관에서 '찾아가는 현장 실국장회의'를 열고 다양한 취약계층 지원 대책을 발표했다.

실질적인 도움이 필요한데도 노인장기요양등급이 안 돼 건강사각지대에 놓인 노인을 위해 2012년부터 목욕·외출·빨래·청소 등을 지원하는 돌봄 서비스를 추진하기로 했다. 또 공공청사 매점에 장애인을 고용하고, 시각장애인을 직장 내 건강도우미로 활용하는 장애인 일자리 정책의 확대도 검토하기로 했다.

이날 '모두가 행복한 경기도 만들기'란 명칭의 취약계층 지원대책은 한센인 의료지원, 재가어르신 돌봄센터 운영, 공공청사 내 장애인 고용 등 사회 소외계층을 위한 의료·복지·일자리 대책이 총망라됐다.

먼저 2008년 7월부터 시행된 장기요양보험제도의 문제점을 보완시킨 다양한 노인건강 지원대책을 추진하기로 했다.

김 지사는 "노인장기요양보험의 탈락율이 42%에 달한다. 이런 등급외 노인에 대한 대책이 미흡해 일부 노인이 방치되고 있다"며 "이는 최근 급증한 노인 자살이나 건강 악화와도 무관치 않다"고 말했다.

이에 따라 도는 노인장기요양보험 혜택이 없는 노인 1만8400명에게 목욕·외출 등 신체활동과 빨래·청소 등 가사를 직접 지원하는 재가어르신 돌봄센터사업을 추진하기로 했다.

도는 연천군에서 시범사업을 벌인 후 2012년 재가어르신센터 70개소를 지정해 본격적인 서비스에 나서기로 했다. 치매·독거 노인을 주말·야간에도 보호하기 위해 7월 1일 개장한 '365 어르신 돌봄센터'는 41개소에서 2012년 50개소로 확대하기로 했다.

장애인 일자리 정책 민간 분야로 확산 지원 현재 공공분야에 치중한 장애인 일자리정책을 민간분야로 확산하기 위한 지원책도 추진한다. 도는 17일까지 장애인 일자리 발굴을 위해 도민제안을 공모하고, 장애인고용공단의 협조로 대기업 중 장애인 고용이 현저히 낮은 116개 기업을 방문해 취업을 독려할 방침이다. 또, 일부 기관에서 시행 중인 장애인 일자리정책을 도입해 공공기관 전체로 확대하는 방안도 추진한다.

도는 이천시와 평택시 등에서 개설한 장애인 고용 카페를 늘리고, 일부 민간기업에서 시행하는 헬스키퍼 서비스 도입도 검토하기로 했다. 헬스키퍼 서비스는 직원들의 피로회복과 건강증진을 위해 시각장애 안마사를 고용하는 제도다. 현재 삼성전자를 비롯한 일부기업에서 시행하고 있다.

한센인을 위한 의료지원도 계속한다. 의료급여 혜택을 받지 못하는 한센인의 의료비 부담을 줄이기 위해 도는 2011년부터 9700여만원의 예산을 편성해 이들의 의료기관 본인부담금을 지원하고 있다.

이와 함께 도는 한센인을 위한 노후주택보수, 축사증설 등 자립기반조성 사업을 지원하고 있다. 또 양로시설 보강 등 생활환경개선을 위해 다각적

'모두가 행복한 경기도 만들기'란 명칭의 취약계층 지원대책은 한센인 의료지원, 재가어르신 돌봄센터 운영, 공공청사 내 장애인 고용 등 사회 소외계층을 위한 의료·복지·일자리 대책이 총망라됐다.

인 노력을 기울이고 있다. 내년에는 한센인을 위해 특수화·안경 등 재활보장구 비용을 지원하는 방안도 검토 중이다.

김 지사는 "경기도는 더 낮은 곳에서 더 뜨겁게 도민을 섬기고 취약계층 지원에 강한 의지를 갖고 있다"며 "취약계층에 실질적인 도움을 줄 의료와 일자리 제공에 치중해 이들이 자립기반을 마련하도록 노력하겠다"고 말했다.

이 밖에 이날 회의에서 도 실국장들은 다온마을과 연천군 일대의 발전을 위한 주요 현안을 보고했다.

현재 포천과 연천 등 한센촌과 사할린동포 정착마을 5개 지역에서 운영하고 있는 행복학습관을 확대 조성하기로 했다. 파주 대성동마을이나 화성 국화도 등 지리적으로 소외된 지역이나 안산·시흥 등 다문화 밀집지역을 대상으로 행복학습마을을 확대하고, 지역 특성을 살린 학습 프로그램을 마련하기로 했다.

아울러 연천의 역사문화 유적과 깨끗한 자연환경을 활용한 관광산업을 활성화하기로 했다. 2011년 4월 개장한 전곡선사박물관과 한탄강 오토캠핑장, DMZ 지역 등과 연계한 관광 프로그램을 개발하기로 했다. 선사박물관의 입장 수익 일부는 지역에 환원해 지역문화 발전에 이용할 방침이다.

문화 소외지역에 행복을 전파하다

연필을 잡는 것만으로도 행복한 사람들 "피난촌에서 5남매의 맏딸로 태어나 동생들 돌보느라 학교도 못 다녔는데, 이렇게 글을 쓰고 읽는다는 건 상상도 못했습니다. 연필을 잡을 수 있다는 것만으로도 행복합니다. 늘 노심초사로 상록마을을 걱정해 주셔서 감사합니다. 저를 소녀로 만들어 주셔서 감사합니다. 저는 지금 저녁노을을 바라보면서 그가 지금 어디쯤 왔을까, 아직 늦지 않았어, 열심히 살아야지 다짐해 봅니다. 바라볼 수 있어, 들을 수 있어, 만질 수 있어, 글을 쓸 수 있어 행복합니다. 김문수 지사님, 아이 러브 뷰!"

투박하지만 진솔한 한센인의 낭독이 좁은 방안에 퍼지자 순간 콧등이 찡해진다. 이는 일자무식의 주인공이 '상록마을 행복학습관' 한글교실에서 배운 이후 글을 읽고 쓴 데 대한 감동 탓이다.

경기도 양평군 양동면 석곡리 '한센인 상록마을'의 이명자(58) 씨가 김문수 지사에게 쓴 편지는 참석자들을 숙연케 했다. 하지만 척 가라앉았던 공기는 곧이어 이 씨가 띄운 삼행시로 인해 다시 부드러워졌다.

"김이 모락모락 나는 차 한 잔 같이 하고 싶은 김문수, 문턱이 가장 낮은 김문수, 수없이 국민 걱정하느라 잠 못 이루는 김문수!"

김문수 지사와 참석자들이 띄운 이름 석 자 운(韻)에 따라 이 씨가 재치 있게 시어를 구사하자 실내는 박수소리로 넘쳐났다.

김 지사는 "내가 이제껏 들은 시 중 가장 좋다"며 "연필 잡는 게 행복하다지만, 어떤 친구들은 연필 잡는 게 괴로워 자살하고 그러는데, 자살 안 하시잖아요?"라고 화답해 분위기를 띄웠다.

경기도는 장자·다온마을·상록마을 등 한센인 정착촌 등 문화소외지역에 '행복학습관'을 짓고 한글 교육, 최신 영화 상영 등 활동을 펼치고 있다.

모든 이들이 함께 행복을 아우르는 경기도 김문수 지사는 2013년 3월 25일 오후 양평군 '찾아가는 현장 실국장회의' 일환으로 양동면 석곡리 '상록마을 행복학습관'을 찾아갔다.

소록도를 퇴소한 한센인 등이 모여 1963년 10월 조성된 상록마을은 현재 17세대 30명이 거주하고 있다. 1975년부터 97년까지 기반 건축공사를 거친 탓에 대부분의 주택이 노후화돼 보수조차 어려운 실정이다. 노인층이 대부분인 마을의 주 수입원은 농축산업으로 지난해 우결핵 때문에 53두를 도살처분하고 가격 폭락까지 겹쳐 힘든 삶을 살고 있다.

한센인과의 대화에 앞서 미로 같은 마을을 둘러보던 김 지사는 무너진 담장을 보고 깜짝 놀랐다. 김 지사는 "전망도 좋고 땅도 괜찮지만, 집을 지은 방향도 잘못됐다"며 "오래된 주택이 축사라면 몰라도 주거용으로는 많이 부족하다. 뭔가 근본적인 대책이 필요하다"고 말했다.

마을을 둘러본 김 지사는 2011년 10월 준공된 상록마을 행복학습관에서 마을 주민들과 함께 소통의 시간을 가졌다. 5개의 식탁을 놓으면 꽉 차는 거실에 오밀조밀 앉아 숨소리까지 들릴 만큼 진지했다.

윤마리고레띠(53) 수녀는 "매주 행복학습관에서 한글·노래·영상·건강교실을 열어 주민의 자존감을 높여주고 있다"며 "상록마을뿐만 아니라 석곡리 마을 전체를 아우르는 프로그램을 준비해 통합과 하나되는 삶이 되도록 노력하고 있다"고 향후 과제까지 제시했다.

지난해 김 지사가 마을을 찾기로 했다가 구제역으로 못 온 탓인지 대화는 점점 길어졌다. 다음 시간이 정해진 만큼 그만 끝낼 시간이 됐는데도 김 지사는 "특히 약자인 한센인 주민의 의견을 최대한 수렴하라"고 담당 공무원들에게 지시했다.

상록마을 주민의 주된 희망 사항은 노후화된 주택의 리모델링이 어려운 탓에 주민이 입주할 공동주택을 짓는 것이었다. 하지만 기본 자료가 준비되지 않은 것을 본 김 지사는 "전부 다 도와주는 건 힘들고 어느 정도 자부담도 따라야 한다"며 "전문가와 함께 다시 현장에 와 조사한 다음 처리하겠다"고 말했다.

이어 김 지사는 다문화가족인 베트남 쩐티베·루엔티마이 씨와 조선족 우금화 씨로부터 불편 사항을 듣고, 국적 취득연도의 미달로 인한 불이익에 안타까워했다.

대화가 끝난 후 루엔티마이(41) 씨는 "오늘 처음 김 지사님을 뵙고 진정으로 약자들을 위해 애쓰시는 걸 느꼈다"며 "그나마 젊은 내가 마을을 위해 열심히 일해야겠다"고 눈가를 붉혔다.

어느덧 예정된 상록마을에서의 시간이 한참 지났지만 정을 듬뿍 주었다는 데 만족하고, 김 지사와 일행은 다시 '늦은 실국장회의'를 위해 양동면 주민자치센터로 향했다.

규제 풀린 은남산업단지, 새로운 도약 꿈꾸다

<u>경기 북부 섬유산업의 메카로 조성</u> "경기북부지역의 섬유산업단지 조성은 더 이상 늦출 수 없다."

김문수 지사는 2012년 2월 15일 양주시 검준산업단지 내에 위치한 한국

섬유소재연구소에서 열린 '찾아가는 현장 실국장회의'에서 은남산업단지 조성의 필요성을 강조했다.

이날 실국장회의는 김문수 도지사와 현삼식 양주시장을 비롯해 섬유업체 대표 및 관계자들이 참석했다. 또한 지식경제부, 환경부, 고용노동부 등 3개 중앙부처의 관계자도 함께해 은남산업단지의 필요성과 조성을 위해 토론했다.

유호 환경부 수생태보전과장은 "경기북부에 섬유산업단지를 조성하면 이점이 많겠지만 폐수처리가 가장 큰 문제"라며 "산업단지가 조성되면 폐수처리가 잘 되고 수질이 좋아진다는 신빙성 있는 근거가 전혀 없다"고 부정적인 견해를 보였다.

이에 대해 김 지사는 "오늘 인근 공장들을 둘러봤는데 섬유공장들이 전부 흩어져 있어 오히려 수질 관리가 어렵다"며 "산업단지로 집적화해 공동 폐수처리장을 건립하면 비용이나 수질 측면에서 많은 효과를 볼 것"이라고 답했다.

이어 "지금 팔당수질은 13년 만에 최고로 깨끗하다. 이는 인구가 늘고 공장이 늘었지만, 하수처리율이 90% 이상 올라간 결과"라며 "공장이 산업단지에 모이면 불법으로 폐수를 방류하는 일도 사라질 것"이라고 긍정적으로 전했다.

도에 따르면 팔당지역의 하수도 보급률은 2006년 66.5%에서 2010년 86.8%로 올랐고, 하수관거 역시 3510km에서 5296km로 늘어났다. 팔당호는 한강수질개선특별종합대책이 발표된 1998년 이후 13년 만에 최고 수질을 기록했으며, 지난해 팔당호의 생화학적산소요구량(BOD)은 평균 1.1mg/ℓ

로 나타났다.

경기도, 북부 발전 위해 힘 쏟아 현삼식 양주시장은 "공장이 추가되는 게 아니라 인근의 섬유공장들을 한데 모으려는 것"이라며 "관리가 어려운 이유는 섬유공장들이 산재해 있는 데다 공장이 1960~70년대 지어져 노후화된 탓"이라고 조언했다.

지난해 양주시는 정부와 합동조사를 실시해 은남산업단지가 생길 경우 산재한 섬유공장 72개소 중 54개소가 기존 공장을 폐쇄하고 산업단지로 이양한다고 설명했다.

이날 회의에 참석한 K섬유업체 대표는 "한 달에 가스비만 2억5천만원이 나가는데 비슷한 규모의 타지역 공단 업체보다 7~8천만원 손해 본다"며 "이래서야 가격 경쟁력이 생기겠냐"고 어려움을 호소했다.

또 다른 S섬유업체 대표는 "섬유산업이 3D 업종이다 보니 인력난이 심하고 근무시간 규정도 현실과 전혀 맞지 않다"며 "현재 인력난으로 공장의 기계 가동률이 50% 정도에 그치고 있다"고 하소연했다.

이에 대해 이재갑 고용노동부 고용정책실장은 "양주시가 건의한 폴리텍대학 신설에 대해선 예산확보로 시간이 오래 걸리니 장기적 검토를 하고 당장은 기능인력 확보를 위한 프로그램 신설을 검토하고 있다"며 "이 밖에 작업환경 문제, 장시간 근로 문제에 대해 개선 노력을 하고 있다"고 답했다.

경기도와 양주시는 은남산업단지 조성을 위해 전용공업용수 물량조정(현행 1만5천t→7만8천t), 집단에너지 공급대상지역 지정(열병합시설 건설 추진), 인력난 해소를 위한 폴리텍섬유패션대학 설립 등을 중앙부처에 요청

섬유패션기업의 구인난 해결을 위한 전문 기능인력 양성 및 생산기술 지원, 일자리와 주거·보육·교육·문화가 함께하는 융·복합 일자리 창출 등을 위해 공동 노력하는 내용의 결의문을 채택했다.

했다.

김 지사는 "공장 옆에 고시텔이 있던데, 고시텔이 기숙사보다 허가가 쉽다는데 그 이유를 모르겠다. 도에서 검토해 보고 기숙사를 짓도록 노력하겠다"며 "경기북부지역은 각종 규제로 주민들 피해가 수십년간 이어지는데, 도는 경기북부 발전을 위해 계속 힘쓸 것"이라고 희망의 메시지를 전했다.

이날 경기도와 양주시, 지식경제부, 고용노동부는 경기북부지역 섬유산업 발전을 위한 실질적 대책 마련, 섬유패션기업의 구인난 해결을 위한 전문 기능인력 양성 및 생산기술 지원, 일자리와 주거·보육·교육·문화가 함께하는 융·복합 일자리 창출 등을 위해 공동 노력하는 내용의 결의문을 채택했다.

양주시 신천 새롭게 태어난다 한편 경기도와 환경부, 양주시가 노후된 섬유염색과 피혁·도금공장 등에서 흘러나온 폐수로 신음하는 경기도 양주시 신천을 살리기 위해 힘을 모으기로 했다.

경기도는 2012년 11월 27일 오후 2시 양주시 한국섬유소재연구소에서 유영숙 환경부 장관, 현삼식 양주시장, 기업체 대표와 함께 '신천 맑은 물 만들기' 공동협약을 체결했다.

이번 협약에 따라 양주·동두천 등 임진강 유역에 특정수질유해물질 배출시설을 설치하지 못하는 현행 임진강유역 배출시설 설치 제한고시가 일부 개정된다.

2014년 양주시 남면과 은현면 일대에 착공 예정인 양주 은남일반산업단지에 특정수질유해물질을 배출하는 기존 공장들이 이전할 경우 임진강 고시 적용대상에서 제외한다는 것이 개정안의 주요 내용이다.

쓰레기더미 동네가 달라졌어요

<u>한센마을인 성생가구공단 활성화 대책 마련</u> "쓰레기더미 우리 동네를 살고 싶은 동네로 바꿔 주세요!"

가구단지로 유명한 남양주시 마석가구공단주민들의 간절한 읍소가 김문수 지사의 귀를 뚫었다. 계속된 경기침체로 공단 내 많은 사업장들이 도산하면서 도산업체들이 공터와 건물 옥상 등에 쓰레기를 방치하고 도주해 공단 전체가 쓰레기로부터 위협받고 있는 실정이었다.

김 지사는 2012년 4월 30일 남양주시 화도읍 성생가구공단에서 이석우 남양주시장, 공단 내 외국인 노동자와 주민 등이 참석한 가운데 '찾아가는 실국장회의'를 열고 성생가구공단의 무허가 건물 양성화와 외국인 노동자의 복지 및 환경 개선 등을 논의했다. 공단 내 거주하는 외국인 근로자의 건강을 보호하는 방법으로 옥상 텃밭을 조성하기로 계획한 것이다.

이에 따라 도는 농림재단과 남양주 유기농 조성팀, 텃밭 상자를 제작·보급하는 민간단체 푸르미, 남양주시외국인복지센터, 외국인근로자와 함께 외국인근로자복지센터, 공단조합, 네팔근로자숙소와 필리핀근로자숙소 등 모두 4개 건물 옥상에 그린농장을 조성했다.

옥상 텃밭 외에도 쌈지 공원, 벽화가 있는 거리 조성 등의 사업을 통해 마석가구공단 환경개선을 지속적으로 추진하고 있다. 또한 김 지사는 한센마을인 성생가구공단의 활성화를 위한 발전대책을 세우기로 했다.

도는 먼저 공단 내 영세공장의 정부지원이 가능할 수 있도록 무허가 건축물의 양성화 방안을 추진하기로 했다. 현재 이 공단에는 공장 260동, 가구전시장 90동 등 총 350동의 건축물이 있다. 그러나 대부분 가구 제작 등 목재를 다뤄 화재 등 대형 인명사고로 이어질 우려가 있어 최소한의 소방시설 설치로 양성화할 필요가 있다.

외국인 근로자들의 행복한 생활 위해 노력 무허가 건축물 양성화를 위해서는 한시적 특별법(특정건축물 정리에 관한 특별조치법) 제정이 시급하다. 그 동안의 특별법은 서민들의 주거용 건축물만 허용해 해당사항에서 제외됐던 성생공단 내 무허가 공장 등 건축물도 지역경제 활성화를 위해 특별법 적용대상에 포함하는 방안을 검토하고 있다.

또한 성생공단 내 근무하는 외국인 근로자 상당수가 불법체류 상태로 신분 불안, 근로복지 지원, 인권보호에 한계점이 있다며 대책을 마련하기로 했다.

공단 근로자는 2천명으로 이 중 외국인은 500명 내외이며 대부분 가구 제조 등 3D업종에 종사하고 있다. 이들 외국인 근로자의 약 70%는 불법체류 상태로 의료 혜택을 받지 못해 경제적, 신체적 고통을 감수해야 했다. 또한 불법체류자에 대한 수시 단속으로 입주 기업 경영에도 어려움을 주고 있다.

회의에 참석한 외국인복지센터 관장 이정호 신부는 "경기도 일대에 많은 미등록 외국인 노동자들은 한국에서 힘든 노동을 하면서도 제대로 대우받지 못하고 있는 현실이다"며 "우리의 필요에 의해 고용된 외국인 노동자들에게 근로기준법에 의한 노동자 대우를 해줘야 한다"고 강조했다.

이날 김 지사와 경기도 실·국장들은 성생공단에 근무하는 근로자들의 4대 보험, 의료지원, 체류연장 등 불법체류 외국인 근로자에 대한 선별적 구제 방안을 건의하고 그에 따른 대책을 강구했다.

김 지사는 "한센마을인 성생가구공단은 무등록 공장으로 어려움이 크고, 도로 부족, 외국인 근로자 단속문제 등 여러 악조건 속에서도 좋은 가구를 만들고자 노력하고 있다"며 "공장 양성화와 외국인 근로자들의 행복한 생활을 위해 노력하겠다"고 밝혔다.

이어 "포천·연천의 한센마을처럼 산업의 양성화를 할 수 있도록 중앙정부·관할 시와 협력하겠다"며 "이 단지가 더 발전할 수 있도록 연구기능이 있고 판로 개척에도 노력할 것"이라고 약속했다.

경기북부 영세 가구업체 적극 지원 "내년이면 이케아(IKEA) 같은 강대 가구기업이 광명에 들어섭니다. 포천의 330여 영세 가구업체들에 기술력과 디자인 협력 등을 적극 지원하겠습니다."

2013년 6월 5일 포천시 일원에서 찾아가는 현장 실국장회의를 주재한 김문수 지사는 가산면 가구공장단지를 방문, 기업체 대표들과 간담회를 갖고 이같이 밝혔다.

경기북부지역에서는 현재 섬유·가구산업 등이 기술 성장동력으로 급성장하고 있다. 특히 지난 3월 기공식을 시작으로 착공에 들어간 포천 용정일반산업단지는 94만8995㎡(28만7천평) 부지에 섬유와 가구 업종 40여 개 업체가 입주할 예정이다. 2015년 6월 준공 예정으로 완공시 4300여 개 일자리와 8400억원 이상의 생산유발 효과를 바라보고 있다.

이날 사무용 가구를 생산하는 네오퍼스 가구공장에서 열린 가구업계 대표자와의 간담회에는 김문수 지사, 서장원 포천시장을 비롯해 정용주 경인가구협동조합장, 박태선 포천시가구조합장, 윤진현 네오퍼스 대표 등 50여 명이 참석했다.

간담회 참석자들은 경기북부지역 가구특화산업 육성을 주제로 다양한 의견을 나눴다.

정용주 경인가구협동조합장은 "우리나라는 가구가 출시되기까지 거쳐야 할 인증제도가 너무 많다. KS 인증에 포함된 내용까지 전부 거쳐야 할 인증만 10여 가지가 넘는다"며 "가구를 특화산업으로 육성하겠다는 의지를 가진 경기도가 나서 인증과정을 간소하게 줄여 영세기업의 경쟁력을 높여줬으면 한다"고 제안했다.

정 조합장은 또 내년 경기도에 입점하는 이케아(IKEA) 가구에 대한 문제점을 지적했다. 정 조합장은 "원자재 관세는 7.5%나 받고 있지만 완제품을 들여올 때는 무관세다. 완제품을 들여오는 이케아 같은 대기업에 전적으로 유리한 조건"이라며 "경기도에서 해결해줄 수 있는 문제가 아닌 걸로 알지만, 정부와 관계부처에 어필하는 등 힘을 실어줬으면 한다"고 말했다.

이종신 ㈜희락가구 대표는 "가구 관련 업체들이 한데 모여 정보를 공유하고 의견을 나눌 수 있는 판이 필요하다"며 "회관이나 회의실 같은 공간이 마련됐으면 하는 바람"이라고 밝혔다.

2012년 4월 꾸려진 경기도 균형발전국 특화산업과는 도내 북부 가구산업 발전에 대한 종합계획을 수립하고, 올해 12월까지 각종 지원사업을 시행할 계획이다.

이연재 특화산업과장은 "영세하고 인력난이 심각한 북부 가구업체에 기술력과 디자인 등 지원에 좀 더 힘쓰겠다"고 말했다.

김문수 지사는 "경기도가 운영하는 디자인연구소, 기술연구소 등과 협력해 소비자에게 인기 있는 제품을 생산할 수 있도록 돕겠다"며 "특히 킨텍스 가구전시장 같은 오프라인 전시장과 온라인 판매장 등을 확대해 나가겠다"고 밝혔다.

농자천하지대본야(農者天下之大本也)

농촌이 살아야 대한민국이 산다 〈S#1〉 경기도 여주의 남한강이 그림처럼 아름답다. 늘 쓰는 '한 폭의 풍경화'란 상투어가 오히려 계면쩍다. 강천보에서 바라본 강가의 흙길이 눈부시다. 막 살아난 진달래 불씨가 산을 발갛게 불 사른다. 갓 피어난 벚꽃·목련꽃·배꽃 등이 서로 시기하며 관객들의 발길을 붙잡는다. 이따금 마주치는 사이클 동호인들의 행복한 눈길과 건강한 미소가 상큼하다.

〈S#2〉 봄바람이 여주 남한강변을 가르며 마구 질주한다. 자전거로 남한강변을 달리면서 부대끼는 된바람, 황포돛배 선상에서의 맞바람은 그 느낌이 사뭇 다르다. 같은 봄바람인데도, 땀을 흘리며 맞는 산들바람과 유유

자적한 강바람이 이질적이다. 그래도, 끝내 봄바람이 달콤하기는 매한가지다. 황포돛배에 놀라 날아오른 청둥오리는 늘 암수 두 마리다. 간혹, 삼각관계는 얼마 날다 결국 강물에 내려앉아 다시 타협한다.

김문수 지사는 2013년 4월 16일 오전 자전거를 타고 여주군 강천면 강천리 앞 남한강 자전거길을 달렸다. 오후에는 신륵사 건너편 '썬밸리 관광호텔' 앞 강변에서 황포돛배에 올라 주변의 풍광을 감상하며 둘러봤다. 이는 이날 여주에서 가진 '찾아가는 현장 실국장회의'의 동선(動線)에 따른 한 여로(旅路)였다.

이날 김 지사는 도 부지사·실국장, 김춘석 여주군수 등 관계자들과 함께 자전거를 타고 강천리 강변에서 강천보 한강문화관까지 달리며 봄바람을 만끽했다.

자전거도로는 거리 수치를 나타나는 데 한결같이 '탄금대 64km'와 '양평 28km'란 식으로 길 위에 문자 표식을 해놓았다. 남한강 자전거길은 도시와 농촌을 잇는 기존의 자동차 도로와 달리 가교 면에서 그만큼 전원적이라 정감이 더하다. 대개의 자전거 마니아들은 도심을 벗어나 자연을 음미하는 만큼 그들은 피폐한 농촌의 아픔을 누구보다 잘 안다.

하지만 경기도의 이번 여로는 한낱 상춘객(賞春客)의 그것이 아니었다. 원인은 농촌의 봄이 도시에서 보는 그것과 너무 상이한 탓. 도농(都農)의 거리는 지척간인데 여전히 먼 이유는 무엇 때문일까.

김 지사는 자전거를 타고 가다가 궁금한 사항이 있으면 중간에 멈춰 김 군수에게 확인하고 점검했다. 농촌의 현실은 도시 사람이 겉으로 보는 풍광처럼 마냥 화사하지 않았다. 김 지사는 황포돛배를 타고 가면서도 선두

갑판에서 지도를 펼쳐 보고 김 군수에게 많은 정보를 주워들었다. 그러다가 아름다운 경치에 취하면 스마트폰 카메라로 자연을 끌어 담았다.

지금은 농민이 부족한 시대, 규제 풀어야 사실 이날 경기도가 진행한 현장 실국장회의의 주제 역시 '농촌을 살리자'는 데 주안점을 두고 있었다. '과감한 규제개혁은 창조경제의 디딤돌'이란 실국장회의 슬로건에 맞게 농촌의 현실을 제대로 파악하고 도농 경계를 푸는 데 초점을 맞추었다.

"우리나라는 이제 예전처럼 인구 폭발의 시대는 끝났다. 인구증가율이 세계 210위인 나라인데, 아직도 인구 늘어나던 시대에 쓰던 농지 규제를 하고 있다는 게 말이 되는가. 옛날에는 농촌에 사람이 많았지만 지금은 농민이 부족한 실정이 아닌가. 우리 농민들이 불쌍하다. 이들이 더 잘 살게 해주지는 못할망정 못살게 괴롭히는 규제는 풀어야 하지 않는가. 이제는 제발 중앙부처가 농촌의 현실을 제대로 알고, 어떻게 해야 진정 농민들이 더 잘살 수 있는지 도와줘야 한다."

김문수 지사는 여주 강천보 한강통합물관리센터 한강홍보관 1층에서 열린 실국장회의에서 '나 역시 가난한 농부의 아들이었다'고 이실직고한 후 속내를 허심탄회하게 풀어헤쳤다.

이어 "가수 싸이가 '젠틀맨'으로 세계시장을 평정하는 시대인데, 아직도 농지 규제가 있다는 게 이해가 안 된다"며 "여주에서 먼저 좋은 효과가 있길 바라며, 이번 시 승격을 축하한다"고 말했다.

드디어 여주군이 1896년(조선 고종 33년) 여주목에서 여주군으로 강등된 이후 117년 만에 여주시로 승격된다. 박근혜정부는 지난 3월 26일 오후 국무회의에서 여주시 도농복합 형태의 시 설치법을 의결했다.

지방자치법에 따르면 인구 5만명 이상의 도시 형태를 갖춘 지역이 있고, 도시적 산업종사자 가구수가 45% 이상이며, 재정자립도가 전국 군 평균치를 넘으면 시가 될 수 있다. 여주군은 인구 5만4천여명의 읍이 있고, 도시적 산업종사자 가구수가 76.8%이며, 재정자립도가 37.9%로 전국 군 재정자립도 평균치 18%를 훌쩍 넘어 시 승격자격을 갖췄다.

여주는 세종대왕릉·신륵사·명성왕후생가 등 아름다운 문화재와 유적지, 각종 축제, 여주쌀, 도자기 등이 유명하다. 영동고속도로와 중부내륙고속도로, 2016년 제2영동고속도로까지 완성되면 IC 7개의 사통팔달 교통 중심지로 우뚝 선다.

김춘석 여주군수는 "여주시로 승격하면 5개년 계획으로 여주의 가장 큰 단점인 학교 등 교육시설을 확충해 학생들의 수도권 이전을 막겠다"며 "4대강 사업으로 남한강이 아름다워져 관광객이 많이 찾는데, 이포보 등 명소에서 가까운 농가에 식당을 개업하지 못하는 게 안타깝다. 제발 이들이 떠나지 않고 잘살 수 있게 도와 달라"고 하소연했다.

이날 경기도는 여주 실국장회의 첫 번째 현장 탐방으로 오전 9시 여주군 점동면 팜스코리아 영농조합법인을 방문했다. 특허 제품인 동충하초 균사체 기능성 쌀을 개발해 지난해 93억원의 매출을 올린 순수농업 기업체다. 그야말로 농업 분야에서는 좀처럼 보기 드문 벤처기업으로 향후 수익성이 기대되는 회사이지만 기업 SOS가 필요해 찾은 것.

농업은 미래의 산업으로 비전 있다   김 지사는 정병국 국회의원, 김진호 경기도의회 농림수산위원회 위원장 등 일행과 함께 팜스코리아 공장 현장을 둘러보고 간담회를 가졌다. 진광식 대표의 회사 설명과 애로사항을 듣고, 김 지사는 회의를 가진 끝에 공장 진입로 확장사업과 기업 SOS 지원 자금 문제 해결 검토를 지시했다.

김 지사는 최근 북한 도발 위협으로 수출업체인 중국 거래처가 계약을 지연한다는 말을 듣고 "외교부를 통해서라도 대한민국이 안전하다는 것을 알려 하루빨리 신용장을 개설해야 한다"고 아쉬워했다.

김 지사는 황포돛배로 신륵사 앞 남한강을 한 바퀴 돌고, 마지막 코스로 여주 자영농업고등학교를 방문했다. 김병순 교장의 안내로 노후화된 학교 기숙사 등 시설을 돌아본 김 지사는 경기도에 이런 60년 전통의 농업 특성화고가 있었다는 사실에 놀라움을 감추지 못했다.

고등학교에 전문대학인 농업경영전문학교가 부설됐고, 여농 에듀팜과 농도원이 지난해 올린 15억원의 매출 중 6천만원을 학생복지에 사용하고, 전국 대학까지 통틀어 최고의 실습농장을 갖추었다. 또한 도시민 창업농 과정과 경기 귀농귀촌대학 등 뛰어난 평생교육프로그램을 운영하고, 최근 경기도 9급 농림직 공무원시험에 11명이 응시해 8명이 합격하는 등 놀랄 만한 실적이 많았다.

김 지사는 이날 주제인 '농자천하지대본야(農者之天下大本也)'에 걸맞게 자영농고의 가장 시급한 문제인 기숙사 증축에 관심을 기울였다. 이어 "경기도교육청에서 도와줘야 우리도 가능하다"며 "이렇게 훌륭한 영농 후계자들을 키우는 학교에 기숙사가 열악하다는 것이 참으로 안타깝다"고 전했다.

김 지사와 경기도 실국장 일행은 학교 셔틀버스를 타고 실습농장, 식물원, 농장 등을 돌아보며 감탄사를 연발했다. 김 지사는 포크레인 운전 실습 교육을 받던 6명의 학생과 일일이 악수하며 명함을 건네고, 갑자기 교장 선생님이 좋은 이유에 대해 돌발 질문을 했다.

그러자 학생들은 아무런 망설임 없이 또렷이 각자의 소신을 밝혔다. 음성 무극에서 온 박진표 학생은 "농업이 미래의 산업이라는 비전을 제시해 줘 열심히 배운다"고 말해 김 지사의 입가에 미소를 달아 주었다.

북한 핵 도발을 꿈꾸지도 못하도록 하는 공군부대

<u>대한민국 국민은 북한과 가장 근접한 경기도의 중요성 인지해야</u> 최근 북핵으로 인한 한반도의 긴장 구도가 긴박해지면서 대한민국 최전방인 경기도의 국방 전력 강화가 관심의 대상이 되고 있다. 과연 대한민국 국민은 북한과 가장 인접해 있는 데 따른 경기도의 중요성과 애로 사항을 제대로 알고 있을까.

김문수 지사는 2013년 2월 19일 제10전투비행단 본부와 공군작전사령부를 찾아 현장 실국장회의를 가졌다. 이날 군(軍)과 관(官)의 특별한 만남은 지난 2월 12일 북한의 3차 핵실험에 따라 공군부대 대응 태세를 확인하고, 안보의식을 고취시키기 위한 자리였다.

이날 김 지사와 일행은 오전 10시 제10전투비행단 본부를 방문해 비행단의 브리핑을 듣고 단장인 장경식 소장과 환담을 나누었다. 6·25전쟁 때 처음으로 참전한 이 비행단은 때마침 지난 15일 창립 60주년을 맞아 더욱

뜻 깊은 자리였다.

　수원 공군 제10전투비행단은 1951년 8월 경남 사천에서 창설돼 1953년 2월 비행단으로 승격 창단됐다. 1954년 10월 수원기지로 이동, 지난 2월 15일 창단 60주년을 맞았다.

　이 비행단은 6·25전쟁 때 승호리 철교 폭파, 평양 대폭격 등 8천회 이상 출격해 임무를 완수했다. 하지만 그 당시 25명의 전사자가 나왔고, 그 이후 60년간 200여명의 파일럿이 순직했다. 이곳은 휴전선에서 64㎞ 떨어진 공군 최전방부대로 수도권 서북부지역 침투적기 격파 방공작전 등 중책을 수행하고 있다.

　수원 공군비행장 이전 문제 구체화 필요　김문수 지사는 병사들에게 필요한 신간도서와 평생교육원 지원에 대한 장 소장의 요청을 즉석에서 받아들이고, 장기복무 제대군인의 취업도 지원하기로 했다. 또 장 소장은 5월 1일부터 5일까지 열리는 경기안산항공전에 대한 지원도 약속했다.

　또한 '수원비상활주로 이전사업' 및 '황구지천 생태하천 조성사업'도 언급됐다. 수원 비상활주로 이전사업은 신(新)비상활주로(3Km×33m)를 만드는 200억원 규모의 사업으로 4월 준공해 연말까지 완공한다. 다만 황구지천 생태하천 조성사업은 비행장 옆을 흐르는 지천이 폭우·홍수 때 피해가 심해 하천을 정비하는 사업으로 현재 검토중이다.

　이날 김 지사는 수원지역 국회의원·시장 등 선거 때마다 이슈화된 수원 비행장 이전 문제를 구체적으로 "화성·안산 등 등 넓은 간척지로 이전하는 것이 좋겠다"고 언급했다.

김 지사는 수원지역 국회의원·시장 등 선거 때마다 이슈화된 수원비행장 이전 문제를 구체적으로 "화성·안산 등 등 넓은 간척지로 이전하는 것이 좋겠다"고 언급했다. 사진은 수원 공군비행장을 찾아 전투기에 오른 모습.

이에 대해 장경식 소장은 "상부에서는 이미 검토하고 있는지도 모른다"며 "이전 부지 대안이 있는데 굳이 가지 못할 이유가 없다"고 화답했다.

김 지사는 "다른 도처럼 대안도 없이 단순 이전 정책은 말도 안 된다"며 "수원비행장이 제대로 이전하려면 먼저 언론이 잘 이해하고, 공무원도 전문성을 갖추는 등 정보 공유가 필요하다"고 말했다.

수원비행장과 관련한 민원 제기에 대해 장 소장은 "민원은 주로 소음이 많다. 초창기에는 허허벌판이었으나 이젠 인구가 늘어나 그만큼 민원도 증가했다"며 "민원과 소송 이전에 먼저 국가의 안보를 고민해야 한다. 부강한 국가는 공군이 강하다는 사실을 알아줬으면 좋겠다"고 속내를 털어놓았다.

또한 장 소장은 "비행장 근처에 학교까지 들어서면 향후 환경문제로 민원제기가 더 많이 들어오는 등 국민 혈세만 낭비될 것이다. 경기도는 다른 도와 달리 이전할 만한 땅이 있다"는 김 지사의 말에 "그런 대안이 있다면 언제든 옮길 수 있다"고 답했다.

이어 김 지사는 "수원비행장 이전에 따른 엄청난 토지 수익금으로 최신예 전투기를 다량 구입해 제10전투비행단을 세계 최강 공군부대로 키워야 한다. 또 비행장 인근 주민들의 민원제기를 줄이는 군관민협의체 조성도 시급하다"며 향후 공군에 대한 지속적인 관심을 표명했다.

이에 심경섭 비상기획관은 "현재는 육군 3군사령부와 협력하는 군관정책협의회만 있고 공군은 없었다"며 "앞으로 공군뿐만 아니라 해군·해병과도 확대하는 방안을 협의하겠다. 또한 수원비행장의 민원제기를 해결하기 위한 군관민협의회도 추진하겠다"고 말했다.

김 지사와 일행은 활주로 내 무장전시장, 전투기 격납고, 전투조종사 비상대기실 등을 방문한 후 전투조종사들과 병사 식당으로 이동해 오찬을 함께 나누며 군장병과 대화를 나누었다.

한미연합 공군력으로 막중한 조국 영공수호 소임 완수 김문수 지사는 오후 1시 30분 공군작전사령부 청사를 방문해 도청 임직원과 박신규 작전사령관 등 각 부대 장성 및 임관 장교들과 기념 촬영을 마친 후 대회의실에서 북핵 대응 관련 군 대응태세, 브리핑, 실무장 폭격 동영상을 보고 환담을 나누었다.

김 지사는 "최근 북핵과 관련해 가장 긴장한 군부대가 바로 이곳 공군 전투기 조종사들이 아닌가 한다"며 "정확한 북한과 남한의 전력 비교도 필요한 시점이다"고 말했다.

김 지사와 일행은 군버스를 타고 일반인 통제구역인 항공우주작전본부(KAOC)를 방문해 지하 1층 상황실에서 비공개 회의도 가졌다.

공군작전사령관 박신규 중장은 "북한이 핵실험을 강행한 현시점에서 전투조종사를 비롯한 작전사령부 예하 모든 작전요원은 추가 도발시 도발원점까지 강력히 응징한다는 자세로 대비 태세에 임하고 있다"며 "군사위기 상황 발생시 지체 없이 절대 우위의 한미연합 공군력으로 조국 영공수호의 막중한 소임 완수를 위해 최선을 다하겠다"고 밝혔다.

DMZ 캠프 그리브스, 세계 최고 관광지로 탈바꿈

파주 미군 반환기지, 세계 최고 전쟁 관광지로 개발 올해는 DMZ가 만들어진 지 60년이 되는 해다. 바로 이 민통선 유일의 주한미군반환기지인 캠프 그리브스(Camp Greaves)를 체험형 안보 숙박시설로 바꿔 세계 최고의 전쟁 관광지로 만들 수 없을까?

김문수 지사는 2012년 11월 13일 오전 파주 미군 반환기지인 캠프 그리브스 장교클럽에서 현장 실국장회의를 열고 기지 활용 방안에 대해 논의했다.

이날 회의에 앞서 김 지사는 황진하 국회의원, 이인재 파주시장 등과 탐방로를 따라 내무반 건물과 실내체육관, 탄약고, 영화관, 장교부사관 숙소, 수영장 등을 차례로 둘러봤다. 탄약고는 9월 13~19일 DMZ 국제다큐영화제 사전 특별행사로 '김중만의 DMZ 사람들' 사진전이 열린 곳이다.

미군이 철수한 탓에 건물은 을씨년스러웠지만 줄기가 헌걸찬 소나무와 주변 생태 환경은 우수했다. 콘센트 막사(비닐 하우스 모양의 함석 막사) 등 미군기지도 양호하게 보전돼 있었다.

캠프 그리브스는 반환된 주한미군 시설 중 유일하게 민통선 안쪽에 위치하고 있다. 이곳은 60여년간 판문점 JSA 경비를 지원한 주한미군의 전투시설로 숙소와 위락시설 등 생활 흔적이 그대로 남아 있다. 바로 아래 임진강이 흐르고 임진각 평화누리가 가까운 데다 전망도 탁월했다.

경기도는 미군이 떠난 지 10년이 지났는데도 특별한 활용계획이 없는 캠프 그리브스를 관광객 숙소로 재활용하는 방안을 고민해 왔다. 특히 국내에서 전사한 6·25전쟁 참전 중공군 묘역을 찾는 중국인에게 캠프 그리브스의 숙소화가 일거양득이 될 것으로 기대하고 있다. 캠프 그리브스의 막사·체육관·강당 등은 미국이 냉전시대에 건축한 건물 중 유일하게 남은 희귀 문화재다.

이날 기지 주변을 돌아보고 시작한 실국장회의에서는 캠프 그리브스의 관광지화 가능성에 대한 내용을 점검했다. 단, 최대한 캠프 건물의 원형을 보존하며 개조해 내외국인들을 위한 숙박시설로 개발하는 조건이 붙었다.

캠프 그리브스, 임진각 평화누리와 도라산 평화공원 등과 연계 경기관광공사 황준기 사장은 '캠프 그리브스 일원의 경기북부 관광 거점화 전략'이라는 주제로 대표적 안보관광지인 임진각 평화누리의 콘텐츠 보강과 함께 캠프 그리브스, 도라산 평화공원 등과의 연계를 통한 세계적인 관광지로의 개발 계획을 발표했다.

황평우 한국문화유산정책연구소 소장은 캠프 그리브스의 환경·생태적 및 근대유산 가치에 대해 설명하고, 활용에 앞서 고고학·역사적·환경생태적 조사가 선행돼야 한다고 주장했다. 또한 'DMZ 역사 생태 에코뮤지엄 조성'과 같은 역사·문화·생태를 우선으로 하는 지속적인 개발을 제안했다.

이 밖에 일부 건물을 주한미군의 역사 전시관·박물관 등으로 꾸미고, 설치미술 등 예술작품의 전시장 활용도 논의됐다.

김 지사는 "내년이 정전협정 맺어진 지 60주년이 되는 의미 있는 해임에도 중앙정부는 그다지 관심이 크지 않은 것 같다"며 "경기도가 60주년 기념을 맞이하여 여러 행사를 준비하고 있다"고 밝혔다.

아울러 "캠프 그리브스는 반환공여지 중에서도 가장 아름다운 조망을 가지고 민통선 북쪽의 최전방에 위치한다는 데 특별한 의미가 있다"며 "다른 반환공여지도 지역 특성에 맞는 활용방안을 주민과 함께 찾도록 하겠다"고 전했다.

파주에는 13개 주한미군반환공여지가 있고 이 가운데 12곳이 국가에 반환됐다. 이 중 캠프 그리브스는 6·25전쟁 직후인 1953년 7월부터 50여년 미군이 주둔했던 곳으로 2004년 철수한 후 2007년 국가에 반환됐다.

원래 캠프 그리브스는 육군이 계속 사용할 계획이었지만 경기도와 파주시의 지속적인 제안을 국방부가 수용해 기지 면적의 52%를 안보체험시설 등으로 활용하기로 정했다. 이와 관련해 지난 10월 12일 육군 1사단과 경기도, 파주시, 경기관광공사가 양해각서를 체결했다.

정전 60주년 2013년 DMZ 관련 행사 다양 도는 경기관광공사를 통해 이곳을 체험형 안보숙박시설로 리모델링할 방침이다. 캠프 그리브스의 안보관광 자원화를 맡은 경기관광공사는 기지 총면적 22만5천㎡ 중 육군 사용시설을 제외한 11만7천㎡를 5개 존으로 나눠 안보체험시설·생태예술·휴양시설 등 3개 존으로 활용할 계획이다.

우선 정전 60주년, DMZ 60주년이 되는 2013년 7월을 목표로 일부 시설을 청소년 대상 안보체험시설로 사용할 계획이다. 미군이 사용하던 막사·사무실·체육관·강당을 그대로 활용해 예산을 절감하고 미군기지 본연의 모습을 살린 독특한 체험공간으로 꾸밀 예정이다. 특히 통일 이후까지 고려해 캠프 그리브스와 도라산 전망대, 제3땅굴, 통일촌 등을 연결하는 최고의 DMZ 관광명소로 개발한다는 구상이다.

경기도와 경기관광공사의 캠프 그리브스 개발 의지에 대해 육군 1사단도 적극 협조하겠다는 뜻을 밝혔다.

1사단 정훈 참모인 김이호 중령은 "군사시설인 캠프 그리브스 일부를 안보체험시설로 활용하는 대신 훈련장 등 필요한 대체 부지 확보 등 문제가 남아 있다. 이것만 해결되면 건물 리모델링 등이 신속히 진행될 것"이라며 "사업이 잘 추진되면 가장 모범적인 군관 협력사업으로 캠프 그리브스가 세계적인 안보체험 관광지로 각광받을 것"이라고 말했다.

한편, 경기도는 정전과 DMZ 60주년을 기념하기 위해 2013년 7월 27일을 전후 판문점 일대에서 4개 분야 28개 사업을 추진한다.

대한민국은 경기도 병사들에 감사하라!

<u>경기도 안보 물샐 틈 없다</u>   김문수 지사는 2013년 3월 25일 양평군 일원에서 현장 실국장회의를 열고 안보 분야 및 지역 현안에 대해 관계자들과 논의했다.

오전 9시경 회현리에 있는 육군 제20사단 결전부대를 방문한 김문수 지사는 브리핑을 받은 뒤 안보 테마관, 장병도서관 등을 둘러보며 안보에 힘써 줄 것을 당부했다.

20사단은 기계화 보병사단으로 K1A1, K-21 장갑차 등을 주요 장비로 갖춘 60년 역사의 부대다. 1953년 창설돼 휴전 후 중부전선 GOP 경계를 맡고 있으며 1981년 차량화 보병사단, 1983년 기계화 보병사단으로 개편됐다.

김 지사는 "양평은 물 맑고 좋은 곳인데 팔당상수원보호구역이라 어려운 점이 많다. 또 제20사단이 읍내에 위치해 지역에서는 부담을 갖고 있다. 이런 어러운 점을 딛고 군부대를 활용해 양평이 발전할 수 있도록 민군이 윈윈하는 상생전략이 필요하다"고 말했다.

이어 "우리는 경제가 우선인데 북한은 전쟁을 두려워하지 않는다. 안보가 최우선이 아닌 복잡한 상황에서 저출산·고령화로 경제 침체가 지속돼 어려움이 많다. 일본 등 선진 국가들의 경험을 배워 난관을 극복해 나아가야 한다"고 덧붙였다.

20사단 소개 영상 상영 후에는 홍현익 세종연구소 수석연구원이 '북한의 핵 보유에 대한 대책'을 주제 발표했다.

홍 연구원은 한반도 안보 현황과 전망에 대해 "북한 핵문제는 강제적 해결이 불가능해 협상을 통한 해결이 현실적"이라며 "강화된 압박과 대화의 강온 양면책과 창의적인 외교를 보다 능동적이면서 적극적으로 구사하는 것이 중요하다"고 말했다.

김 지사는 "평택으로 미군이 이전하면서 파주, 임진각 등 평택 이북은 안보위기 상황이라고 본다. 정권이 바뀔 때마다 국방비를 삭감하고 군복무 기간을 단축하는 등의 정책이 거론된다. 또 정권이 교체될 때마다 기존 정책을 학습하다가 시간이 다 간다. 안보만큼은 여야를 막론하고 국론을 통일하는 것이 중요하다"고 안보의 일관성에 대해 꼬집었다.

김 지사는 안보테마공원과 사단 내 병영도서관을 둘러보며 군 장병, 관ㄱ메자들과 이야기도 나누었다. 이어 전술종합훈련장으로 이동해 K1A1, K21 등 20사단 주력 방비의 사격 훈련과 운영 형태를 견학했다.

전시 상황을 방불케 하는 고도로 훈련된 병사들의 기동 훈련과 정확한 타깃 발포 훈련은 보는 이들로 하여금 놀라게 했다. 가교 설치용 장갑차, 레이더용 장갑차, 포탄 공급용 장갑차 등 첨단을 걷는 군장비로 시범을 보이는 병사들의 일사불란한 실연에 박수가 쏟아졌다.

견학 후 김 지사를 비롯한 도 공무원들은 K21 전차를 시승하기도 했다.

김 지사는 안보테마공원과 사단 내 병영도서관을 둘러보며 군 장병, 관계자들과 이야기도 나누었다. 이어 전술종합훈련장으로 이동해 K1A1, K21 등 20사단 주력 방비의 사격 훈련과 운영 형태를 견학했다.

애기봉은 국가안보교육의 최적지 경기도에는 많은 군부대가 있고 비무장지대(DMZ)가 지난다. 하지만 이에 대한 중요성을 그 누구도 말하지 않는다. 경기도 면적의 23%가 군사시설보호구역으로 묶였고, 육·해·공·해병대의 70%, 주한미군의 90%가 경기도에 주둔한다.

대대급 이상의 군부대만 600곳을 웃돌고, 공군비행장만 수원·오산·성남·양주·포천·고양 등 30곳이 넘는다. 해군도 예외가 아니다. 2함대사령부, 해병대사령부가 경기도에 있다.

경기 북부는 어쩌면 국가안보의 희생양일지도 모른다. 사실 경기도가 없으면 대한민국이 없다는 말이 나올 법도 하다. 그러나 가까운 서울 시민은 물론 타지의 국민들은 이런 내용을 잘 모른다.

김 지사는 2012년 12월 18일 가진 현장 실국장회의에 앞서 수도권 서북단인 김포시 월곶면 조강리의 애기봉 전망대에 들러 안보관광지로서 가능성을 살폈다.

오전 8시 도청에서 출발한 김 지사와 일행은 두 시간 가까이 걸려 애기봉 전망대에 도착했다. 해병2사단 주둔 지역인 애기봉은 해발 154m 봉우리로 한강 너머 1.7㎞ 거리의 북한 개성시 판문군 조강리 일대가 보인다. 해마다 10만명 가량 애기봉 전망대를 찾는다. 김포시는 이곳에 2016년까지 평화공원을 조성할 계획이다.

애기봉 전망대에는 1971년 세워진 30m 높이의 등탑이 있다. 크리스마스 때 이 등탑에 수만개 전구를 밝히면 북한 개성지역에서도 보인다. 등탑 점등은 2004년 제2차 남북 장성급 군사회담 합의로 중단됐다.

이후 7년 만인 2010년 천안함 폭침과 연평도 포격 도발 사건을 계기로 국방부가 그해 12월 다시 불을 켰다. 지난해는 김정일 사망으로 등탑 점등이 없었으며, 올해도 점등식을 신청한 기독교단체가 아직 없어 점등 행사는 없을 것으로 보인다.

이날 전망대에서 북한 땅을 바라본 김 지사는 "애기봉은 통일전망대, 임진각보다 북한이 더 선명하게 보여 국가안보교육의 최적지다. 해병2사단, 김포시와 힘을 모아 안보체험장으로 발전시키겠다"고 말했다.

국사봉 대대와 DMZ 60년사업 추진단 구성 김문수 지사는 2012년 9월 25일 오전 파주시 제25사단 국사봉 대대 국사봉 병영도서관에서 실국장회의를 열고 군 관련 협력사업을 점검하고 향후 과제 등을 협의했다.

도는 이 자리에서 10월 DMZ 60년사업 추진단을 구성하고, 사업예산으로 182억원을 확보해 4개 분야 23개 사업을 추진할 계획이라고 설명했다.

세부 사업내용은 DMZ 국제 학술 심포지엄 등 DMZ 세계화 7개 사업 26억원, DMZ 일원 안보관광자원화 사업 추진 등 9개 사업 125억4천만원, 임진각~개성 평화통일 마라톤 개최 등 7개 사업 등 30억7천만원 등이다.

김 지사는 "부처와 기관마다 산발적으로 이뤄지는 DMZ 관련 사업을 재정립하고자 사업을 마련했다"며 "연간 600만명 이상이 방문하는 DMZ를 효율적으로 관리하고 체계적으로 개발할 수 있는 시발점이 되도록 하겠다"고 밝혔다.

이와 함께 도는 군 병영시설을 활용한 체류숙박형 안보관광 프로그램 개발, 파주 통일촌·해마루촌 등 기존 민북 마을을 활용한 영농체험활동 허용, 외국 관광객 체류형 프로그램 개발 등을 제안했다.

또한 군 막사시설 및 미사용 군시설을 활용한 안보체험프로그램 개발 협조, 민북 지역 숙박 및 출입 여건 완화를 위한 합참 민북지역 민사활동규정 개정을 군에 적극 건의했다.

그 대신 도는 현역, 직업군인, 군인가족을 대상으로 맞춤형 프로그램을 통한 전문 직업능력 교육을 지원하기로 했다.

현재 경기도는 병영 내 평생학습문화 확산을 위해 고교과정 미이수 장병을 위한 검정고시반을 운영하고 있으며, 19개 부대 2200명을 대상으로 찾아가는 인문학 강좌와 라이프 코칭을 실시중이다. 전역 후 취업과 연계가 쉽도록 컴퓨터 설계 및 전기공사 등 2개 과정 자격증 취득·충효지도사·심리상담사 양성과정 등도 활발히 추진하고 있다.

더불어 부대 병영 도서관을 5개소 이상 확대하고, 군인 가족을 위한 관사 내 작은 도서관을 조성·순회 독서프로그램 '책 버스' 등도 함께 운영할 방침이다.

특히 이날 회의 장소로 제공된 국사봉 병영도서관은 2011년 2월 5억여 원을 들여 조성한 3700권의 서적을 구비해 군 장병들의 호응을 얻고 있다. 김 지사는 실국장회의를 진행하기 전에 1천권의 책을 도서관에 기증했다.

회의에서는 참석한 장병들의 의견도 이어졌다. 본부중대 김환용 이등병은 "대학에서 영화를 공부하고 있는데, 도서관에서 책도 읽고 최신영화도 관람할 수 있어 도움이 크다"고 했다. 정훈태 일병도 "군에서 연 독서토론대회에 참석해 의견을 나누다 보니 자신감과 성취감을 얻었다"며 "사회에 나가서 취업할 때 도움이 될 것 같다"고 말했다.

김문수 지사는 이 자리에서 "도와 군의 소통과 협력이 잘 돼야 경기도가 발전하고 도민이 안전하고 행복하게 살 수 있다"며 "서로의 지원 요청이 수시로 오가야 해결 속도가 빨라질 수 있다"고 당부했다.

한편 회의가 끝난 후 김 지사와 관계자들은 추석을 앞둔 적성 5일장을 방문해 상인들과 방문객들의 목소리를 듣고 물가 상황을 점검했다.

유해 발굴지, 평화의 쉼터로 6·25전쟁이 발발한 지 62년이 지난 2012년 6월 26일 오전 파주·연천·동두천 등 수해지역을 방문하는 '찾아가는 현장 실국장회의'를 가졌다. 이날은 회의 없이 현지 브리핑과 건의사항 수렴, 조치방안 위주로 운영됐다. 시간을 절약하기 위해 버스로 이동하면서 유해 발굴 영상 설명, 통일정책, 가뭄피해 등의 브리핑이 이어졌다.

김문수 지사는 첫 방문지로 조국 수호를 위해 목숨 걸고 싸웠던 노병들과 함께 파주시 광탄면의 '박달산 평화의 쉼터'를 택했다. 이곳은 지난해 5월 경기도와 파주시가 예산을 지원해 박달산에 조성한 6·25 전사자 유해 발굴 기념지역이다.

6·25전쟁 참전용사들은 함께 살아남지 못한 동료들에 대한 미안함과 안타까움으로 괴로워했기에 전우들의 유해 발굴지를 찾는 데 감격한 모습이었다. 국방부 유해발굴감식단 전문팀과 4개 사단(1만5천명)의 발굴부대가 발굴한 유해는 국군 6628구, 유엔군 15구, 적군 951구 등 7594구나 됐다. 유해발굴팀은 DNA 은행을 통해 유가족들이 부·모계 8촌까지의 전사자를 찾는 데도 노력해 왔다.

이 자리에서 김 지사는 "앞으로 경기도의 안보 관련 예산을 더욱 늘려 6·25 관련 행사와 유공자들에 대한 지원이 더 활발히 이루어지도록 노력하겠다"고 밝혔다.

김 지사는 1군단 전사자 유해발굴팀을 격려한 이후 연천으로 이동해 1974년 남침용 제1땅굴이 발견된 상승전망대를 찾아 GOP 철책선을 둘러봤다.

경기도 DMZ, 세계 유일의 평화통일공원으로 김문수 지사는 폭염이 절정인 2013년 8월 13일 파주 도라산전망대, 연천~철원 접경지인 용강교 등지에서 '정전 60주년 경기도 DMZ 세계평화공원벨트 조성'을 주제로 찾아가는 현장실국장회의를 주재했다.

DMZ 세계평화공원 추진은 2013년 5월 박근혜 대통령이 미국 상하원 합동연설에서 'DMZ에 평화공원을 조성하겠다'고 밝힌 이후 탄력을 받고 있다. 그 선봉에 경기도가 서 있다.

이날 회의는 김 지사를 비롯한 관계자들이 파주, 연천의 DMZ 현장을 직접 돌며 DMZ 세계평화공원 조성 의지를 천명한 자리였다.

김 지사는 현장회의에서 한강하구~파주~연천~철원~고성을 잇는 공원을 우선 조성하고, 점진적으로 공원 조성 범위를 민통선~군사분계선의 남한 지역에서 북한 지역으로 확대해 나간다는 구상을 제시했다.

이를 위해 유럽그린벨트 유관기관, 경기도, 강원도, 국제기구, 정부기관, 전문가로 구성된 국제지역협의체인 '글로컬 커미티(Glocal Committee)' 구성 방안을 중앙정부에 제안하겠다고 밝혔다.

아울러 현장에서 DMZ 세계평화공원벨트 조성을 3단계로 나눠 추진하는 구상안도 내놨다. 1단계는 지뢰, 재산권 및 생태계 조사를 위해 경기도, 강원도, 군(軍), 연구기관 간 추진단 구성이다. 2단계는 파주시와 연천군에서 제시한 추진안을 지원하는 단계로 지역별 특성을 살린 작은 거점 조성이다. 3단계는 장기적으로 거점을 연결해 벨트를 구성하고 지속적으로 관리함으로써 공원이 조성된 지역을 발전시키는 중장기 계획이다.

이날 파주시는 판문점·임진각·적군묘지·캠프그리브스 등을 지역 내 분단의 상징으로 소개하고, 군사분계선이 가로지르는 장단면 동장리 일원(남측 75%, 북측 25%)을 DMZ 세계평화공원 조성 후보지로 지목했다. 이곳은 45만평(1.5㎢)의 구릉지대로 남측 남방한계선과 북측 사천강 사이에 위치해 있다. 공원 조성이 결정되면 해당 지역은 향후 접근성과 역사적 상징성을 살린 관광산업형 단지로 탈바꿈할 전망이다.

연천군은 김포~파주에서 강원도를 잇는 연결 거점임을 강조하며, 태풍전망대 앞 임진강 유역인 중면 횡산리 일원을 공원 조성 후보지로 거론했다. 이곳은 임진강을 매개로 한 수자원관리와 물을 테마로 한 거점이 될 수 있다는 점에서 주목받고 있다.

DMZ 일원을 둘러보며 파주, 연천으로부터 후보지 보고를 받은 김 지사는 "DMZ 평화통일공원 장소로 경기도가 적합한 이유는 인천공항에서 1시간 거리로 접근성이 가장 좋고, 입지적으로 천혜의 자연관광자원을 갖추고 있기 때문"이라며 최적지임을 강조했다.

아울러 "DMZ는 경기도, 대한민국의 것이 아닌 전 세계 인류의 자연환경 유산이다. 경기도만의 힘으로는 안 된다. 국민, 군(軍), 북한, 유엔 등 모두가 결집된 힘을 보여야 비로소 세계 유일의 평화통일공원이 될 것이다. 경기도는 이를 위해 최선을 다할 것"이라고 밝혔다.

한편, 이날 연천군과 철원군 접경지인 용강교에서 김 지사는 배우 이영애 씨를 'DMZ평화대사'에 위촉하고, 위촉장을 전달했다. 두 사람은 북한 이탈주민 어린이와 손을 잡고 철원군 측 용강교에서 연천군 측 화살머리 고지로 넘어가는 'DMZ 평화의 손잡고 함께 걷기' 행사도 했다.

DMZ세계평화공원, 경기도에 답 있다 경기도의 DMZ 세계평화공원 조성안은 독일의 그뤼네스 반트(Grunes Band) 사례에서 많은 영감을 얻었다. 독일 분단 당시 동·서독을 갈라놓았던 철의 장막은 현재 그뤼네스 반트, 즉 녹색지대라는 이름으로 불린다. 이곳은 통일 이후 한때 개발과 보존 문제로 논란의 중심이 되기도 했다. 하지만 정부와 자치 주, 시민사회단체, DMZ 인근의 주민들은 분단 40여 년 동안 사람들의 발길이 끊어지며 원시 자연 형태로 남아 있었던 이곳의 녹색지대를 적극 보존하고자 노력했다.

그 결과 철의 장막은 자연보전과 생태역사관광 지역으로 완전히 탈바꿈했다. 정찰로, 감시탑 등 역사 유물들은 귀중한 교육 자료이자 관광 자원으로 활용되고 있다. 현재 그뤼네스 반트는 스칸디나비아부터 발칸을 거쳐 유럽대륙까지 확산되는 '대륙 생태 띠'를 만들었고, 국제 환경운동의 거점으로 성장했다.

도는 이렇듯 그뤼네스 반트의 성공 사례를 통해 우리나라 DMZ의 미래를 구상하고 있다. 보전과 활용을 통해 DMZ의 역사와 안보현실을 체험할 수 있는 국제적 관광거점을 만들자는 것이다. DMZ 세계평화공원이 성공리에 조성되면 자연친화적이며 지속적인 활용이 가능한 국가생태벨트가 만들어진다.

이는 독일과 유럽에 이어 아시아 지역에서 최초이자 전 세계적으로는 제

3의 그뤼네스반트가 될 전망이다. 일명 '아시아 그뤼네스 반트'라 불리며 시베리아, 중국대륙, DMZ 생태축과 한반도 백두대간을 연결하는 거대한 의미도 가진다. 경기도는 이러한 뜻을 담아 지난 8월 말 DMZ 세계평화공원 추진에 대한 확고한 의지를 담은 건의문을 통일부에 정식으로 전달했다.

건의 내용은 한강하구에서 고성을 잇는 벨트 개념으로 추진, 단계적으로 민통선 인근에서 군사분계선 남쪽·북쪽으로 점진적 확대, 거점을 조성해 연계하고 지역의 발전방안 고려, 공원 조성의 실효성 확보를 위해 경기도 후보지에 대한 적극적 검토 등이다.

또한 경기도는 공원의 효율적 추진을 위한 지역 추진단을 구성하기 위해 관련 기관이 함께 참여해 줄 것을 통일부, 강원도, 군사령부, 연구기관 등에 각각 제안했다.

김문수의 정치 철학은 "돈이 들지 않는 정치구조는 선출직의 국민경선제 실현이 그 첫걸음이 된다"는 그의 말에 담겨 있다.
그러나 인생이 최선의 카드만 뽑을 수 있을까? 그것이 어찌 자기 마음대로 되던가?
차선도 뽑아야 하고, 삼선도 택하는 것이 인생 아닌가.

5장
신기독(愼其獨)으로 깨우친다

5장
신기독(愼其獨)으로 깨우친다

염소는 왜 낭떠러지 절벽을 좋아하는가?

김문수는 시야가 넓다. 그는 좌와 우, 노와 사, 동과 서, 남과 북을 두루 보는 안목을 지니고 있다. 원칙을 세우고 약자를 돌봐야 할 때는 김문수 같은 청렴하고 신념형의 지도자가 부상한다.

하지만 넓은 시야와 올곧은 신념만 가지면 안 된다. 실천의 방법과 계략이 있어야 한다. 그는 과연 어떤 지혜와 실력으로 새로운 국가경영을 모색할까?

그는 지도자가 지녀야 할 덕목으로 '신기독(愼其獨)'을 지목한다. "남이 보지 않는 혼자 있는 시간에 자기를 점검하고 살펴야 한다"는 얘기다.

그는 산양(山羊)의 관상이다. 이마가 턱에 비해 이마가 넓고 눈이 맑다. 서재에 틀어박혀 오랫동안 고서를 탐독한 사람의 눈이다.

한국에서는 산양을 염소라고 부른다. 자세히 분류하면 약간 틀리지만 큰 틀에서 산양과 염소는 같은 과다. 양은 평지의 목장에서 키우지만 산양은 산에서 서식한다. 이름 그대로 산에서 사는 양이 산양이다. 산양은 험한 바위 절벽에도 잘 오른다. 염소는 사람이 못 오르는 낭떠러지에서 한가롭게 풀을 뜯어 먹는 습성이 있다. 완도 약산도 돌산 절벽의 염소가 대표적이다. 요컨대 평지에서 사는 동물이 아니다.

염소는 왜 낭떠러지 절벽을 좋아하는가? 육식동물이 접근하기 어려운 장소이기 때문이다. 공격을 차단할 수 있다. 어쨌든 산양은 험한 바위를 타며 풀을 뜯는 습성이 있어 고생을 타고났다.

김문수의 인생도 절벽에서 풀을 뜯는 산양 같다. 염소는 고기를 먹지 않는 채식주의자이다. 그의 삶은 돈과 거리가 멀다. 육식을 못 하니까 돈도 못 먹는다. 그래서 주변에 사람이 없다. 사람이란 돈을 좋아하기 때문에 어쩔 수 없다.

염소는 절벽 위에서 아래를 내려다보는 습성이 있다. 그만큼 관점이 높다. 이를 두고 고소(高所)의 사상이라 부른다. 높은 데에서 아래를 내려다봐야 사상이 형성된다. 저소(低所)에서 살면 사상 형성이 어렵다. 같은 물에서 놀면 관점 생성이 어렵다.

그러나 높은 절벽에 오르기가 어디 쉬운가? 손에 피를 흘리며 올라야 한다. 연못의 물을 바꾸기가 그리 쉽던가? 같은 물이 편한 법이다. 물을 바꿔 먹으면 배탈이 난다. 그래서 높은 데 못 가고 물 바꾸기가 힘든 것이다.

김문수는 시야가 넓다. 좌와 우, 노와 사, 동과 서, 남과 북을 모두 볼 수 있다. 그만큼 절벽 위에 자주 올라갔다는 뜻이다. 이처럼 산양의 관상을 가진 인물은 정치보다 학자로 사는 것이 더 맞다. 하지만 오히려 그렇기 때문에 보다 더 큰 정치적인 그림이 보일 수도 있다. 돈이 없는 자가 대통령이 되어야 제대로 된 나라 살림을 꾸려 나갈 수 있지 않을까?

"청렴하면 영생, 부패하면 즉사"

김문수의 정치 철학은 "돈이 들지 않는 정치구조는 선출직의 국민경선제 실현이 그 첫걸음이 된다"는 그의 말에 담겨 있다.

그러나 인생이 최선의 카드만 뽑을 수 있을까? 그것이 어찌 자기 마음대로 되던가? 차선도 뽑아야 하고, 삼선도 택하는 것이 인생 아닌가. 시대라, 자기가 태어난 환경에 따라 그 선택은 달라진다.

1970~80년대 독재정권의 시대에 성장한 염소가 정치판의 이종격투기장에 들어간 것이다. 육식동물이 우글거리는 판에 채식동물인 염소가 입장한 셈이다. 채식한다고 힘이 없지만은 않다. 벼슬도 했다. 국회의원 세 번, 도지사 두 번이라면 육식동물 못잖은 관록이다.

김문수는 그동안 경기도지사를 두 번 했다. 경기도지사 시절에 대한 세간의 평가는 우호적이다. 도 공무원 조직이 청렴해졌고, 경기도에 기업도 많이 유치했다.

그는 경기도지사를 2006년에서 2014년까지 8년간 했다. 조선조의 경기관찰사로부터 따진다면 689대 관찰사이다. 대개 평균임기 1년을 넘기지 못한 데 비하면 8년은 조선조 이래 최장수 경기관찰사인 셈이다.

공무원들의 '청렴'은 그가 중점을 둔 일 중의 하나이다. '청렴영생 부패즉사'라는 문구를 청사 화장실에 붙여놓고 공무원 명함에도 새겨 넣게 했

김문수는 시야가 넓다. 좌와 우, 노와 사, 동과 서, 남과 북을 모두 볼 수 있다. 그만큼 절벽 위에 자주 올라갔다는 뜻이다. 그렇기 때문에 보다 더 큰 정치적인 그림이 보일 수도 있다. 돈이 없는 자가 대통령이 되어야 제대로 된 나라 살림을 꾸려 나갈 수 있지 않을까?

다. 청렴하면 영원히 살지만, 부패하면 즉사한다는 내용이다. 공무원들이 화장실에서 일을 보다가 이 문구를 보면 멈칫한다는 우스갯소리도 있을 정도였다. 맞는 말이지만 너무 부담된다는 뜻이다.

김문수는 2014년 중국에 초청 강연을 갔다. 이 자리는 중국 공산당 간부 중에서도 감사 업무를 주관하는 공직자 대상이었다. 그는 여기서 '淸廉永生 腐敗卽死'라는 한자가 새겨진 한국 부채를 나눠주었다. 부패가 심한 공산당 간부들로서는 부담이 많이 되었을 법하다.

김문수가 부임하기 전 경기도의 청렴도는 전국 지자체 가운데 16등으로 전국 꼴찌 수준이었다. 경기도 인구는 1250만명으로 다른 도에 비해 아주 많다. 그럼에도 공무원 수는 서울의 1/3밖에 안 된다. 공무원 수가 적은 만큼 권한이 강해진다. 인·허가를 결정하는 공무원이 인구에 비해 상대적으로 적으니까 입김이 세질 수밖에 없다.

공무원이 8600여 가지의 법정사무(法定事務)를 관여한다. 더구나 경기도에는 오산·수원·포천 등 군용을 비롯한 비행장이 34개나 된다. 이것은 다른 도에 없는 특수상황이다. 경기도는 휴전선을 끼고 있어 군부대도 엄청 많다. 군사시설 주변에는 규제가 심해 이를 둘러싸고 잡음이 끊이지 않는다. 예컨대 군사시설보호구역 내의 화장실을 하나 고치더라도 사단장의 허가를 받아야 한다.

그린벨트 규제도 많다. 서울의 상수원인 팔당댐은 경기도에 있다. 그래서 팔당호 주변에는 농업, 축산업 등에 대한 규제가 많을 수밖에 없다. 결국 규제를 어겨야 먹고사는 이들로서는 공무원에게 돈을 집어줘야 하는 구조이다. 이런 규제가 많다 보니 공무원의 부패가 많았다. 김문수는 도지사 재직 중에 이를 고치는 데 주력했다. '청렴영생 부패즉사'는 그래서 나온 말로 마침내 경기도는 청렴도 16등에서 1등으로 올라섰다.

현실과 이상의 통합, 유연한 정치

그의 얼굴은 돈 붙는 관상, 즉 부상(富相)이 아니다. 아랫볼이 홀쭉하고 턱이 두툼한 관상이 아니다. 돈이 붙으려면 살이 좀 붙어야 하는데 그는 아래턱 쪽이 깡마른 인상이다. 동양의 전통적인 지도자 상은 두툼한 턱에 돼지 쓸개를 엎어놓은 듯한 모습의 코를 가진 얼굴이다. 돼지쓸개 코는 돈 붙는 코다. 입도 좀 커야 식성이 좋다. 식성이 좋아야 아무거나 잘 먹는다. 그러나 김문수는 그것과 거리가 먼 깡마른 인상의 선비 타입이다. 깨끗하고 정직한 눈을 갖고 있다. 다른 사람을 속여 먹거나 음흉하게 이중 플레이를 할 눈이 아니다.

그런 연유로 정치 지도자의 여러 조건을 갖췄지만 지지율이 크게 오르지 않는다. 뭔가 친숙한 대중적인 이미지가 형성되지 않은 탓이다. 상대방에게 유머 감각이 부족하다는 인상을 주기 쉽다. 너무 진지하면서 타협하지 않는 강직한 선비 인상의 얼굴이다.

사람의 역할은 시운(時運)에 따라 다르다. 돈을 벌어야 할 시기에는 부자 관상의 넉넉한 지도자가 맞고, 원칙으로 약자를 돌봐야 할 때는 청렴한 신념형의 지도자가 제격이다.

종래의 지도자 관상이 사람을 압도하는 '압인지상(壓人之相)'이 많았다면 21세기의 민주화 사회에서는 시민을 위로해주는 '위민지상(慰民之相)'이

보수는 대한민국의 정통성과 자유민주주의, 시장경제의 가치를 지키자는 것이다. 그런데 보수가 부패하면 대한민국의 정통성이 위협받고 포퓰리즘이 판치고 시장경제는 부정된다. 사진은 한국경제위기 진단 토론회 모습.

맞는다. 김문수는 전자보다 후자에 속한다. 한국의 시운이 어디쯤인가에 따라 시대가 요구하는 관상이 달라진다.

청렴과 신념은 어떻게 형성되는가? 아무나 되는 것이 아니다. 타고난 것인지, 후천적으로 형성되는지, 혹은 둘 다인지 알 수 없다. 다만 타고났더라도 살면서 수업료는 내야 한다. 즉, 피·땀·눈물 없이는 안 된다. 이 3종의 액체를 많이 흘린 사람은 수업료를 많이 낸, 그래서 삶에 대한 태도도 다르다.

김문수는 그동안 살면서 가장 힘들었던 시절을 고문당할 때로 꼽는다. 그 당시 너무 힘들고 무서워 자살하고 싶을 정도였다. 남영동 대공분실, 장안동 분실, 남산의 중앙정보부, 안기부 남산, 서빙고 보안대, 남한산성 장지동 분실 등 고문실을 전전했다. 야구방망이로 어깨·등을 강타당해 지금도 날씨가 안 좋으면 어깨 쪽이 결린다.

그래도 불구가 안 된 것을 다행으로 여긴다. 전기고문은 무섭고 엄청 힘들다. 발가벗겨 놓고 커다란 철제 의자에 앉혀 포승줄로 온몸을 묶으면 피가 통하지 않는다. 그리고 구리선을 양쪽 엄지손가락에 연결하고 수동으로 전기동력 장치를 돌린다. 점차 전압이 올라가면 그 쇼크로 몸이 펄쩍펄쩍 튀어 오른다. 그때 밧줄로 묶인 부분의 근육에서 피가 흐르고 정신을 잃는다.

나중에는 피오줌이 나온다. 그러면 고문관이 머리 위에 물을 퍼붓는다. 그 물은 밑으로 잘 빠지게 돼 있어 아무리 많이 부어도 고이지 않는다. 전기고문 장소 또한 괴기스럽다. 지하실의 적막하고 음산한 곳에서 전기고문을 당하다 보면 엄청난 공포가 밀려온다.

1980년과 1986년에 들어간 서울구치소에서는 몽둥이로 많이 맞았다. 면회가 안 되는 안양교도소에서도 고문을 많이 당했다. 단식투쟁을 하는 바람에 더 많이 당한 듯하다. 목포·광주교도소에서도 1년씩 살았다. 광주교도소에서는 5·18 때 전남대 학생회장으로 교도소에서 죽은 박관현이 있던 방에서 지냈다.

전국 최초의 '한글 근로기준법' 만들다

김문수는 1971년 서울대 상대 2학년 때 제적당했다. 그때는 박정희와 김대중이 대선에서 맞붙었던 시절이다. 김대중이 떨어지고 교련반대 부정부패 반대 데모를 했고, 민청학련 사건 때 결국 제적당했다.

그러다가 청계천에 가서 분신한 전태일 집에 들락거렸다. 청계노조 간부들에게 창동 전태일의 판잣집은 일종의 학교였다. 판잣집이 노동자들의 교육장이고 상담소였다.

그는 여기에서 노동자들에게 한문과 일반상식을 가르쳤다. 그때는 근로기준법이 모두 한문으로 되어 노동자들이 읽기 힘들었다. 나중에는 근로기준법을 읽기 쉽게 한글로 번역했다. 전국 최초의 한글 근로기준법은 이 과정에서 탄생한 것이다.

이런 교육 분야의 일을 하다가 노동현장에 직접 뛰어들었다. 옷감을 자르고 펴는 재단보조 일을 했다. 23~4세 때로 아침부터 밤 11시 넘게 일했으면서도 잘못한다고 욕만 먹었다. 대개 초등학교만 졸업하고 들어온 숙련공들은 손놀림이 빨랐지만 그는 손이 느려 핀잔을 듣기 일쑤였다.

그러다가 보일러 취급 자격증을 따 공장에 취직하면서 대접이 달라졌다. 잡일하는 보조에서 기능공으로 일취월장한 것이다. 청계천의 월급 1만원이 기능공으로 5만원을 받으면서 엄청난 차이를 실감했다.

그는 1975년 도루코에 보일러공으로 입사했다가 1980년 해고됐다. 보일러공에 필요한 원동기 취급기능사 1급, 열관리 기능사 2급, 위험물 취급기능사 1·2급 등 자격증은 입사할 무렵에 이미 따놓았다. 회사에 들어가서 전기안전기사 2급, 전기기기 기능사 2급도 땄다.

고졸로 위장 취업해 3교대 보일러공으로 일했던 그는 환경관리 기사 2급 시험에도 도전했다. 당시 이 자격증은 합격률이 낮을 만큼 따기 어려웠다. 도루코의 한양공대 출신 기사 5명이 이 시험에 도전했다.

회사에서는 시험공부를 지원하는 차원에서 이들에게 특별휴가를 주었다. 그러나 막상 공대 출신은 모두 떨어지고 고졸 보일러공인 그만 합격하는 이변이 일어났다. 회사에서는 모두 놀랄 수밖에 없었다.

그는 이 자격증을 따고 나서 안전계장으로 승진됐다. 회사 입장에서는 이 자격증을 가진 사람을 외부에서 채용하려면 돈이 많이 들었다. 그러나 내부 사람이 자격증을 따면 여러모로 편리했다. 그래서 그는 3계단이나 특진해 계장이 됐다. 합격한 뒤로 회사에서 주목하는 존재가 되었다.

그처럼 그는 모든 시험에서 별로 떨어진 적이 없다. 계장이 된 후 일어난 변화가 노조간부가 된 일이었다. 노조가 세대 교체되면서 새파란 나이에 노조위원장이 됐다. '전국 금속노조 영등포지역지부 한일공업 노조분회장'이 그 정식 명칭이다. 그에게는 지금도 잊히지 않는 직책이다.

김문수의 부인 설난영은 순천 출신으로 그 무렵 같은 영등포 지역지부 노조의 분회장이었다. 세진전자의 노조위원장으로 같은 지역구의 노조 간부였기에 서로 알게 되었다. 그러다가 전두환 정권이 들어서면서 그는 삼청교육대의 교육대상으로 지목됐다. 그 당시 남민전 사건이 있었는데, 수사기관은 그의 그룹을 남민전과 비슷한 모임으로 여기고 구속하기 시작했다. 약 70명이 잡혀 들어갔는데 그도 포함됐다. 1980년 2월에 들어가 4월에 간신히 나왔다. 이런 상황에 또다시 삼청교육대에서 잡아들인다니 숨을 수밖에 없었다.

그러나 숨는 것도 쉬운 일이 아니었다. 살벌하던 그때 수배자를 숨겨주는 일은 보통의 결단이 아니다. 혹여 발각되면 자신의 신세도 망치는 위험을 감수해야 된다. 마포에 설난영의 동생이 하는 빵집이 있었다. 빵집 안의 생활공간에서 처남, 처제 등 3남매가 함께 살았다. 그 방 2층 다락방에서 4개월 숨어 지냈다. 설난영의 도움으로 위기를 넘긴 후 둘은 결혼했다.

그런 김문수가 좌에서 우로 방향을 바꾼 계기는 무엇이었을까? 좌(左)는 공(工)자가 들어 있어 공부하는 일에 우선순위를 둔다. 좌파는 공부하는 사람들이란 의미가 한자에 들어 있다. 우(右)는 입 구(口)가 있어 우파는 먹는 문제에 우선순위를 둔다는 의미로 해석된다.

인간은 밥 굶고 공부만 할 수 없고, 머리에 든 것 없이 무조건 먹고 살 수도 없다. 우리의 일상생활에는 이 두 가지 영역이 모두 들어 있다. 그런 점에서 사람들은 김문수의 양파섭렵(兩派涉獵)은 보편적인 코스이고 합리적인 변화로 본다. 과연 이 대목에 대한 그의 생각은 어떨까?

"근본으로 돌아가서 생각해야 한다. 근본은 행복이다. 인간은 누구나 행복하기를 바란다. 행복이 무엇인가는 복잡하게도 설명할 수 있지만 간단

김문수 지사와 이영애 씨가 북한이탈주민 어린이의 손을 잡고 철원군 측 용강교에서 연천군 측 화살머리 고지로 건너가고 있다.

히 정의하면 '잘 먹고 잘 사는 일'이다. 잘 먹고 잘 사는 길이 무엇인가? 이 목표를 위해서 다른 것은 모두 방법이고 수단일 뿐이다. 좌파는 이상주의적인 노선이고 우파는 현실주의적인 노선이다. 이상(理想)이 있어야 정치인이다. 이상은 정치인의 엄청난 자양분이다. 이상이 없으면 자양분이 없는 것과 마찬가지다. 박정희, 김대중은 젊었을 때 좌익을 경험해 보았다. 이때의 경험이 정치적 자양분이었다고 생각한다. 그렇지만 이상을 실현시키는 데에는 역시 현실적인 접근이 필요하다. 현실은 유연함을 요구한다. 변화에 적응하는 것이 현실적인 태도다. 동구권이 붕괴되고, 러시아가 붕괴되는 것을 보고 충격을 받았다. 중국과 수교되어 처음 중국에 갔을 때 화장실의 문짝이 없었다. 밖에서 들여다볼 수 있는 화장실이었다. 집사람이 중국 화장실에 갔다가 불편을 호소했다. '이론과는 다르구나!'를 느꼈다. 미국에 가니까 사람들이 아주 친절했다. 길을 물어보면 친절하게 가리켜 주는 면이 아주 인상적이었다. '미 제국주의가 아니구나!'를 알았다. 이론보다는 현장체험이 중요하다는 이치를 절감했다. 이런 현장을 보면서 내 생각에 변화가 왔다. 잘못되었으면 수정하고 방향을 틀어야 한다. 나는 좌파에게 '현실을 보자. 경험이 중요하다'고 말하고 싶다. 우파에게는 '미래를 보자. 근본을 보자. 자기만 생각하지 말고 안 보이는 주변도 좀 생각하자'고 말하고 싶다."

지도자가 지녀야 할 덕목은 신기독(愼其獨)

김문수를 만나보면 정치인보다 유교적인 소양을 갖춘 선비 지도자에 가깝다는 느낌을 강하게 받는다. 독립운동을 한 민족지도자였던 심산 김창숙 선생의 스타일과 비슷하다. 대쪽 같은 절개도 있으면서 자신이 잘못됐다고 느끼면 언제든지 고치는 것을 주저하지 않는다. 사람을 속여 먹지 않고, 적어도 자기 앞에만 큰 감을 놓으려고 하지 않는 최소한의 양심가라는 얘기다.

영남의 선비 집안 연구의 대가는 한국학중앙연구원 장서각(藏書閣) 책임자인 김학수(金鶴洙) 선생이다. 「17세기 영남학파 연구」란 박사논문을 쓴 이로 영남 집안의 족보와 고문서, 학맥과 혼맥에 해박한 지식을 보유하고 있다. 장서각에는 우리나라 명문가의 고문서 자료들이 광범위하게 있어 유서 깊은 양반 집안을 연구하는 중심이다.

알고 보니 김학수는 김문수와 경주 김씨 규정공파(糾正公派) '수(洙)'자 항렬이 같다. 같은 집안으로 김문수가 집안 형님이다. 김문수 집안은 여헌 장현광 선생의 학맥이었다. 여헌의 학풍을 직통으로 계승한 유학자 집안이었다. 김문수의 고향인 영천 임고면(臨皐面) 황강리(黃岡里) 일대에는 여헌의 제자가 많이 살았다.

동네 입구에 돌비석이 서 있고, 거기에는 '이화위기(以和爲貴) 유구만세(悠久萬歲)'라고 씌어져 있다. '화(和)가 귀한 것이고, 이 화합하는 마음이 있어야 만세를 간다'는 뜻이다. 김문수 고향 동네에서 귀하게 여겼던 화(和)는 여헌 학풍의 영향이다. 고향에 있던 죽강서당(竹岡書堂)은 김문수 집안의 조부 항렬인 분이 운영했다. 김문수도 죽강서당에서 어릴 때부터 한문을 익혔다. 어린아이와 새댁, 며느리, 여자들도 여기에서 한문을 배웠다. 죽강은 먹고살 게 없어 일찍이 만주에 갔었고, 모택동 정권이 수립되자 고

인권법 제정 촉구 결의대회.

향으로 돌아와 서당을 운영했다.

죽강 할배 외에 용지 할배가 운영하던 서당이 동네에 또 있었다. 여기는 수준이 좀 있었다. 집안 족보는 수준이 좀 높은 용지 서당에서 배웠다. 그리고 돌목 할배가 운영하던 돌목서당에서는 '장자(莊子)'를 비롯한 수준 높은 문장과 한시를 가르쳤다. 어린애들은 다닐 수 없는 서당이었다. 김문수는 어렸을 때부터 동네에 3개의 서당이 있었던 유학적 분위기에서 자랐다. 김문수 증조부가 우담(愚潭) 김준희(金俊熙)로 여헌의 학맥이었다. 김준희가 나중에 「여헌문인록(旅軒門人錄)」을 편찬하고 발행했다.

이러한 문인록 발행은 아무나 하는 것이 아니다. 학문적 온축(蘊蓄; 속에 깊이 쌓아둔 것)이 있어야 하고, 주변에서 학문과 인품에 대한 평판이 있어야 한다. 거기에다 어느 정도의 재력이 있어야 책을 낸다. 이는 주변에서 '발행해도 된다'는 신망을 얻었던 증거다.

김문수의 14대조가 김연(金演)이다. 임진왜란 때 의병장을 하다가 경주의 서천(西川) 전투에서 순절했다. 나라에서 불천위(不遷位)를 하사했다. 보통 아버지, 할아버지, 증조부, 고조부 4대 조상까지 제사를 지내고 그 이상은 지내지 않는다.

'불천위'는 이 제한을 받지 않고 계속 제사를 지내주는 조상이다. 나라에 공훈이 있어야 불천위를 받는다. 불천위는 국가유공자나 큰 학자들만이 받을 수 있는 제사를 지칭한다. 따라서 양반 집안에서는 불천위 제사가 있어야 격이 맞는다.

김문수는 어린 시절 죽강서당에 다닐 때 한 한문 공부 가운데 기억나는 대목에 대해 이렇게 말했다.

"서당 선생님에게 추수할 때 나락 1가마 정도를 어른들이 드렸던 것으로 알고 있다. 곡식으로 수업료를 낸 셈이다. 어렸을 때 집에서 본 주련과 현판 글씨 가운데 '신기독(愼其獨)'이 있었다. 그때는 뭘 몰라서 독기신(獨其愼)으로 읽곤 했다. '행념래회(行念來悔)'라고 써진 편액도 많이 보았다. 세월이 지나고 보니까 지도자가 지녀야 할 덕목이 신기독(愼其獨)이었다. '혼자 있을 때 자기를 점검하고 살펴야 한다'는 뜻이다. 남이 볼 때는 잘하다가 안 볼 때 함부로 살면 신기독이 아니다. 남이 보지 않는 혼자 있는 시간에 자기를 점검하고 챙겨야 한다. 조선 선비들은 신기독을 공부의 기준으로 삼았다. 서경(書經)에 나오는 '유정유일(惟精惟一) 윤집궐중(允執厥中)'도 최근에 자주 묵상하는 문구다. '마음 자세를 정성스럽고 한결같이 해서 균형과 중심을 잡아야 한다'는 의미다. 온갖 풍파 속에서 살아야 하는 정치인으로서 살다 보니 이 대목이 그렇게 마음에 와 닿는다."

김문수는 대구 경북고 3학년 때 3선 개헌 반대시위에 앞장섰다. 교문 밖으로 나가 대구 대명동의 2·28 기념탑까지 학생들이 뛰어갔다. 2·28 기념탑은 4·19를 촉발시킨 대구의 시위를 기념하기 위해 세워진 탑이었다. 학교에서 뛰어가면 20분 거리의 탑인데, 여기를 한 바퀴 돌고 학교로 돌아간 것이 데모였다. 담임선생이 반성문을 쓰면 봐주겠다고 했다.

그러나 김문수는 "'이승만의 3선 개헌이 잘못이다'라고 교과서에 있다. 교과서에 쓰인 대로 했는데 왜 반성문을 써야 하느냐?"고 답변했다.

결국 무기정학을 받았다. 집안 어른들이 걱정을 많이 했다. 작은아버지가 교사였다. "너 후회 안 하느냐?"고 물었다고 한다.

"옳은 일 했는데 왜 후회를 해야 합니까?"

나라사랑 태극기 달기 운동 캠페인.

지금 생각해 보니 이것이 선비집안의 유전자였던 것이다. '아침에 도를 깨우치면 저녁에 죽어도 좋다(朝聞道夕死可矣)'라고 하지 않았던가!

'옳은 일 했는데 왜 후회를 해야 하느냐'는 물음이 이후로 김문수의 인생 행로를 결정했다.

그가 청계천에 들어가 노동운동을 하고, 공장 다니고, 고문당하고, 감옥소 생활을 한 것도 이 대목에서 출발했다.

유교는 수기치인(修己治人)이다. 먼저 수신을 하고 그 다음에는 정치를 한다. 현실 문제에 뛰어든다는 것이 도교·불교와 구별되는 점이다. 수신 측면에서 보면 동양 삼교, 즉 유·불·도교가 모두 같다. 그러나 치인의 영역에서 구별된다. 유교는 공부해서 결국 정치하는 것이 정석 플레이다.

김문수가 노동운동을 하다 정치에 뛰어들었던 것도 이러한 맥락에서 보면 아귀가 맞는다.

선출직 국민공천제 실천이 정치개혁 첫 단추

김문수가 새누리당 보수혁신특별위원장을 맡고 있을 때 성완종 전 의원의 죽음에서 비롯된 엄청난 스캔들이 정국을 강타했다. 정치가 돈으로부터 해방되는 날, 과연 어떻게 이 지긋지긋한 구조를 끝장낼 수 있을지에 대한 그의 생각을 들어 보았다.

"보수는 대한민국의 정통성과 자유민주주의, 시장경제의 가치를 지키자는 것이다. 그런데 보수가 부패하면 대한민국의 정통성이 위협받고 포퓰리즘이 판치고 시장경제는 부정된다. 부패, 특히 정치부패는 돈이 드는 구조에서 생긴다. 왜 정치에 돈이 드는가? 보스가 공천권을 갖고 있으니 보스가 정치하는 데 들어가는 비용을 공천받으려는 사람들이 내야 하는 것이다. 그 돈은 어디서 오는가? 개인적인 비리 혹은 기업인들에게 반(半) 강요해서 받을 수밖에 없다. 성완종 회장 리스트 파문도 돈 들어가는 정치의 악순환 때문이다. 결국 돈이 들어갈 필요 없는 정치구조를 만들면 해결되는 문제다. 선출직의 국민공천제 실시가 중요한 첫걸음이다. 새누리당 보수혁신위를 이끌며 가장 심혈을 기울여 관철했던 혁신이다. 국민 공천제 전면 도입은 정치부패를 뿌리 뽑고, 삼류 정치를 일류 정치로 만들어 대한민국을 선진강대국으로 이끄는 필수 전제조건이다."

김문수와 악수를 하기 위해 손을 잡아보면 무척 크다. 체구에 비해 손이 크고 손바닥이 두텁다. 손은 오장육부의 연장선상으로 그것을 말해준다.

『그리스인 조르바』의 그리스 작가 카잔차키스는 자신의 양쪽 손이 다르다고 말했다. 한쪽 손은 섬세한데, 다른 한쪽 손은 거칠다는 것이다. 이는 양극단이 자기 안에 내재해 있다는 의미다. 김문수의 키는 그리 크지 않지만 손은 체구에 비해 크고 두텁다. 다분히 실무적이고 굳센 의지의 소유자라는 증거이다.

양쪽 문을 서로 연결하려면 돌쩌귀가 있어야 한다. 돌쩌귀를 영어로 카디날(cardinal)이라고 한다. 가톨릭 추기경이 카디날이다. 추(樞)가 이것이다. 서로 다른 두 쪽의 문짝을 서로 연결해서 여닫도록 해주는 장치다. 서로 다른 두 문짝을 연결해서 돌아가도록 만드는 장치가 돌쩌귀요 카디날이다. 김문수는 이 두 문짝을 중간에서 쇠 심지를 박아 연결할 수 있는 경력을 자신의 인생에서 쌓았다.

양쪽 문을 서로 연결하려면 돌쩌귀가 있어야 한다. 돌쩌귀를 영어로 카디날(cardinal)이라고 한다. 가톨릭 추기경이 카디날이다. 추(樞)가 이것이다. 사진은 환경청소원 현장체험 모습.

"한반도가 기운이 강하다. 한반도 분단은 어마어마한 에너지원이다. 이걸 잘 해결하면 세계적인 리더십이 나올 수 있다. 영적(스프리츄얼)이고 위민(慰民)하는 리더십이 그 요체다."

김문수가 한 언론인과의 인터뷰 말미에서 한 말이다. 참으로 의미심장한 말이지만 그 심오한 뜻을 누가 알리오?

김문수를 강하게 만든 고문

김문수는 무엇이든 잘한다. 공부는 물론 체력적인 후원이 필요한 운동에도 발군의 실력을 갖추고 있다.

60대 중반의 나이에도 불구하고 새벽 체육공원에서 하는 그의 철봉 운동을 보면 입이 떡 벌어진다. 솔직히 그 모습을 보면 40대 초반의 체력이라고 믿어도 무방하다.

그가 경기도지사로 재직 중일 때 현장 실국장회의 등을 따라다니다 보면 아무리 건강한 사람들이더라도 혀를 내민다. 워낙 빠른 발걸음인 데다 그치지 않는 원동력의 근원이 믿겨지지 않는 탓이다.

뿐만 아니다. 도청 공무원들끼리 족구 대회를 할 때도 발군의 실력이 나온다. 도대체 족구를 배운다는 군대에도 다녀오지 않았는데 어쩌면 저리 잘할까 궁금할 지경이었다. 그 밖에 축구, 달리기, 유도 등 모든 운동을 잘한다.

도대체 김문수의 그런 힘은 어디서 나오는 것일까? 특이한 궁금증이 있으면 엉뚱한 풀이하기를 좋아하는 필자로서는 재미있는 숙제였다. 나는 그것을 알아내는 데 3년이 지난 어느 날 문득 느꼈다. 운동을 해보고 고통을 느껴 본 사람만이 알 수 있는 득도라고나 할까.

아, 그것은 바로 김문수가 젊은 시절 감옥소에서 당한 고문 때문이었음을…. 그에게 무서운 고문을 행한 가해자들은 반드시 윗사람의 명령에 의한 것이 아니었을 텐데, 굳이 왜 그런 심한 고문을 감행했을까?

그 무렵 젊은 김문수가 힘들게 당한 고통의 기록을 그대로 옮겨 본다.

2년 6개월, 그곳은 지옥이었다

김문수가 서울구치소로 넘겨진 것은 송파 보안사로 잡혀간 지 30일 만인 1986년 6월 초순이었다. 그는 모진 구타와 고문의 후유증으로 이미 몸과 마음이 지칠 대로 지쳐 있었다.

하지만 서울구치소에선 또다른 가혹한 형벌이 그를 기다리고 있었다. 이른바 '검신'이라는 이름하에 진행되는 신체검사는 인간으로서 감당하기 힘들 정도로 모욕적인 것이었다.

그들은 그를 발가벗긴 뒤 머리를 바닥에 처박게 했다. 그리고 항문 속을 들여다봤다. 발바닥을 들게 해 들여다보고 머리털, 겨드랑이 털까지 다 훑어봤다. 혹시 라이터돌이라도 하나 들어 있을까 해서다.

그들 말로는 '탁'이라고 한다. 온몸을 샅샅이 뒤져도 별다른 이상이 없자 오케이 사인이 떨어졌다. 입고 온 옷과 소지품도 모두 빼앗긴 채 맨몸으로 들어가 감옥 생활이 시작됐다.

"어이, 1125번!"

감옥에서는 수감 번호가 그의 이름을 대신했다. 나이도 이름도 없는 존재였다. 교도관들은 나이가 많건 적건 무조건 반말했다. 게다가 그의 가슴엔 빨간 명찰이 달려 있었다.

감옥에서 시국사범이나 좌익수에겐 빨간 명찰을 달게 했는데, 주변에 빨간 물을 들이지 않게 해야 한다며 생활도 독방에서 했다. 차가운 독방에서 혼자 생활한다는 것은 정말 견디기 힘들 만큼 정신적, 육체적 고통이 뒤따랐다.

온몸을 덮어오는 냉기와 캄캄한 어둠은 사람을 황폐하게 만들었다. 게다가 일명 '뼁끼통'이라 부르는 둥그런 통에 대소변을 봤는데 아무런 덮개도 없어 코를 찌르는 냄새가 이루 말할 수 없었다.

바깥 세계와는 완전히 단절됐다. 직계 가족이 아니면 절대로 편지를 쓰거나 받을 수도 없었다. 가족이라도 본인 사진 등을 접견 대장에 붙여놓지 않으면 면회도 시켜주지 않았다. 인간의 가치가 이렇게까지 뭉개질 수 있을까. 그는 모욕감과 절망감에 하루하루를 겨우 버텨내야 했다.

그가 구치소에 수감된 지 5개월째 되던 86년 11월의 어느 날이었다. 아침에 일어나 씻고 있는데 보안과장을 비롯해 10여명의 직원들이 세면대로 들이닥쳤다. 그러다가 다짜고짜 욕설을 퍼붓고 발길질을 하며 그를 어디론가 끌고 갔다. 눈 깜짝할 사이에 일어난 일이었다.

교도소 곳곳에서 비슷한 일이 벌어졌다. 그가 영문도 모른 채 얻어맞으며 끌려간 곳은 0.75평짜리 서울구치소 지하실 먹방이었다. 다른 정치범 100여명도 그와 같은 식으로 먹방에 갇혔다. 빛이라곤 한 줄기도 들어오지 않는 지하 먹방이니 아무리 소리를 질러봐야 바깥으로 새나가지 않았다.

86년 11월, 바깥세상은 시끄러웠다. 건국대 사건으로 1300여명의 학생들이 한꺼번에 구속되는 초유의 사건이 일어났다. 그 가운데 300여명의 정치범들이 서울구치소로 보내졌는데 이미 수감돼 있던 200여명과 합치면 500여명이 넘는 상황이었다.

이미 수용 능력을 넘어선 것이다. 때문에 위기의식을 느낀 교도소 측은 법무부의 지휘 아래 이미 수용돼 있던 정치사범들을 먹방에 가둔 것이었다. 서울구치소에는 0.75평의 먹방이 40여개 있었다.

먹방에 갇힌 뒤 그는 수갑이 채워지고 포승으로 온몸이 묶였다. 한 사람이 눕기도 불편한 먹방에 다섯 명씩이나 집어넣었다. 식사시간만이라도 포승을 풀어달라고 사정했지만 돌아오는 건 모진 구타뿐이었다. 직원들이 몰려와 발바닥을 때렸다. 발바닥이 상처가 나지 않는다는 이유였다.

그는 얼마나 맞았는지 일어서지도 못할 지경이었다. 결국 식사시간마다 개처럼 땅바닥에 놓인 밥그릇에 코를 처박고 먹을 수밖에 없었다. 어떤 사람들은 아예 굶어 버렸다.

잠을 잘 때도 수갑을 차고 포승에 묶여 칼잠을 자야 했다. 대소변을 볼 때는 더 비참한 지경이었다. 방 한 구석에는 수채 구멍만한 구멍이 뚫려 있는데 뚜껑도 없고 아무것도 없었다. 그 구멍이 '화장실'이었다. 그나마 포승과 수갑을 풀어 줘야 볼일을 보는데 그마저도 허락되지 않았다.

옷을 미처 벗지 못하고 일을 보니 언제나 옷에 오물을 흘릴 수밖에 없었다. 보다 못해 항의하면 '질서 파괴'라며 직원들이 몰려와 또 두들겨 팼다. 이렇게까지 해서 살아야 하나? 인간의 존엄성이 무시되는 곳에서 그는 매 순간 인간적인 모멸감에 시달려야 했다.

먹방에서 생활한 지 3일째 되는 날이었다.

"어이, 1125번! 당신은 한 달간 징벌이야."

머릿속이 하얘졌다. 지금 이 상태로 한 달간을 더 지내라는 얘기였다. 과연 이대로 더 견딜 수가 있을까? 팔다리가 묶인 채 꼼짝달싹 못하고 지내다 보니 팔다리가 온전할 리가 없었다. 그렇게 8일째 되는 날, 무슨 이유에선지 그는 안양교도소로 옮겨졌다.

그는 안양교도소에서도 특별사에 갇혔다. 특별사는 철문을 네 개나 통과해야 나오는 높은 담 속에 뚝 떨어져 있었다. 대학노트 크기 만한 시찰구는 투명 플라스틱으로 된 덧문이 이중으로 덮여 있었다. 공기가 하나도 통하지 않아 한 시간쯤 맨 바닥에 앉아 있으니 숨쉬는 훈기가 물방울로 맺혀 베니어판 벽을 타고 흘러내렸다. 숨이 가빠 왔다.

이대로는 더 이상 살 수 없어 죽고 싶은 마음에 머리를 찧어보았다. 하지만 벽은 스티로폼을 깔고 그 위에 베니어판을 입혀 놓았기 때문에 죽을 수도 없었다.

그렇게 징벌방에서 한 달간 죽을 만큼 힘든 고통이 계속됐다.

당시 국가보안법 위반이라는 죄목으로 수감된 사람들에겐 피도 눈물도 없었다. 특히 반군사독재를 외치던 운동권에겐 더욱 가혹했다. 김문수는 한 달 만에 징벌방에서 풀려 나왔지만 상황은 조금도 나아지지 않았다.

일반 방에 돌아왔지만 복도엔 언제나 완전무장한 경비교도대 두 명이 일거수일투족을 감시하며 옆방과도 통방하지 못하게 했다. 비인간적으로 생활하는 건 일반방도 마찬가지였다. 모든 재소자들에게 씻는 것도 이빨 닦는 것도 변소 안에서 하라고 했다. 세탁도 물론이었다.

그는 이런 비인간적인 처사를 도저히 참을 수 없었다. 그가 항변하자 또다시 특별사로 끌고 갔다. 팔다리를 척추 뒤쪽으로 젖혀 잡아맸다. 이른바 '족수승'이었다.

풀을 먹인 밧줄로 얼마나 꽁꽁 얽어맸는지 살갗에서 피가 흘렀다. 시간이 갈수록 숨이 막히고 심장이 죄어 들어왔다. 그는 차라리 죽는 게 낫겠다 싶어 머리를 바닥에 찧어댔다. 그랬더니 경비대원이 와서 검도할 때 쓰는 투구를 머리에 씌워 버렸다. 그는 울부짖을 수밖에 없었다. 그는 어머니께, 하느님께 자신을 지켜달라고 기도했다.

그리고 저들을 용서해 달라고, 미워하지 않게 해달라고 기도했다.

동주야, 미안해

김문수가 감옥에서 생활하는 동안 그의 가족은 뿔뿔이 흩어져 살아야 했다. 다섯 살이 된 동주는 여전히 탁아소에 맡겨진 채였고, 설난영은 남편을 대신해 서점을 운영하며 서노련 구속자 석방을 위해 백방으로 뛰어다녔다. 언제쯤 세 가족이 모여 살 수 있을지 기약 없는 하루하루가 흘러가고 있었다.

김문수의 감옥 생활이 1년을 넘어서고 있을 즈음 설난영은 딸 동주를 데리고 집을 나섰다. 남편 옥바라지를 위해 자주 교도소를 찾았던 그녀였지만 이번엔 딸 동주를 데리고 가기로 마음먹은 것이다. 교도소로 가는 길은 멀었다.

남편이 목포교도소에 수감 중이었기 때문에 면회하려면 아침 일찍 서둘러 비행기를 타거나 하루 전에 출발해 교도소 근처에서 하루를 묵어야 했다. 하지만 오늘은 동주를 데리고 가야 하는 터라 비행기를 타고 가기로 했다.

면회 신청을 하고 얼마나 지났을까? 몹시 여윈 모습의 남편이 창살 너머로 모습을 드러냈다. 아이에겐 이런 아버지의 모습이 어떻게 비춰질까 전혀 마음이 쓰이지 않은 것은 아니다. 더구나 남편은 굳이 딸아이를 이곳까지 데려오는 걸 원치 않았다.

하지만 낯선 곳에서 아버지의 모습을 본 동주는 전혀 놀라거나 당황하지 않았다. 사실 늘 바깥일을 하느라 그는 동주와 많은 시간을 함께해 주지 못했다.

하지만 그런 아버지를 동주는 단박에 알아봤다. 아빠라고 부르는데 오히려 당황한 건 김문수였다. 그동안 동주는 몰라보게 자라 있었다. 그의 눈가가 촉촉이 젖어 왔다.

아이는 이렇게도 잘 자라주고 있는데 아버지로서 함께해 주지 못했다는 자책감이 새삼 밀려왔다. 아이는 이제 글도 읽고 쓸 줄 안다며 한껏 자랑을 늘어놓았다. 아직도 많은 시간을 이곳에 있어야 하는데 딸아이에게 아무것도 해줄 수 없다는 사실이 그는 너무나 미안했다. 그가 품속에서 아주 작은 무언가를 꺼내 딸아이에게 건네주었다.

손가락 한마디쯤이나 될까? 빨간 자동차 장난감이었다. 그것은 교도소에서 나눠주는 과자봉지 속에 들어 있던 보잘것없는 플라스틱 장난감이었다. 그 장난감을 받고 너무나 좋아하는 딸아이를 보면서 그는 또 한 번 눈시울이 뜨거워졌다.

원래 그런 것을 보관하거나 면회시간에 건네줘도 안 되는 게 교도소 규칙이었다. 하지만 힘겨운 교도소 생활 중에도 딸아이 생각이 머릿속을 떠나지 않았던 것일까? 그는 그 장난감을 소중히 간직해 왔던 것이다.

장난감을 한손에 꼭 쥔 채, 아버지를 향해 손을 흔들어주던 딸아이 동주. 그렇게 창살 너머로 딸아이와 잠깐 동안 만난 김문수는 한동안 가슴이 먹먹해 힘든 시간을 보내야 했다.

가정을 지키지 못하고 있다는 미안함과 부담스러움이 한동안 그의 마음을 짓눌렀다. 무엇보다 나날이 커가는 딸아이의 존재는 그에게 많은 고민을 안겨주었다. 과연 아버지로서 자신이 딸아이에게 해줄 수 있는 게 뭘까 하고 생각하니 고통스러웠다.

그는 많은 시간이 지난 후에야 처음으로 딸아이에게도 편지를 쓸 수 있었다. 세상은 달라져 가고 있었지만 그의 가정에 봄은 아직도 먼 듯했다.

동주에게~

아빠는 동주에게 처음으로 편지를 쓴다. 아빠는 동주가 편지를 읽을 수 있을 것이라고는 생각도 하지 못했다. 아빠가 바보라서 우리 동주가 글씨를 잘 읽는 줄 모른 게 아니라 아빠와 동주가 너무 오래 떨어져 있었는데 그동안 동주가 아주 많이 크고, 공부도 많이 해서 아빠 편지를 읽을 수 있게 된 것을 모르고 있었단다.

그동안 아빠가 동주한테 편지 한 번도 못한 것은 미안하다. 동주가 잘 봐

주세요. 지금 아빠는 아빠 책상 위에 동주 사진 네 장을 펴놓고 있다. 서점에서 찍은 것이 두 장, 올해 봄에 진달래가 활짝 핀 길가에서 찍은 것도 있다. 지금은 춥지만 곧 봄이 오고, 진달래가 피기 전에 아빠는 공부를 그만하고 동주한테로 갈 것이다. 탁아소 선생님과 친구들, 이모들한테도 아빠 소식 전해다오.

동주야, 튼튼하게 잘 지내라. 안녕.

1987년 11월 26일 아빠가

김문수 지사의 마지막 조회 모습.

김문수 지사와 이외수 작가가 만나 비슷한 서로의 청춘 시절을 청년들과 교감하고 있다.

현장 스케치

**6장
현장 스케치**

"김문수, 물 위를 걷는 사람!"
김문수 지사, 이외수 작가와 함께 젊은이들에게 희망을 쏘다

"김문수와 이외수가 만나면 과연 어떨까?"

 이름이 '수'자로 끝나고, 외모와 나이도 비슷한 데다 같은 경상도 시골(영천·함안) 출신이다. 바른말 잘하고, 끝없는 시련과 도전의 열정에다, 시대의 진정성이란 공통분모를 가진 두 사람이 만나면 과연 어떤 일이 벌어질까.
 좋은 자리에서, 좋은 사람을 만나, 좋은 이야기를 듣는 것만큼 좋은 일이란 없다. 혹여 그런 자리에 함께한 자가 있다면 그는 분명 행운아다. 새해 들어 그런 행운을 걸머쥔 청춘들의 함박웃음이 울려 퍼진, 좀처럼 보기 드문 화제의 이벤트가 경기도에서 벌어졌다.
 바로 그 특종 현장은 경기도가 마련한 '경청(京靑) 콘서트'…. '경청 콘서트'에서 '경청'은 귀 기울여 듣는다는 뜻과 더불어 경기도(京)와 청년들(靑) 간에 소통한다는 중의적 의미를 지니고 있다.

24일 저녁, 경기도가 청년들과의 특별한 소통을 위해 마련한 '경천 콘서트'에는 경기도대학생기자단 1~5기, 소셜락커, 대학생광고경진대회 역대 수상자, 경기도 차세대위원회 등 500여 명이 참석했다.

이날 김문수 경기도지사와 이외수 작가는 경기도문화의전당 아늑한소극장에서 만나 예전의 청년 시절을 돌이켜보며 미래를 이끌어갈 젊은이들과 교감하는 뜻 깊은 시간을 가졌다. 두 사람은 어려웠던 젊은 시절을 특유의 뚝심으로 이겨내고 현재의 자리에 우뚝 선, 그래서 함께 소통하는 기회를 가진 젊은 청중들이 곧 행운아인 셈이다.

"경기도는 강원도와 인접한 이웃 같은 느낌…"

이외수 작가는 콘서트에 앞서 경기도 대학생기자와의 인터뷰에서 "경기도는 강원도와 인접해 이웃 같은 느낌이다"며 "김 지사와 특별한 인연은 없지만 평소 바른말 잘하고 안정된 정책을 펼쳐 나가는 것을 매스컴에서 익히 많이 들어와 친근함을 느꼈다"고 밝혔다.

이 작가는 대학생기자들에게 하고 싶은 말로 "대한민국의 미래는 긍정적으로 생각하고 있으므로 희망을 가지라"며 "우리 민족의 문화적 잠재력은 크다. 가급적 절망하지 말고 희망을 갖고 인내하라"고 당부했다.

이어 기자의 능력과 갖춤에 대해 "균형 감각을 갖고 글을 쓰길 바란다"며 " 언제나 한쪽을 보지 말고 안팎을 다 살피되, 공정하고 균형 있는 글과 기사를 쓰라"고 좀처럼 듣기 힘든 작문의 노하우도 전수해 줬다.

또한 최근 마광수 교수가 언급한 말에 대해 "마 교수는 오랜 교분이 있는

데, 잠깐 잘못 생각한 것 같다"며 "본인의 홈페이지를 통해 사담한 것 정도로 보이는데, 인터넷의 활성화 시대 때문에 갑작스럽게 전파됐다. 그리 심각한 것은 아닌 듯하다"고 웃음을 보였다.

한편, 끊임없는 필력을 과시하는 이외수 작가는 다음 작품으로 '물 위를 걷는 사람'의 이야기를 다룬 『미확인보행물체』(가제)를 준비한다고 내비쳤다. 이미 작품 구상은 끝났고, 현재 자료를 수집중이라고 했다. 작품을 집필하는 데 보통 3~4년 걸리는데, 이번 작품은 내년에 끝낼 계획이다.

곁에 함께 있던 한 대학생기자가 "'물 위를 걷는 사람'이 김문수 지사가 아닐까요?"라고 작은 소리로 혼잣말처럼 말했지만 아무도 귀담아 듣지 않

경청 콘서트에서 젊은이들과의 소통이 돋보였다. (© G뉴스플러스 허선량)

앉다. 참으로 재치와 끼가 넘치는, 이름을 묻고 싶은 대학생기자였다.

드디어 고대했던 경청(京靑) 콘서트가 이어졌다. 콘서트는 김 지사와 이 작가의 시련과 도전, 열정, 미래에 대한 이야기를 한 후 4기 대학생기자단 7명이 패널로 참여해 질문을 선택하는 형식으로 진행됐다. 아울러 사전에 나눠준 색지에 질문을 적어 날리는 질의응답 시간도 이어졌다. 이날 이 자리에서 이어진 두 사람의 대화 자체가 곧 청춘들에게는 큰 수확이었다.

● **어릴 때와 대학 생활 등 성장 과정은?**

김문수(이하 김): 나도 가난했었다. 이외수 선생님이 더 가난했던 것 같다. 나는 그만큼 굶지는 않았다. 물만 먹고 산 적이 있긴 했다. 감옥에서 단식할 때다. 그런데, 이 작가는 자취방에서 배고팠다고 하니….

이외수(이하 이): 아버지가 교직에 계셨고, 자수성가하길 바라셨다. 대학 다닐 때부터 자립했다. 10일 동안 물로 배를 채운 적도 있다. 종교인들은 40일도 굶는다. 그분들의 내장구조나 내 구조나 별다를 건 없다.

김: 학창 시절 이외수 선생님과 좀 다른 점은 고3 때 기업 반대시위에 참가해 무기정학을 당했다. 또 대학 2학년 때 제적당한 뒤 복학했다가 71년 민청학련 사건으로 서울대를 제적당했다. 그래서 염색, 봉제 등 공장 생활을 7년 했다. 그때 노조위원장을 했었고, 집사람도 노조위원장 출신이다. 나는 감옥에 2년 6개월 있었다. 아주 힘든 고문도 많이 당했다. 그저 교과서에 나오는 것처럼 내가 옳은 것은 옳다 틀린 것은 틀리다고 생각한 말 한

마디, 이런 것들 때문에 그렇게 많은 고생을 했다. 지금 생각해 보면 적당히 타협할 수 있었는데, 그런 점에서는 내가 능력이 없는 것 같다.

오늘 와서 보니까, 이외수 작가처럼 음악이나 예술을 하듯이 조금 부드러웠더라면 고문 같은 걸 좀 덜 당하지 않았을까 하는 생각이 든다. 어린 시절 서당 같은 데서 배워 사람이 대나무처럼 강직하고 소나무처럼 청렴하고, 이런 것만 너무 계속 듣고 살았다. 지금 생각해 보니 조금은 유연성, 좀 더 한 단계 높은 그런 것들이 부족하지 않았나 싶다.

이: 사실은 의외로 지사님이 겪은 일들이 지금 어느 날 한국의 민주주의가 영국에 비해 훨씬 더 빠른 속도로 성장했다고 전문가들은 얘기한다. 거기에 기여하는 데 큰 역할을 한 것이다. 이런 것은 그냥 얘기를 들을 것이 아니라 가슴에 새기고 거룩하게 받아들여야 한다. 이처럼 얼마나 많은 분들이 시련과 고통을 겪고, 불의와 싸우고 일궈낸 민주주의인가를 가슴 깊이 아로새길 필요가 있다고 생각한다.

김 지사와 이 작가가 콘서트를 마치고 함께한 대학생들과 파이팅을 외치고 있다. (ⓒ G뉴스플러스 허선량)

● 이외수 작가는 스트레스를 노래로 푼다는데, 지사의 '힐링'에 도움을 준다면?

이: 처음에 내가 컴퓨터를 시작했을 때 걱정을 많이 했다. 내가 기계치라서 배우는 속도가 느릴까 봐 걱정했었는데, 사면 배운다더라. 일단 사두는 것이 도움되지 않을까 생각한다.

김: 내가 음치라서 노래를 잘 못하는데, 그래도 해도 되는 건가.

이: 음치도 타고난 음악성이다. 오히려 창조적인 것이다. 요즘 표절을 많이 하는데, 같은 노래이더라도 아무도 표절 못하고 절대로 못 따라한다. 새로운 곡이 창조되는 것이다. 어떤 노래를 부르든 창작곡이 되므로 대단한 것이다.

● 두 분이 고생도 많이 했는데, 사랑 얘기는 빼놓을 수 없다?

김: 1980년대 광주민주화운동 당시 감옥 갔다 나와 바로 삼청교육대 대상이었다. 그때는 삼청교육대 가면 다 죽는다고 생각했다. 그때 노조위원장 하다가 잘렸는데, 노동부의 어떤 과장분이 피하라고 귀띔해 줬다. 그때 나는 피하고 부위원장과 간부들이 많이 잡혀 갔는데, 내 대신 잡혀 간 것 같아 미안하게 생각했다. 그때 피한다고 집사람과 빵집 같은 것을 하면서 공장에 다녔다. 앞에는 빵가게이고 그 안의 다락방에 숨어 지냈다. 그 위기를 넘겼다. 그 당시 장가간 친구들과 아내들이 눈치를 주며 걱정을 많이 해줬다. 나를 숨겨주다가 일이 생길까 봐. 그래서 석 달 정도 집사람에게 가 피해 있었다.

78년 집사람과 내가 각자 노조위원장을 하고 있을 때 청혼했다가 딱지를 맞았다. 결혼 생각이 없다고 했었다. 그러다 감옥 갔다 온 다음부터는 좀 미안했던지 잘해 줬는데, 삼청교육대 대상이라고 하니까 그때는 무조건 숨겨 주더라.

이: 춘천 시내 음악다방 디제이 시절에 만났다. 그 다방 주인이 내게 소파를 줬었다. 그 소파는 내게 침대였고, 글 쓰는 장소였던 다용도의 소파였다. 그런데 어느 날 출근해 보니 다방 안이 훤하더라. 그 의자에 우연히 집사람이 앉아 있더라. 너무 아름답고 거룩해 보였다. 한눈에 반했다. 그래서 다가가 "이거 내 의자다"라고 말했다가 엄청나게 혼났다. 다방 의자에 주인이 어디 있냐는 것이었다. 그래서 처음에는 언쟁으로 시작됐다. 나중에 집사람이 기다리던 사람과 나가는데, 내가 쫓아가서 어깨를 톡톡 친 뒤 말을 걸었다. 그냥 보내면 놓칠 것 같았다. 그래서 "아가씨 굉장히 아름다우신데 이곳에 자주 출몰해 주시면 제가 한번 유혹해 보겠습니다. 어차피 나를 좋아하게 될 테니 기왕 좋아해 줄 거면 미리 좋아해 달라"고 했다. 나중에 들어 보니 어깨를 톡톡 쳤던 그 살갗 부위를 도려내고 싶었다고 했다. 지금은 사이가 좋고, 잘 살고 있다. 6개월 구애했다. 식구들이 모두 반대했지만, 나중에는 도움을 많이 받았다.

김문수 지사 러브스토리는 정말 아름답고 민주주의를 위해 투쟁했고, 또 그 사람을 숨겨줄 수 있는 사랑은 레미제라블의 사랑이다.

김: 아까 보니 사모님과 아드님이 정말 인물이 좋으시더라. 이 작가님의 외모에서 나올 수 없는 외모의 아드님이다.

이: 유전자가 바뀌겠나? 나도 자주 보면 괜찮다.

이외수 작가가 특유의 미소와 함께 손가락으로 V자를 그려 보이며 청년들에게 희망의 메시지를 전해 주고 있다. (ⓒ G뉴스플러스 허선량)

● 이 작가는 젊은 시절 건강에 신경을 안 쓴 것 같은데?

이: 맞다. 일반 사람들 주량을 물어 보면 3병 등 병단위로 말한다. 그런데 젊은 시절 나는 무박3일로 마신다고 했다. 그 자리에 앉아 술만 먹었다. 12년 동안 알코올 중독으로 고생했다. 지금 그래서 아내에게 100% 양보하며 산다. 지금은 거의 안 마신다. 담배도 많이 피웠었다. 평균 4갑 정도 피웠고, 글이 막힐 때는 8갑 정도 피웠다. 지금은 담배도 끊었다. 금연의 비결을 물어오는데, 정말 간단한 방법이다. '어떠한 일이 있어도 안 피운다'이다. 핑계가 안 통하게 이렇게 정해 놓으면 된다.

김: 술은 잘 안 마셨고, 담배는 피웠었다. 사회가 급속도로 발전하던 시절에 감옥에서 살다 보니 너무 억울해서 좀 더 오래 살아야겠다는 생각이 들어 담배를 끊게 됐다. 보통 감옥에서 나오자마자 담배를 피워 어지러워하며 감옥 앞에 있는 사람을 볼 수 있다. 나는 그때 밖에 나가도 절대 피우지 말아야지 해서 끊게 됐다.

이: 건강을 잃으면 다 잃는 것이다. 그리고 나만이 아니라 내 주변까지 힘들어진다. 마음을 긍정적으로 즐겁게 가지면 좋다. 우리나라 사람은 5를 좋아한다. 오곡, 오방, 오장, 오색, 오강 등을 좋아하는데…. 오장과 합의하는 것이 좋다. 공포, 근심, 걱정 들을 가지면 신장, 심장 등 오장에 안 좋다. 그래서 긍정적인 마음으로 마음의 평정을 가지고 즐겁게 사는 것이 좋다. 경기도 살기 좋지 않나? 자살률이 준 것으로 알고 있는데….

● 두 분이 다 소통의 달인인데?

김: 이 작가 트위터에 비하면 나는 아무 것도 아니다. 대단한 것 같다. 역

이외수 작가의 청춘불패 강연 모습. (ⓒ G뉴스플러스 허선량)

시 이 작가가 그림도 잘 그리고, 창의적이고 독보적인 작업을 많이 한다. 풍류·음악·미술 등 여러 가지 감성이 힘이라고 생각한다.

이: 주로 가슴으로, 진심으로 접근하는 것이 중요하다고 생각한다. 내 글을 읽었다고 하거나 여자 분이면 거의 무조건 해준다.

김: 나도 거의 '맞팔'을 해준다. 이 작가의 경우 소통하는 여러 가지 방법이 있지만 나는 그런 재주가 없다.

이: 다 도민을 사랑해서 그런 마음 때문에 하는 것 아니겠는가.

김: 택시 운전을 하다 보니 힘든 것을 많이 알게 됐고, 그 분들의 삶의 질이 높아지길 바란다.

● 두 분의 도전과 열정은 언제까지, 인생 전환점은?

이: 난 땅 속에서도 글을 쓸 것 같다.

김: 죽을 때까지 열심히 일하겠지만, 직위보다는 바르게 살자는 데 더 중점이 있다. 자리에 목표가 있는 것이 아니다. 그냥 우리나라 사람들이 잘사는, 살기 좋은 나라가 되길 바라는 마음뿐이다.

이: 현재 위치는 원했던 위치에 도달한 것이 맞다. 만약에 도인이라고 해도 깨달음을 얻은 다음 산꼭대기에 그냥 앉아 있다면 성공한 도인이라고 생각하지 않는다. 출발지로 다시 내려와 젊은 환기를 할 수 있는 작가가 좋은 작가라 생각한다.

전환점은 집을 사고, 공부나 글 쓰는 것 모두 수행이라 생각했었는데, 내 개인적인 일로 글 쓰는 것 등 죄책감 때문에 후회가 많이 됐었다. 나중에 슬럼프가 와서 너무 번민하다 스스로 철창을 만들어 갇히기로 했다. 9년 동안 썼다. 그때 나온 소설이 『벽오금학도』와 『황금비늘』이다. 그걸로 인해 제2의 작가 전성기를 맞게 됐다.

김: 감옥생활이 전환점이다. 내 자신을 돌아보게 됐고, 겸손해졌고, 반성하고 공부했다. 담배도 끊고…. 내게 감옥은 좋은 학교였다. 좋은 전환의 장소였다고 생각한다.

● **살면서 제일 후회한 일은?**

김: 그저께가 어머니 제삿날이었다. 39주년이었다. 어머니 소원은 늘 "문수야, 졸업하고 데모하면 안 되냐"였다. 돌아가시면서도 그 말씀을 하셨다. 그런데, 어머니가 돌아가시고 난 다음 20여년 후, 25년 만에 대학을 졸업했다. 졸업 후 졸업장을 들고 어머니 무덤에 가 많이 울었다. 부모님께 너무 말 안 듣고 골치 썩여 드려서…. 요새 많이 느낀다, 말 좀 잘 들을 걸….

이: 수시로 후회한다. 글이란 것은 항상 흡족하지 않다. 속담이 제일 부럽다. 한 줄짜리 글이다. 작가미상이지만 수백 년이 가는 생명력이 있다. 과연 내가 쓴 소설 47권 중 속담같이 가치 있고 생명력 있게 긴 세월 가는 글이 몇 줄이나 될까 생각하면, 상당히 후회스러운 마음이 밀려온다.

● 만약 청년으로 돌아갈 수 있다면?

김: 부모님께 잘하고 싶다. 여러 가지 면에서 시간과 정성을 들이고 싶다. 청년으로 다시 돌아간다면 효도하고 싶다. 남자들이 원래 애교가 좀 없다. 지금 남학생들이 부모님께 좀 더 살갑게 잘했으면 좋겠다.

이: 지금 행복하다. 절대 안 돌아갈 것이다. 만약 돌아간다 해도 타임머신을 타고 다시 돌아올 것이다. 〈박관식 기자〉

연륜과 경험이 두루 쌓여 빛을 발하는 이외수 작가. (ⓒ G뉴스플러스 허선량)

KBS의 얼굴, 디지로그 포럼에 서다
민경욱 9시뉴스 앵커, 27일 도청서 '기자의 역할' 특강

경기도는 27일 오후 2시 KBS TV 9시 뉴스 민경욱 앵커를 초청해 '기자의 역할'이란 주제의「경기 디지로그 포럼」을 개최했다.

이날 포럼은 김문수 도지사와 경기도 공무원, 대학생기자단, 꿈나무기자단 등 200여명이 참석해 민 앵커의 익숙한 목소리와 마술까지 곁들인 진행에 시간 가는 줄 모르게 경청했다.

무대에 오른 민 앵커가 첫마디를 꺼내자 여기저기서 감탄사가 쏟아져 나왔다. 어디선가 많이 들어본 목소리의 주인공이 직접 눈앞에서 강의를 하는 데 놀란 반응이었다. 스마트폰으로 찍는 이들도 많았다.

김문수 도지사와 민경욱 앵커가 공무원들과 기념사진을 찍었다. (ⓒ G뉴스플러스 허선량)

민경욱 앵커는 먼저 '기자의 역할'을 이해하기 쉽게 설명하려고 '선의를 다하지 못한 죄책감'을 화두로 이끌었다. 그는 이어 "사랑하는 사람에게 최선을 다하지 못하거나 서운하게 했을 때, 그의 불행을 막아 주지 못했을 때, 그것이 나의 부주의와 무지 때문인 걸 알았을 때 느끼는 슬픔은 엄청 크다"고 말문을 열었다.

민 앵커는 미국 9·11 테러도 조금만 더 관심을 가졌다면 사전 예방할 수 있었다고 귀띔했다. 결국 그렇지 못해 3천여명의 인명 피해가 생겼다는 것이다. 2001년 9월 11일 납치 항공기로 110층 뉴욕 세계무역센터(WTC) 쌍둥이 빌딩을 무너뜨린 범인은 이집트 이슬람교 테러리스트인 모하메드 아타(Mohammed Atta)였다. 하지만 이 자의 이상한 전조(前兆)에 주의를 기울였다면 안타까운 참사를 충분히 막을 수 있었다.

범인은 테러가 발생하기 3개월 전 플로리다 농업대부국의 존엘 브라이언트(Johnelle Bryant) 공무원에게 이상한 말을 했다. 아타는 논밭에 농약을 살포할 항공기 구입비를 대출하려다 거부당하자 "워싱턴 항공지도를 팔라"고 했다. 다시 또 실패하자 그는 "알카에다와 오사마 빈 라덴을 아는가?"라며 협박 비슷하게 비아냥거렸다. 하지만 그녀는 이 말이 무슨 뜻인지 알 수 없어 그냥 침묵했고, 결국 테러는 3개월 후 이 자에 의해 저질러진 것이다.

사고가 난 후 브라이언트는 텔레비전에 출연해 "제가 그걸 어떻게 알 수 있었겠냐? 그때 곧장 전화로 신고했어야 했나?"라고 안타까워하며 자책했다. 바로 그 장면을 보고 땅을 치며 한탄한 사람은 탐 펜톤(Tom Fenton) CBS 런던 지국장이었다. 알카에다와 빈 라덴을 잘 알고 있던 펜톤은 수년간 런

경기도는 27일 오후 2시 KBS TV 9시 뉴스 민경욱 앵커를 초청해 '기자의 역할'이란 주제의 「경기 디지로그 포럼」을 개최했다. (© G뉴스플러스 허선량)

던에서 리포트를 만들어 미국에 보냈지만 방송하지 않았다. 그 반면 영국에는 이미 잘 알려져 있었다.

민경욱 앵커는 "만약 미국 TV 방송이 그런 위험성을 방송에 내보냈다면 무고한 생명을 잃지는 않았을 것이다. 테러 유무를 알 수 없는 데다 그런 딱딱한 내용은 시청률이 떨어져 방송하지 않았다"며 "일찌감치 테러 가능성을 방송으로 국민에게 알렸다면 범인을 처음 발견한 공무원인 브라이언트가 신고했을 것이다"고 말했다.

민 앵커는 미국 9·11 테러 사건을 예로 들어 아주 간단히 '기자의 역할'에 대해 명료한 해답을 주었다. 그 스스로 강의 내용을 짤 때 경기도청 공무원에 맞게 고르려고 노력한 흔적이 엿보였다. 한마디로 미국 TV 방송이 펜톤의 리포트를 내보내지 않아 공무원이 몰랐고, 결국 그로 인해 대참사가 일어났다는 얘기다. 기자의 역할이 그만큼 중요하다는 말이다.

그의 말이 끝나자 대학생과 초등학생 기자단은 물론 경기도 공무원들도 고개를 주억거렸다. 훌륭한 기자 한 명이, 명석한 공무원 한 명이 수천명의 목숨을 지켜낼 수 있다는 숨겨진 뜻을 파악했음이라.

민 앵커는 "아프가니스탄에서 테러를 당한 샘물교회 사건도 그 당시 영국에 똑똑한 한국 기자가 있었다면 막을 수 있었다"며 "아프간 정부에 포

민경욱 앵커가 미국 9·11 테러의 범인인 모하메드 아타(Mohammed Atta)를 범행 3달 전에 만난 존엘 브라이언트(Johnelle Bryant) 공무원에 대해 설명하고 있다. (ⓒ G뉴스플러스 허선량)

로로 잡혔다가 납치당한 이탈리아 기자와 맞교환돼 나온 만수르 다둘라가 석방될 때 '보이는 대로 납치하라'고 한 말이 영국 방송에 나왔다"고 전했다. 다둘라는 풀려나온 뒤 탈레반 총사령관에 올라 2007년 7월 한국인 납치사건을 주도한 인물이었다. 결국 기자가 어떻게 하느냐에 따라 사람의 목숨이 오고간다는 뜻이다.

민경욱 앵커는 방송기자의 운명에 대해 '로열박스에서 불구경, 대통령부터 거지까지, 6명의 대통령, 사회의 목탁, 무관의 제왕, 정의감, 나 자신의 영웅, 유명세' 등을 들며 설명했다.

또 '기자들은 왜 버릇이 없을까'에 대해 '필요에 의해 생성된 문화, 경찰서 출입 첫날의 기억, 20대 자연인이 50대 권력자에 맞설 수 있는 유일한 무기' 등을 들며 기자의 치부도 솔직하게 털어놓았다. '사(師·士)'자가 대다수인 직업 중 '놈 자(者)'자 직업은 기자 하나뿐이라며….

이어 '앵커, 기자, 아나운서'의 차이, 앵커를 뽑는 방법, 앵커의 하루, 원고 작성, 앵커의 요건 등을 들며 이야기를 재미있게 풀어 나갔다.

민 앵커는 어쩌면 약간의 지루한 시간이 될 수 있는데도 열심히 메모하면서 똘똘한 눈망울을 굴리는 꿈나무기자단에게 마술 선물도 준비했다. 마술에 협조할 2명의 초등학생만 나오라 했는데 10여명이 몰려들어 함께 진행해 나갔다.

첫 번째 마술로 세 가닥의 끈을 서로 이었다가 푸는 신기한 솜씨를 선보이자 청중들이 박수로 화답했다. 두 번째 마술은 민 앵커가 볼 수 없게 A4용지에 이름의 가운데 글자를 써 알아맞히는 것으로 다들 신기해했다. 마지막으로 여자아이와 함께 손바닥 안의 휴지를 숨기는 마술은 트릭이 눈

민경욱 앵커가 꿈나무기자단들에게 마술을 보여주고 있다. (ⓒ G뉴스플러스 허선량)

에 보이며 웃음을 유발했다.

'기자의 매력은 필수, 마술은 선택'이라는 민 앵커는 "기자들은 사람을 만나는 직업으로 인간적 매력이 있지만 살아남기 위한 몸부림도 필수다"며 "바둑, 폭탄주, 골프, 농담, 최신곡, 마술 등 기자의 특기도 한몫한다"고 말했다. 그는 코미디의 황제 고 이주일 씨를 웃긴 이야기도 털어놓으면서 실소를 머금게 했다.

한편, 포럼 말미에 들어 민 앵커는 '행복을 주는 소통 요령'으로 인사와 진심에서 우러나는 칭찬을 잘하라는 두 가지 비법을 강조했다. 특히 "행동으로 보여주는 진심만큼 중요한 것은 없다"며 그가 워싱턴 특파원으로 있을 때 겪은 김문수 지사와의 인연도 언급했다.

민 앵커는 "그 당시 김 지사님이 강사로 주미대사관에 왔을 때 인터뷰할 사람을 꼼꼼히 적고, 실제 정치에 필요한 걸 물어 그 사람들을 감동시켰다"며 "문제는 그것으로 끝나지 않고 궁금증이 있으면 그들에게 다시 찾아가 공부하는 자세로 물어 보더라"고 전하면서 김 지사의 피드백이 감동적이었다고 했다.

그는 또 하나의 진심이 담긴 행동으로 김 지사의 주말 택시기사 경험을 들며 "다른 사람들은 김 지사가 처음 택시 운전을 시작할 때 사진 한번 찍기 위한 것으로 알았지만 나는 그렇게 생각하지 않았다"며 "주말마다 운전하며 사람 만나고 운전기사 고충 듣는 것만큼 진심이 담긴 행동은 없다"고 말했다.

민경욱 앵커는 포럼 종료 예정시간이 지나 강의를 마치고 추가 질문을 몇 가지 받았다. 그러나 꿈나무기자단의 끝없는 질문이 이어져 중간에 마감해야 했다. 어떻게 노력해서 기자가 됐는지, 방송사고가 나면 어떤 벌을 받는지, 방송 중간에 중요한 사고가 나면 어떻게 하는지, 어떻게 앵커가 됐는지 등의 질문이 쏟아졌다.

특히 꿈나무기자단의 한 남학생은 "사람이란 존재는 언제나 자기가 편안한 환경에 있어도 거기에 조그만 불만이나 욕심이 있잖아요. 기자란 직업에 스스로 뿌듯하게 느낀다고 말했지만 불만이나 회의를 느낄 때 어떻게 하는지요"라고 질문했다.

그러자 민 앵커는 "원고를 써서 하는 얘기도 아닌데 혼자 머리 굴리며 얘기하는 게 앞으로 훌륭한 기자가 될 수 있겠다"고 칭찬하고, 유명세로 인한 에피소드와 의외로 적은 특근수당도 재미있게 전해 주며 끝을 맺었다.

이어진 기념 촬영 시간에는 민 앵커와 찍으려는 꿈나무기자단과 대학생기자단이 모여들어 그의 인기를 짐작하게 했다.

　김 지사는 강의를 다 들은 후 민 앵커와 악수하며 "오늘 민 앵커의 '기자의 역할'이란 특강은 정말 소중한 시간이었다. 미국 9·11 테러도 공무원이 막을 수 있었다는 말에 충격받았다"며 "앞으로 경기도의 안전사고를 미연에 방지하는 차원에서 공무원들이 기자정신으로 똘똘 뭉쳐 일해야겠다"고 심중소회를 풀어놓았다. 〈박관식 기자〉

꿈나무기자단의 열띤 취재 경쟁에 민경욱 앵커는 감탄했다고 말했다.. (ⓒ G뉴스플러스 허선량)

제1회 경기 펫 페스티벌
견공들의 아름다운 축제의 장에 가다

　지난 22일 성남종합운동장에서는 보기 드문 견공들의 축제가 벌어졌습니다.

　경기도가 '유기견 없는 경기도'란 슬로건으로 반려동물과 영원히 함께 하자는 뜻에서 마련한 '제1회 경기 펫 페스티벌'은 내로라하는 애견이 다 모인 그야말로 '아름다운 개판'이었습니다. 대회장에 온 사람들은 대부분 애견을 사랑하는 이들로 반려견을 '아가'로 부를 만큼 열정적입니다.

　지난해 경기도에서만 1만5천여 마리의 유기견이 발생해 이 중 6200여 마리가 주인을 찾지 못해 안락사당했습니다. 유기견 발생 원인은 견주의 부주의로 인한 탓도 있지만 버림받는 경우가 태반입니다. 자기 자식이라

김문수 지사가 원반을 던지자 세퍼드가 쏜살같이 달려간다. 목표를 향한 견공의 충정심이 아름답다. (ⓒ 경기G뉴스 박관식)

련사와 일심동체가 돼 묘기를 보여주는 세퍼드의 공중부양이 환상적이다. (ⓒ 경기G뉴스 박관식)

면 그렇게 버리지 못할 텐데 정말 안타까운 일입니다.

〈TV 동물농장〉에서 가끔 방영되는 주인 찾아 헤매는 유기견의 맹목적인 충성을 보면 가슴이 먹먹해지기도 합니다. 한동안 주인으로부터 사랑받다가 유기되는 반려견의 슬픔은 얼마나 비통할까요?

이날 김문수 경기도지사는 "반려견을 키우다가 어려운 상황일 경우 버리지 말고 120번 경기도 콜센터로 전화해 도움을 요청해 달라"며 "그러면 도우미견 나눔센터에서 잘 키워 필요한 이들에게 분양해 드린다"고 당부했습니다.

경기도는 유기견의 방치와 안락사를 줄이기 위해 지난해 3월 경기도 도우미견 나눔센터를 설립했습니다. 센터에서는 유기동물 처리 지원사업과 반려견 문화교실, 체험학습 등 동물보호 관련 행정업무를 보고 있습니다. 또한 도우미견 선발·육성, 분양, 사후관리 등과 함께 반려견 지원사업 등

힘차게 뛰어오른 견공의 비상이 위태로울 만큼 높지만 착지 역시 만만찮은 기술이 필요하다. (ⓒ 경기G뉴스 박관식)

좀 전에 멋진 비상을 선보인 견공 체면이 말이 아니다. 급한데(?) 어쩔 수 없는 노릇이다. (ⓒ 경기G뉴스 박관식)

도 병행합니다.

특히 분양할 때 도우미견이 다시 버려지는 것을 막기 위해 면접으로 입양자를 결정하고, 일정한 교육을 받은 후 정식으로 분양받을 수 있습니다. 그야말로 진정한 반려동물 사랑인 셈이지요.

이날 경기 펫 페스티벌은 훈련시범단의 어질리티·프리스비 공연, 애견 건강 달리기 대회, 대한민국 진돗개 챔피언십, 그루밍 아트 콘테스트, 유기견 입양 캠페인, 진돗개 도그쇼, 무료 미용과 검진 등 다양한 부대행사가 열렸습니다.

무엇보다 가장 많은 관심이 쏠린 행사는 애견 건강 달리기 대회였습니다. 많은 사람이 지원해 오전부터 애견 달리기 예선이 펼쳐졌고, 경기가 펼쳐지는 트랙 주변은 차례를 기다리는 참가자와 구경꾼들로 북적였습니다.

그 옛날, 강아지 시절의 주인일까? 얼마나 반가웠던지 벌떡 일어나 반기는 견공의 정에 마음이 따뜻해진다.
(ⓒ 경기G뉴스 박관식)

아차차…. 너무 마음만 앞서 달리다 보니 애완견의 달리기 속도를 가늠하지 못해 불상사가 벌어지기도 한다.
(ⓒ 경기G뉴스 박관식)

반려견의 체구는 물론 함께 뛰는 가족의 성별·연령대로 나뉘어 진행된 경기 현장에서는 각양각색의 상황이 연출됐습니다. 참가자들이 워낙 많다 보니 진행하는 일도 보통이 아니었습니다. 미리 준비하지 못한 선수들을 기다리느라 시간이 지체되기도 했습니다. 이번 경험을 바탕으로 다음 대회부터는 훨씬 잘되리라 생각됩니다.

하지만 막상 경기가 진행되면 손에 땀을 쥐게 하는 박진감과 함께 웃음이 터져 나옵니다. 개중에는 왕년에 육상선수 출신인 듯이 출중한 실력을 지닌 견주들도 눈에 띕니다. 그러다 보니 웃지 못할 뜻밖의 풍경들이 펼쳐집니다.

참가자가 단거리 육상선수처럼 초스피드로 질주하다 보니 반려견이 속도를 따라잡지 못하고 그대로 고꾸라지는 경우도 많습니다. 그러면 관중들이 질질 끌려가는 '아가'를 구하기 위해 탄성으로 경기를 중단시킵니다. 이 경우 심판은 곧바로 실격 처리합니다.

그런 반면 가족이 오히려 반려견을 따라가지 못해 발이 꼬여 넘어지기도 합니다. 그럼에도 불구하고 참가자는 자신의 상처보다 쓰러진 반려견을 껴안고 안타까워합니다. 참으로 지독한 '아가' 사랑입니다.

또한 반려견이 뛰지 않아 결승선까지 어르고 달래서 데려가는 가족의 모습을 보고 구경꾼은 박장대소합니다. 어떤 반려견은 그 자리에 주저앉아 견주를 당황하게 하는 경우도 있습니다.

애견 건강 달리기 경주를 지켜본 사람들은 한결같이 말합니다. 다음 대회부터는 가족보다 반려견이 먼저 결승선에 골인하는 것으로 바꿔야 한다고…. 아마 다음부터는 그렇게 룰이 바뀌겠지요. 무엇보다 반려견을 더 사랑하는 마음이 우선이겠지요. 〈박관식 기자〉

어이쿠…! 평소 안 하던 달리기를 한 탓인지 넘어지는 아찔한 순간이다. 하지만 견주는 곧장 자신보다 먼저 반려견의 상처를 어루만져 준다. (ⓒ 경기G뉴스 박관식)

위안부 피해자 할머니
'역사의 증인'은 사라져 가고 진실은 거짓이 되어 간다

  3·1절을 하루 앞둔 지난 2월 28일 오후 경기도 광주시 퇴촌면 '나눔의 집' 앞 광장.

  봄을 시샘하는 꽃샘추위에도 아랑곳없이 박옥선·강일출·이옥선 위안부 할머니는 끝까지 꼿꼿하게 앉아 자리를 지킨다. 고령의 나이로 몸은 비록 힘들어도 눈빛만큼은 초롱초롱하다. 마치 아베 일본 수상을 향해 저주의 눈빛으로 노려보듯이…. '역사의 증인'은 사라져 가고 진실은 거짓이 되어 가는 아픈 현실을 서글퍼하듯이….

  이날 '나눔의 집'에서 일본군 위안부 추모제와 함께 '일본군 위안부 피해

'역사의 증인'은 사라져 가고 진실은 거짓이 되어 가는 아픈 현실을 바라보는 위안부 할머니들이 안쓰럽다. (ⓒ 경기G뉴스 유제훈)

자 인권센터' 착공식이 열렸다. '나눔의 집'에 기거하는 10분의 할머니 중 그나마 거동이 가능한 3분만 참석했다.

밀양에서 18살에 북만주로 끌려간 박옥선(91), 부산에서 16살에 연길로 끌려간 이옥선(88), 상주에서 16살에 장춘으로 끌려간 강일출(87) 할머니…. 그런데, 의례행사에서 국기에 대한 경례 중 이옥선 할머니만 가슴에 손을 얹는다. 무슨 이유일까. 혹여 조국에 대한 감정이 여전히 불편한 탓일까. 아니면 우연일까. 그를 바라보는 모든 이의 마음이 오롯이 착잡할 뿐이다.

"어머님들이 건강하게 오래 사셔야 우리나라 국민에게 큰 위안이 되고, 망언을 일삼는 일본에게 가장 큰 경종이 됩니다. 일본이 아직도 정신을 못 차린 이유는 독일의 경우 많은 전범자들이 처벌당한 반면 일본은 천황부터 죗값을 치르지 못한 탓입니다. 우리 젊은이들은 이 사실을 반드시 기억

박옥선·강일출 할머니는 국기에 대한 경례 중 가슴에 손을 얹지 않아 가슴이 짠하다. (ⓒ 경기G뉴스 유재훈)

김문수 지사가 인권센터 착공식에서 위안부 할머니들과 함께 시삽하고 있다. (ⓒ 경기G뉴스 유제훈)

해야 합니다."

　김문수 경기도지사는 먼저 떠난 할머니들을 추모하는 자리에서 '장수(長壽)'를 강조했다.

　그렇다. 그것은 곧 대한민국의 소망이다. 바로 이들 일본군 위안부 할머니들이 오래 살아 있어야 한다. 그래야 1993년 8월 고노 요헤이(河野洋平) 관방장관이 일본군 위안부의 사실을 인정한 '고노 담화(河野 談話)'를 부정하는 작금의 일본정부와 싸움이 된다.

　이날 추모제에는 지병으로 몸이 불편한 김선옥(93), 배춘희(91), 유이남(87), 김정근(85), 정복수(92), 김유한(84) 등 할머니들이 나오지 못했다. 이는 결국 몸 관리를 제대로 하지 못하면 할머니들의 원한을 풀기가 요원해진다는 얘기다. 그렇다면 이 어르신들이 장수하도록 최고·최상의 의료혜택

강일출 할머니가 자원봉사자를 반기는 미소가 봄꽃 같다. (ⓒ 경기G뉴스 유제훈)

을 베풀어야 하지 않을까?

다행히 2월 28일 국회 본회의에서 '일제하 일본군 위안부 피해자에 대한 생활안정지원법' 법안이 통과됐다. 이로써 국가는 위안부 피해자의 명예회복과 인권증진 진상규명, 올바른 역사교육을 위해 필요한 조직과 예산을 확보해야 한다. 또한 피해자를 적극적으로 찾아내 이들의 안정적인 생활을 위한 조치를 마련해야 한다. 〈박관식 기자〉

강덕경 할머니가 그린 〈빼앗긴 순정〉 작품.. (ⓒ 경기G뉴스)

김문수 삼행시에 웃음꽃 핀 상록마을

양동 한센촌 찾은 김 지사, 마을 주민에게 감사 편지 받아

"피난촌에서 5남매의 맏딸로 태어나 동생들 돌보느라 학교도 못 다녔는데, 이렇게 글을 쓰고 읽는다는 건 상상도 못했습니다. 연필을 잡을 수 있다는 것만으로도 행복합니다. 늘 노심초사로 상록마을을 걱정해 주셔서 감사합니다. 저를 소녀로 만들어 주셔서 감사합니다. 저는 지금 저녁 노을을 바라보면서 그가 지금 어디쯤 왔을까, 아직 늦지 않았어, 열심히 살아야지 다짐해 봅니다. 바라볼 수 있어, 들을 수 있어, 만질 수 있어, 글을 쓸 수 있어 행복합니다. 김문수 지사님, 아이 러브 유!"

투박하지만 진솔한 한센인의 낭독이 좁은 방안에 퍼지자 순간 콧등이 찡해진다. 이는 일자무식의 주인공이 '상록마을 행복학습관' 한글교실에서 배운 이후 글을 읽고 쓴 데 대한 감동 탓이다.

경기도 양평군 양동면 석곡리 '한센인촌 상록마을'의 이명자(58) 씨가 김문수 지사에게 쓴 편지는 참석자들을 숙연케 했다. 하지만 축 가라앉았던 공기는 곧이어 이 씨가 띄운 삼행시로 인해 다시 부드러워졌다.

"김이 모락모락 나는 차 한 잔 같이 하고 싶은 김문수, 문턱이 가장 낮은 김문수, 수없이 국민 걱정하느라 잠 못 이루시는 김문수!"

김 지사와 참석자들이 띄운 이름 석 자 운(韻)에 따라 이 씨가 재치 있게 시어를 구사하자 실내는 박수소리로 넘쳐났다. 김 지사는 "내가 이제껏 들은 시 중 가장 좋다"며 "연필 잡는 게 행복하다지만, 어떤 친구들은 연필 잡는 게 괴로워 자살하고 그러는데, 자살 안 하시잖아요?"라고 화답해

김문수 경기도지사가 정병국 국회의원, 김선교 양평군수 등과 함께 상록마을 주민들이 부르는 노래를 함께 따라 부르고 있다. (ⓒ G뉴스플러스 유제훈)

김문수 지사가 편지 글을 낭독한 이명자 씨를 안아 주고 있다. (ⓒ G뉴스플러스 유제훈)

분위기를 띄웠다.

　김문수 경기도지사는 25일 오후 양평군 '찾아가는 현장 실국장회의' 일환으로 양동면 석곡리 '상록마을 행복학습관'을 찾아갔다.

　소록도를 퇴소한 한센인 등이 모여 1963년 10월 조성된 상록마을은 현재 17세대 30명이 거주하고 있다. 1975년부터 97년까지 기반 건축공사를 거친 탓에 대부분의 주택이 노후화돼 보수조차 어려운 실정이다. 노인층이 대부분인 마을의 주 수입원은 농축산업으로 지난해 우결핵 때문에 53두를 도살처분하고 가격 폭락까지 겹쳐 힘든 삶을 살고 있다.

　한센인과의 대화에 앞서 미로 같은 마을을 둘러보던 김 지사는 무너진 담장을 보고 깜짝 놀랐다. 김 지사는 "전망도 좋고 땅도 괜찮지만, 집을 지

김문수 지사가 양평군 양동면 석곡리 한센인촌 상록마을 행복학습관 거실에서 마을 주민들과 대화를 하고 있다. (ⓒ G뉴스플러스 유재훈)

은 방향도 잘못됐다"며 "오래된 주택이 축사라면 몰라도 주거용으로는 많이 부족하다. 뭔가 근본적인 대책이 필요하다"고 말했다.

마을을 둘러본 김 지사는 2011년 10월 준공된 상록마을 행복학습관에서 마을 주민들과 함께 소통의 시간을 가졌다. 5개의 식탁을 놓으면 꽉 차는 거실에 오밀조밀 앉아 숨소리까지 들릴 만큼 진지했다.

윤마리고레띠(53) 수녀는 "매주 행복학습관에서 한글·노래·영상·건강 교실을 열어 주민의 자존감을 높여주고 있다"며 "상록마을뿐만 아니라 석곡리 마을 전체를 아우르는 프로그램을 준비해 통합과 하나되는 삶이 되도록 노력하고 있다"고 향후 과제까지 제시했다.

지난해 김 지사가 마을을 찾기로 했다가 우결핵으로 못 온 탓인지 대화는 점점 길어졌다. 다음 시간이 정해진 만큼 그만 끝낼 시간이 됐는데도 김 지사는 "특히 약자인 한센인 주민의 의견을 최대한 수렴하라"고 담당 공무원들에게 지시했다.

상록마을 주민의 주된 희망 사항은 노후화된 주택의 리모델링이 어려운 탓에 주민이 입주할 공동주택을 짓는 것이었다. 하지만 기본 자료가 준비되지 않은 것을 본 김 지사는 "전부 다 도와주는 건 힘들고 어느 정도 자부담도 따라야 한다"며 "전문가와 함께 다시 현장에 와 조사한 다음 처리하겠다"고 말했다.

이어 김 지사는 다문화가족인 베트남 쩐티베·루엔티마이 씨와 조선족 우금화 씨로부터 불편 사항을 듣고, 국적 취득연도의 미달로 인한 불이익에 안타까워했다.

대화가 끝난 후 루엔티마이(41) 씨는 "오늘 처음 김 지사님을 뵙고 진정으로 약자들을 위해 애쓰시는 걸 느꼈다"며 "그나마 젊은 내가 마을을 위해 열심히 일해야겠다"고 눈가를 붉혔다.

어느덧 예정된 상록마을에서의 시간이 한참 지났지만 정을 듬뿍 주었다는 데 만족하고, 김 지사와 일행은 다시 '늦은 실국장회의'를 위해 양동면 주민자치센터로 향했다. 〈박관식 기자〉

김문수 지사가 회의를 마치고 행복학습관 앞에서 마을 주민들과 함께 기념 사진을 찍고 있다. (ⓒ G뉴스플러스 유제훈)

김문수

- 1951년 경북 영천 출생
- 경북중·고등학교 졸업
- 1970년 서울대 경영학과 입학 후 민주화운동으로 두 차례 제적과 투옥 후 25년 만에 졸업
- 도루코 노조위원장, 서노련 등 노동운동
- 1986년 5.3 인천 직선제개헌 투쟁으로 2년 5개월 복역
- 15~17대 국회의원(부천 소사)
- 한나라당 제1사무부총장, 기획위원장, 공천심사위원장(17대 총선)
- 2006년 민선4기 경기도지사
- 2010년 민선5기 경기도지사
- 2022년 경제사회노동위원회 위원장
- 2024년 고용노동부 장관

- 1951. 8. 27 본적지에서 4남 3녀 중 셋째 아들로 태어남
- 1958~1964. 2 경북 영천초등학교 졸업
- 1964~1970. 2 경북중·고등학교 졸업
- 1970. 3 서울대학교 상과대학 경영학과 입학
- 1971. 10. 15 부정부패척결 전국학생시위 관련 제적
- 1971~72 본적지에서 4H 운동, 야학 등 농민운동
- 1974. 3 청계천 피복공장 재단보조공 근무
- 1974. 4 민청학련 사건관련 제적
- 1977 환경관리기사 2급, 안전관리기사 2급 국가기술자격 취득
- 1976. 6~1980. 9 전국금속노동조합 한일도루코 노조위원장
- 1980. 2~3 남영동 대공분실연행 고문 후 구속, 서대문구치소 수감중 기소유예로 석방. 한일도루코 복직
- 1981. 9 구로2공단 세진전자 노동조합위원장 출신 설난영과 결혼
- 1984. 1 한국노동자복지협의회 부의장
- 1985. 2 전태일기념사업회 사무국장
- 1986. 5 인천 5.3직선제 개헌투쟁으로 구속(2년 6개월 복역)
- 1990. 9 민중당 구로갑지구당 위원장
- 1990. 11. 10 민중당 노동위원장
- 1990. 3. 24 제14대 국회의원 총선거 민중당 전국구후보(3번) 출마
- 1992. 10~1994. 6 노동인권회관 소장
- 1993 한국노동연구원 현대자동차 노사관계진단팀장
- 1994. 8. 27 서울대 경영학과 25년 만에 졸업
- 1994. 2~1996. 4 노동부 행정규제 완화위원회 위원
- 1994. 6~1998 노동인권회관 이사
- 1995. 2~2005 소사가연공원 추진위원회 고문 풍치지구해제 위원회 고문 부천생명의 전화 이사
- 1996. 4. 11 신한국당 대표위원 특별보좌역
- 1996. 5. 30 제15대 국회의원 (경기 부천 소사구)

- 1996. 6~1997. 9 밝은정치 시민연합선정 '새천년 밝은 정치인'
- 1996. 6~20005. 5 국회 환경노동위원회(상임위) 예산결산특별위원회 (96, 98~00년) 실업대책 및 경제구조개혁 특별위원회 위원
- 1996. 6~2000. 5 국회 수도권생활 환경회 민생정치연구회 통일대비의원 연구모임위원 대중교통수단확대 및 운영체계개선 소위원회 위원 한나라당 바른정치, 푸른정치 연대모임 한강포럼, 미래정치연구회
- 1997. 3. 21~5. 4 국회 한보사건 국정조사 청문회 위원
- 1998. 1~3 한나라당 원내 부총무
- 1998. 6~1999. 8 노사정위원회 위원(대통령 자문기구)
- 1998. 12~2000 국회 농어민 및 도시영세민 대책특별위원회 위원 한나라당 노동위원회 위원장
- 1999. 8. 19~9. 15 "한국조폐공사 파업유도진상조사를 위한 국정조사 특별위원회" 위원
- 2000. 4. 14 제16대 국회의원 당선(경기 부천 소사구)
- 2000. 5. 26 밝은정치 시민연합선정 '새천년 밝은 정치인'
- 2000. 6~2001. 6 제16대 국회 환경노동위원회 한나라당 간사 국회 예산결산특별위원회 위원 국회실업대책 특별위원회 간사 한나라당 노동관계대책 특별위원회 위원 희망을 여는 정치연대(희망연대) 간사
- 2000. 6~2004. 5. 30 국회환경 경제연구회 정회원
- 2000. 6 ~2004. 6. 30 민생정치연구회 회장
- 2000. 6~2006. 4 한일의원연맹 의원
- 2001. 1. 4~1. 17 '한빛은행 대출 관련 의혹사건 등의 진상조사를 위한 국정조사특별위원회' 위원
- 2001. 5. 14 ~ 2002. 6 한나라당 제1사무부 총장
- 2001. 8 ~ 2004. 5. 30 권력형비리 진상조사 특별위원회 위원 한나라당 언론사태 국정조사 위원
- 2002. 6. 27~12. 19 대선기획단 위원
- 2002. 7. 11~2004. 5. 30 국회 정무위원회 위원
- 2002. 7. 18~2003. 6 한나라당 기획위원장
- 2002. 9~2004. 5. 30 김대중 정권 대북 뒷거래 진상조사 특위
- 2002. 10. 9~2004. 5. 30 당 NGO 특별위원회 위원
- 2002. 10. 16~2004. 5. 30 당 시민 사회연대 위원회 위원
- 2002. 12. 30~2004. 5. 30 당과 정치개혁을 위한 특별위원회 위원
- 2003. 10. 29~2004. 3. 15 대외인사영입위원회 위원장
- 2003. 12. 30~2004. 3. 15 한나라당 공천심사위원장
- 2004. 4. 16 제17대 국회의원 당선(경기 부천 소사구)
- 2004. 5. 31~2006. 4 통일외교통상위원회 위원
- 2004. 5. 31~2006. 4 국회문화예술위원회, 청소년사랑실천을 위한 의원포럼, 바른정치실천연구회 정회
- 2004. 5. 31~2006. 4 국가발전전략 연구회
- 2004. 8. 5~2006. 4 한나라당 납북자 및 탈북자 인권 특별위원회 위원
- 2006. 5. 31 경기도지사 당선
- 2006. 7. 1~2010. 6. 30 제32대 경기도 도지사(민선 4기)
- 2010. 7. 1~2014. 6. 30 제33대 경기도 도지사(민선 5기)
- 2014. 9. 18 새누리당 보수혁신특별위원장
- 2016. 4 20대 총선 대구 수성갑 새누리당 국회의원 후보
- 2018. 6 자유한국당 서울시장 후보
- 2022. 9. 30 ~ 2024. 8. 4 제13대 경제사회노동위원회 위원장(장관급)
- 2024. 8. 30 ~ 2025. 4. 8 제10대 고용노동부 장관
- 2025. 5. 3 국민의힘 제5차 전당대회 제21대 대통령 선거 후보 선출

〈수상·자격증〉
- 환경관리사, 열관리기능사 등 국가자격증 9개 보유
- 1996~2005년 10년 중 9년 의정활동 국정감사 최우수의원 선정
- 1999년 '결식아동 돕기 의정활동 공로패' 수상
- 1999. 9. 28 1999년 의정활동 종합평가 2위(97년부터 3년 연속 20걸, 동료의원 평가 1위) / 중앙일보
- 2003. 10 2003년 국정감사 정무위원회 베스트 위원 선정 / 동아일보
- 2006년 국회출입기자단 선정 '약속 잘 지키는 국회의원 1위' '일 잘하는 국회의원 1위'
- 2007, 2009년 한국매니페스토실천본부 민선4기 광역자치단체 공약이행도 평가 1위
- 2007년 포브스 경영품질대상 공공혁신부문 대상 수상
- 2009년 포브스 경영품질대상 리더십 부문 대상 수상